HISTOIRE

DE LA DÉCADENCE ET DE LA CHUTE

DE

L'EMPIRE ROMAIN,

TRADUITE DE L'ANGLAIS

D'ÉDOUARD GIBBON;

NOUVELLE ÉDITION,

ENTIÈREMENT REVUE ET CORRIGÉE,

PRÉCÉDÉE D'UNE NOTICE SUR LA VIE ET LE CARACTÈRE DE GIBBON,
ET ACCOMPAGNÉE DE NOTES CRITIQUES ET HISTORIQUES
RELATIVES, POUR LA PLUPART, A L'HISTOIRE
DE LA PROPAGATION DU CHRISTIANISME,

PAR M. F. GUIZOT.

Tome Neuvième.

A PARIS,

CHEZ LEDENTU, LIBRAIRE,

QUAI DES AUGUSTINS, N° 31.

1828.

HISTOIRE

DE LA DÉCADENCE ET DE LA CHUTE

DE L'EMPIRE ROMAIN.

IX.

PARIS.—IMPRIMERIE DE CASIMIR,
Rue de la Vieille-Monnaie, n° 12.

HISTOIRE

DE LA DÉCADENCE ET DE LA CHUTE

DE

L'EMPIRE ROMAIN,

TRADUITE DE L'ANGLAIS

D'ÉDOUARD GIBBON.

NOUVELLE ÉDITION,

ENTIÈREMENT REVUE ET CORRIGÉE, PRÉCÉDÉE D'UNE NOTICE SUR LA VIE ET LE CARACTÈRE DE GIBBON, ET ACCOMPAGNÉE DE NOTES CRITIQUES ET HISTORIQUES RELATIVES, POUR LA PLUPART, A L'HISTOIRE DE LA PROPAGATION DU CHRISTIANISME,

PAR M. F. GUIZOT.

TOME NEUVIÈME.

A PARIS,

CHEZ LEDENTU, LIBRAIRE,

QUAI DES AUGUSTINS, N° 31.

MDCCCXXVIII.

HISTOIRE

DE LA DÉCADENCE ET DE LA CHUTE

DE L'EMPIRE ROMAIN.

―――――

CHAPITRE XLVII.

Histoire théologique de la doctrine de l'Incarnation. La nature humaine et divine de Jésus-Christ. Inimitié des patriarches d'Alexandrie et de Constantinople, saint Cyrille et Nestorius. Troisième concile général tenu à Éphèse. Hérésie d'Eutychès. Quatrième consul général tenu à Chalcédoine. Discorde civile et ecclésiastique. Intolérance de Justinien. Les trois Chapitres. Controverse des monothélites. État des sectes de l'Orient : 1° les nestoriens; 2° les jacobites; 3° les maronites; 4° les arméniens; 5° les cophtes et les abyssins.

Les chrétiens, après avoir détruit le paganisme, pouvaient jouir pieusement et paisiblement d'un triomphe qui les laissait sans adversaires; mais un principe de discorde respirait en eux, et ils mirent plus d'ardeur à découvrir la nature du fondateur de leur religion qu'à pratiquer ses lois. J'ai déjà observé que les disputes de la TRINITÉ furent suivies de celles de l'INCARNATION, également scandaleuses pour l'Église et également funestes à l'État, mais plus minutieuses encore dans leur origine et plus durables dans leurs effets. Ce chapitre contiendra le récit d'une

Incarnation de Jésus-Christ.

guerre religieuse de deux cent cinquante ans; mon projet est d'y exposer le schisme ecclésiastique et politique des sectes de l'Orient, et de préparer le récit de leurs querelles, si bruyantes et si sanguinaires, par de courtes recherches sur la doctrine de la primitive Église (1).

---

(1) Comment dois-je m'y prendre pour montrer la justesse et l'exactitude de ces recherches préliminaires que je me suis efforcé de circonscrire et d'abréger? Si je continue à citer à la suite de chacun des faits et de chacune des réflexions le monument qui me prouve la vérité, il faudra qu'à chaque ligne je rapporte une liste de témoignages, et chaque note deviendra une dissertation; mais Petau, Leclerc, Beausobre et Mosheim, ont compilé, rédigé et éclairci les passages sans nombre des anciens auteurs que j'ai lus dans les originaux. Je me bornerai à m'appuyer dans ma narration du nom et de la réputation de ces respectables guides; et lorsqu'il s'agira d'un objet difficile à démêler ou très-éloigné, je ne rougirai pas d'appeler à mon secours des yeux plus forts que les miens : 1° les *Dogmata theologica* de Petau étonnent l'imagination par l'immensité du plan de l'ouvrage et celle du travail qu'il a exigé. Les volumes relatifs seulement à l'Incarnation (deux in-folio, le cinquième et le sixième, de huit cent trente-sept pages) sont divisés en seize livres; le premier est historique, et les autres exposent la controverse et la doctrine. L'érudition de l'auteur est très-étendue et très-exacte; son latin est pur; il suit une méthode claire; il y a de la profondeur et de la liaison dans ses argumens; mais il est l'esclave des pères de l'Église, le fléau des hérétiques, l'ennemi de la vérité et de la bonne foi, toutes les fois qu'elles se trouvent en opposition avec les intérêts du parti catholique. 2° L'arminien Leclerc, qui a publié un volume in-4° (*Amsterdam*, 1716)

I. Les chrétiens, justement intéressés à l'honneur des premiers prosélytes de leur religion, ont été dis-

Jésus-Christ seulement né homme.

sur l'histoire ecclésiastique des deux premiers siècles, est par son caractère et sa position exempt de tout asservissement; son esprit est net, mais ses vues ont peu d'étendue; il réduit la raison ou la sottise des siècles aux bornes de son propre jugement; son opposition aux sentimens des pères a pu quelquefois soutenir, mais quelquefois aussi égarer son impartialité. *Voyez* ce qu'il dit des cérinthiens (LXXX), des ébionites (CIII), des carpocratiens (CXX), des valentiniens (CXXI), des basilidiens (CXXIII), des marcionites (CXLI), etc. 3° L'Histoire critique du Manichéisme (*Amsterdam*, 1734-1739, en deux volumes in-4°, avec une Dissertation posthume sur les nazaréens, Lausanne, 1745) contient des choses très-précieuses sur la philosophie et la théologie des anciens. Le savant historien débrouille avec un art admirable le fil systématique de l'opinion, et tour à tour il joue le rôle d'un saint, d'un sage ou d'un hérétique; mais ses raffinemens sont quelquefois excessifs : on le voit entraîné par un sentiment généreux en faveur du parti le plus faible; tandis qu'il se prémunit avec tant de soin contre la calomnie, il ne calcule pas assez les effets de la superstition et du fanatisme. L'Index très-curieux de ce livre indiquera aux lecteurs tous les points qu'ils voudront examiner. 4° L'historien Mosheim, moins profond que Petau, moins indépendant que Leclerc, et moins ingénieux que Beausobre, est complet, raisonnable, exact et modéré. *Voyez* dans son savant ouvrage (*de Rebus christianis ante Constantinum*; Helmstadt, 1753, in-4°) ce qu'il dit des *nazaréens* et des *ébionites* (pag. 172-179, 328-332), des *gnostiques* en général (p. 179, etc.), de *Cérinthe* (p. 196-202), de *Basilide* (p. 352-361), de *Carpocrates* (p. 363-367), de *Valentin* (p. 371-389), de *Marcion* (p. 404-410), des *manichéens* (p. 829-837, etc.).

posés à croire, selon leur désir et leur espérance, que les ébionites, ou du moins les nazaréens, ne s'étaient distingués que par leur persévérance obstinée dans la pratique du culte de Moïse. Leurs églises ont disparu ; on ne se souvient plus de leurs livres ; leur obscure liberté a pu laisser un vaste champ aux opinions sur cette matière, et fournir au zèle et à la prudence du troisième siècle un moyen d'exposer diversement leur symbole flexible et à peine fixé ; mais la critique la plus charitable doit refuser à ces sectaires toute connaissance de la pure et vraie divinité de Jésus-Christ. Instruits dans l'école des Juifs, imbus de leurs prophéties et de leurs préjugés, ils n'avaient jamais appris à élever leurs espérances au-dessus d'un messie humain et temporel (1). S'ils avaient le courage de saluer leur roi lorsqu'il se montrait sous un habit plébéien, ils ne pouvaient, dans leur grossièreté, discerner leur dieu soigneux de cacher sa céleste nature sous le nom et la personne d'un mortel (2). Jésus de

---

(1) Και γαρ παντες ημεις τον Χριστον ανθρωπον εξ ανθρωπων προσδοκωμεν γενησεσθαι, dit le Juif Tryphon (Justin, *Dialog.*, p. 207), au nom de ses compatriotes ; et ceux des Juifs modernes qui abandonnent les idées de richesse pour s'occuper de la religion, tiennent encore le même langage, et allèguent le sens littéral des prophètes.

(2) Saint Chrysostôme (Basnage, *Hist. des Juifs*, t. v, chap. 9, p. 183) et saint Athanase (Petau, *Dogm. theolog.*, tom. v, l. 1, c. 2, p. 3) sont obligés d'avouer que Jésus-Christ lui-même ou ses apôtres parlent rarement de sa divinité.

Nazareth s'entretenait familièrement avec ses compagnons ; il se montrait leur ami, et, dans toutes les actions de la vie raisonnable ou de la vie animale, il paraissait de la même espèce qu'eux. Ainsi que les autres hommes, il passa de l'enfance à la jeunesse et à la virilité, par un accroissement graduel de stature et de sagesse, et il expira sur la croix après une pénible agonie de l'esprit et du corps. Il vécut et mourut pour servir les hommes ; mais Socrate avait aussi consacré sa vie et sa mort à la cause de la religion et de la justice ; et, bien que le stoïcien ou le héros puisse dédaigner les humbles vertus de Jésus, les larmes qu'il a versées sur son pays et sur le disciple qu'il aimait sont la preuve la plus pure comme la plus incontestable de son humanité. Les miracles de l'Évangile ne devaient pas étonner un peuple qui croyait avec intrépidité les prodiges encore plus éclatans de la loi de Moïse. Avant lui, des prophètes avaient guéri des malades, ressuscité des morts, arrêté le soleil, étaient montés au ciel sur des chars de feu, et le style métaphorique des Hébreux pouvait donner à un saint et à un martyr le titre adoptif de *fils de Dieu*.

Toutefois dans le symbole des nazaréens et des ébionites, on n'aperçoit que de faibles traces d'une distinction entre les hérétiques qui disaient que le Christ avait été engendré selon l'ordre commun de la nature, et les schismatiques moins coupables qui admettaient la virginité de sa mère, et excluaient l'intervention d'un père terrestre. L'incrédulité des

Sa naissance et ses succès.

premiers semblait autorisée par les circonstances visibles de sa naissance, par le mariage de Joseph, son père putatif, qui avait rempli toutes les formalités de la loi, et par ses droits de descendance directe sur le royaume de David et l'héritage de Juda; mais l'histoire secrète et authentique s'est conservée dans plusieurs copies de l'Évangile selon saint Matthieu (1), que ces sectaires gardèrent long-temps dans l'hébreu original (2), comme le seul témoignage de leur croyance. Joseph, sûr de sa chasteté, eut des soupçons bien naturels; mais, instruit en songe que la grossesse de son épouse était l'ouvrage du Saint-

---

(1) Les deux premiers chapitres de saint Matthieu n'existaient pas dans les copies des ébionites (saint Épiphane, *Hæres.*, xxx, 13); et la conception miraculeuse est un des derniers articles que le docteur Priestley a retranchés de sa profession de foi, déjà si peu étendue.

(2) Il est assez vraisemblable que le premier des Évangiles, destiné aux Juifs qui embrassaient le christianisme, fut composé en hébreu et en syriaque. Papias, Irénée, Origène, saint Jérôme et d'autres pères, attestent ce fait. Les catholiques ne se permettent pas d'en douter; et parmi les protestans, Casaubon, Grotius et Isaac Vossius, l'admettent. Mais il est sûr que cet Évangile hébreu de saint Matthieu n'existe plus; et on peut accuser ici le zèle et la fidélité des premières Églises, qui ont préféré la version dénuée d'autorité d'un Grec anonyme. Érasme et ses disciples, qui respectent le texte grec que nous avons comme l'Évangile original, se privent eux-mêmes du témoignage qui le déclare l'ouvrage d'un apôtre. *Voy.* Simon, *Hist. crit.*, etc., t. III, c. 5-9, p. 47-101; et les *Prolégomènes* de Mill et de Wertstein sur le Nouveau-Testament.

Esprit, il perdit toute inquiétude ; et l'historien n'ayant pu observer lui-même ce miracle domestique, il faut qu'il ait écouté, en cette occasion, la voix qui dicta à Isaïe la prophétie de la future conception d'une vierge. Le fils d'une vierge engendré par l'ineffable opération du Saint-Esprit était un être tel qu'on n'en avait jamais vu, et qu'on ne pouvait comparer à rien ; dans tous les attributs de l'esprit et du corps il se trouvait supérieur aux enfans d'Adam. Depuis l'introduction de la philosophie grecque ou chaldéenne (1), les Juifs (2) croyaient à la préexistence, à la transmigration et à l'immortalité de l'âme ; et pour justifier la Providence ils supposaient que l'âme subissait une prison corporelle, afin d'expier les fautes commises dans une situation antérieure (3) ; mais les degrés de la pureté et de la cor-

---

(1) Cicéron (*Tuscul.*, liv. 1) et Maxime de Tyr (*Dissert.* 16) ont dégagé la métaphysique de l'âme du dialogue embrouillé qui amuse quelquefois, et embarrasse souvent les lecteurs du *Phèdre*, du *Phædon* et des *Lois* de Platon.

(2) Les disciples de Jésus croyaient qu'un homme avait péché avant d'être venu au monde (saint Jean, IX, 2). Les pharisiens admettaient la transmigration des âmes vertueuses (Josèphe, *de Bell. judaic.*, l. II, c. 7); et un rabbin moderne assure modestement qu'Hermès, Pythagore, Platon, etc., avaient tiré leur métaphysique des écrits ou des systèmes de ses illustres compatriotes.

(3) On a soutenu quatre opinions différentes sur l'origine des âmes : 1° on les a regardées comme éternelles et divines, 2° comme créées séparément avant leur union avec le

ruption sont presque incommensurables. On put croire que le plus sublime et le plus vertueux des esprits avait été choisi pour animer l'être né de Marie et du Saint-Esprit (1); que son humiliation était le résultat de son choix, et que l'objet de sa mission était d'expier non pas ses péchés, mais ceux du monde. A son retour au ciel, d'où il sortait, Jésus-Christ reçut le prix infini de son obéissance, ce royaume à jamais durable du Messie, que les prophètes avaient prédit obscurément sous les images charnelles d'une paix, d'une conquête et d'une domination terrestres. Dieu pouvait proportionner les facultés humaines du Christ à l'étendue de ses célestes fonctions. Dans la langue de l'antiquité, le titre de Dieu n'était pas réservé exclusivement à celui dont émanent toutes choses, et son incomparable ministre, son fils unique, pouvait sans présomption demander au monde, son empire, un culte religieux bien que secondaire.

---

corps; 3° on a pensé qu'elles tiraient leur origine de la souche primitive d'Adam, qui renfermait le germe spirituel et corporel de sa postérité; 4° qu'au moment de la conception Dieu créé l'âme de chaque individu, et la destine au corps qui vient de s'ébaucher. Cette dernière opinion semble avoir prévalu parmi les modernes; et notre histoire spirituelle est devenue moins sublime, sans être plus intelligible.

(1) Οτι η του Σωτηρος ψυχη, η του Αδαμ ην, est une des quinze hérésies imputées à Origène, et contestées par son apologiste (Photius, *Bibliot.*, Cod. 117, p. 296). Quelques rabbins donnent une seule et même âme aux personnes d'Adam, de David et du Messie.

II. Les semences de la foi, qui n'avaient germé que lentement au milieu du sol dur et ingrat de la Judée, furent transplantées en pleine maturité dans les climats plus heureux des gentils ; et les étrangers de Rome et de l'Asie, qui n'avaient pas vu les formes humaines de Jésus-Christ, ne furent que plus disposés à n'y voir qu'un Dieu. Le polythéiste et le philosophe, le Grec et le Barbare, étaient également accoutumés à admettre une longue éternité, une chaîne infinie d'anges ou de démons, de divinités ou d'æons ou d'émanations qui sortaient du trône de lumière ; et ils ne voyaient rien d'étrange ou d'incroyable à ce que le premier de ces æons, le *logos* ou le verbe de Dieu, de la même substance que son père, descendît sur la terre pour délivrer le genre humain du vice et de l'erreur, et le guider dans le chemin de la vie et de l'immortalité ; mais le dogme de l'éternité, et les idées de corruption inhérentes à la matière, infectèrent les premières Églises de l'Orient. Un grand nombre des prosélytes païens refusaient de croire qu'un esprit céleste, une portion indivise de la première essence, se fût trouvée personnellement unie à une masse de chair impure et souillée ; et, pleins de zèle pour la divinité de Jésus-Christ, leur dévotion les porta à ne plus reconnaître son humanité. Son sang fumait encore sur le mont Calvaire (1), lorsque les *docètes*, secte d'Asie nombreuse et sa-

<small>Jésus-Christ un Dieu dans toute sa pureté, selon les docètes.</small>

---

(1) *Apostolis adhuc in seculo superstitibus, apud Judæam Christi sanguine recente, phantasma domini corpus assere-*

vante, inventèrent le système *fantastique* que propagèrent ensuite les marcionites, les manichéens et les gnostiques de toutes les dénominations (1). Ils ne voulurent point admettre la vérité et l'authenticité des Évangiles, en ce qui a rapport à la conception de Marie, à la naissance de Jésus-Christ, et aux trente années qui précédèrent l'exercice de son ministère. C'était sur les bords du Jourdain qu'il avait paru d'abord dans toute la perfection de la forme humaine; mais, disaient ces hérésiarques, ce n'était qu'une forme et non pas une substance; c'était une simple figure humaine créée par le Dieu tout-puissant, pour imiter les facultés et les actions d'un homme, et faire une illusion continuelle aux sens de ses amis et de ses ennemis. Des sons articulés frappaient les oreilles de ses disciples; mais l'image qui se gravait sur leur nerf optique se refusait à la preuve plus positive du toucher; et ils jouissaient de

---

batur, etc. (Saint Jérôme, *Advers. Lucifer.*, c. 8.) L'épître de saint Ignace aux habitans de Smyrne, et même l'Évangile selon saint Jean, ont pour but de détruire l'erreur des docètes, qui faisait des progrès, et qui avait obtenu trop de crédit dans le monde. (1. Jean, IV, 1, 5.)

(1) Vers l'an 200 de l'ère chrétienne, saint Irénée et Hippolyte réfutèrent les trente-deux sectes της ψευδωνυμος γνωσεως, qui s'étaient multipliées, du temps de saint Épiphane, jusqu'au nombre de quatre-vingts. (Phot., *Bibl.*, Cod. 120, 121, 122.) Les cinq livres d'Irénée n'existent plus qu'en latin barbare; mais on retrouverait peut-être l'original dans quelque monastère de la Grèce.

la présence spirituelle et non pas de la présence corporelle du fils de Dieu. Les Juifs exercèrent en vain leur rage sur un fantôme impassible, et les scènes mystiques de la passion et de la mort, de la résurrection et de l'ascension de Jésus-Christ, furent représentées sur le théâtre de Jérusalem pour l'avantage du genre humain. Si l'on représentait aux docètes qu'une pareille farce, qu'une supercherie si continuelle, étaient indignes du Dieu de vérité, ils se justifiaient par la doctrine des fraudes pieuses, reçue chez un si grand nombre de leurs frères orthodoxes. Dans le système des gnostiques, le Jéhovah d'Israël, le Créateur de ce monde sublunaire, fut un esprit rebelle ou du moins ignorant. Le fils de Dieu est venu sur la terre pour abolir le temple et la loi de Jehovah; et pour arriver à ce but salutaire, il s'est habilement emparé des espérances et des prédictions d'un messie temporel.

L'un des champions les plus subtils de l'école manichéenne a fait valoir le danger et l'indécence d'une supposition d'après laquelle le Dieu des chrétiens, d'abord sous la forme d'un fœtus, serait sorti du sein d'une femme après neuf mois de grossesse. La pieuse horreur qu'excita sa proposition parmi ses adversaires les porta à désavouer toutes les circonstances charnelles de la conception et de l'accouchement, à soutenir que la Divinité avait pénétré dans le sein de Marie comme un rayon du soleil à travers une glace, et que sa virginité demeura intacte, même au moment où elle devint mère de Jésus-Christ. Mais la témérité

<small>Son corps incorruptible.</small>

de ces assertions a fait naître un sentiment plus modéré : quelques docètes ont enseigné, non pas que Jésus-Christ fût un fantôme, mais qu'il était revêtu d'un corps impassible et incorruptible. Tel est, en effet, dans le système le plus orthodoxe, le corps qu'il possède depuis sa résurrection, et tel est celui qu'il doit avoir toujours possédé pour être capable de pénétrer sans résistance et sans blessure une matière intermédiaire. Doué des propriétés les plus essentielles de la chair, ce corps devait être exempt de ses attributs et de ses infirmités : un fœtus qui d'un point invisible arriverait à son entière maturité, un enfant qui parviendrait à la stature d'un homme fait, sans tirer aucune nourriture des sources ordinaires, pourrait continuer d'exister sans réparer, par des repas journaliers, ses pertes journalières; Jésus pouvait donc partager les repas de ses disciples sans éprouver la soif ou la faim, et sa pureté virginale ne fut jamais souillée par les mouvemens involontaires de la concupiscence. Si l'on demandait par quels moyens et de quelle matière un corps si singulièrement constitué avait pu être formé primitivement, les gnostiques et d'autres sectaires répondaient que la forme et la substance provenaient de l'essence divine : réponse qui étonne notre théologie plus raisonnable, et qui ne leur était pas particulière. L'idée d'un esprit pur et absolu est un raffinement de la philosophie moderne. L'essence spirituelle, que les anciens attribuaient aux âmes humaines, aux êtres célestes et à Dieu lui-même, n'exclut pas la notion d'un espace étendu, et leur imagination s'attachait à l'idée d'une nature telle que l'air, le feu ou l'éther, substances incomparablement plus parfaites que les matériaux grossiers de notre univers. Si nous déterminons le lieu qu'occupe la Divinité, nous devons faire une sorte de description de sa figure. D'après notre expérience et peut-être notre vanité, la puissance de la raison et de la vertu se représente à nous sous une forme humaine. Les anthropomorphites, qui étaient en grand nombre parmi les moines de l'Égypte et les catholiques de l'Afrique, pourraient citer cette déclaration formelle de l'Écriture, que Dieu a fait l'homme à son image (1). Le vénérable Sérapion, un des saints du désert de Nitrie, abandonna en pleurant une croyance qu'il chérissait, et gémit comme un enfant d'une conversion qui lui enlevait son Dieu

---

(1) Le pélerin Cassien, qui parcourut l'Égypte au commencement du cinquième siècle, observe et déplore le règne de l'anthropomorphisme parmi les moines, qui ne savaient pas qu'ils suivaient le système d'Épicure (Cicéron, *de Nat. deorum*, l. 1, c. 18-34). *Ab universo prope modum genere monachorum, qui per totam provinciam Ægyptum morabantur pro simplicitatis errore susceptum est, ut à contrario memoratum pontificem (Theophilum) velut hæresi gravissimâ depravatum, pars maxima seniorum ab universo fraternitatis corpore decerneret detestandum.* (Cassien, *Collation.*, x, 2.) Tant que saint Augustin fut attaché au manichéisme, il se montra très-scandalisé de l'anthropomorphisme des catholiques vulgaires.

et laissait son esprit sans aucun objet visible de foi et de dévotion (1).

<small>La double nature de Cérinthe.</small>

3° Tels furent les systèmes vagues et indécis dont se composa l'hérésie des docètes. Cérinthe d'Asie (2), qui osa combattre le dernier des apôtres, imagina une hypothèse plus substantielle et plus compliquée. Placé sur les confins du monde juif et du monde gentil, il s'efforça de réconcilier les gnostiques et les ébionites, en reconnaissant dans le Messie l'union surnaturelle de l'homme et de la Divinité ; Carpocrates, Basilide, Valentin (3) et les hérétiques de

---

(1) *Ita est in oratione senex mente confusus eo quod illam* ανθρωπομορφον *imaginem deitatis, quam proponere sibi in oratione consuerat aboleri, de suo corde sentiret, ut in amarissimos fletus, crebrosque singultus repentè prorumpens, in terram prostratus cum ejulatu validissimo proclamaret « heu me miserum! tulerunt à me Deum meum, et quem nunc teneam non habeo, vel quem adorem, aut interpellem jam nescio. »* Cassien, *Collation.* x, 2.

(2) Saint Jean et Cérinthe (A. D. 80; Leclerc, *Hist. eccles.*, p. 493) se rencontrèrent par hasard dans les bains publics d'Éphèse; mais l'apôtre s'éloigna de l'hérétique, de peur que l'édifice ne tombât sur sa tête. Cette sotte histoire, que rejette le docteur Middleton (*Miscellaneous Works*, vol. 2), est racontée toutefois par saint Irénée (III, 3), sur le témoignage de Polycarpe, et elle se trouvait probablement d'accord avec la connaissance qu'on avait de l'époque où vécut Cérinthe et du lieu qu'il habitait. Cette version de saint Jean (IV, 3) ο λυει τον Ιησουν, tombée en désuétude, quoiqu'elle paraisse être la vraie, fait allusion à la double nature qu'enseignait l'hérétique Cérinthe.

(3) Le système des valentiniens était compliqué et pres-

l'école égyptienne, adoptèrent cette doctrine mystique, à laquelle ils ajoutèrent plusieurs détails de leur invention. Dans leur opinion, Jésus de Nazareth n'était qu'un simple mortel, fils légitime de Joseph et de Marie ; mais c'était le meilleur et le plus sage des humains, choisi comme un digne instrument pour rétablir sur la terre le culte du vrai Dieu. Au moment de son baptême dans le Jourdain, le Christ, le premier des æons, fils de Dieu lui-même, descendit sur Jésus sous la forme d'une colombe, pour remplir son esprit et diriger ses actions durant la période de son ministère. Quand le Messie fut livré aux Juifs, le Christ, être immortel et impassible, abandonna sa demeure terrestre ; il retourna dans le *Pleroma*, ou monde des esprits, et laissa Jésus, seul et abandonné, souffrir, se plaindre et mourir. Mais on peut contester la justice et la générosité de cette désertion ; le sort d'un innocent martyr, d'abord exalté et ensuite délaissé par l'esprit divin qui l'accompagnait, dut exciter la pitié et l'indignation des

---

que incohérent. 1° Le Christ et Jésus étaient des *æons*, mais dont la vertu n'était pas au même degré ; l'un agissait comme l'âme raisonnable, et l'autre comme l'esprit divin du Sauveur. 2° Au moment de la passion, ils se retirèrent l'un et l'autre, et ils ne laissèrent qu'une âme sensitive et un corps humain. 3° Ce corps même était éthéré et peut-être seulement apparent. Tels sont les résultats qu'indique Mosheim après beaucoup de peine ; mais je doute beaucoup que le traducteur latin ait entendu saint Irénée, ou que saint Irénée et les valentiniens se soient entendus.

profanes. Les sectaires qui adoptèrent et modifièrent le double système de Cérinthe apaisèrent de différentes manières les murmures excités par ces opinions. On dit que lorsque Jésus avait été attaché à la croix, il s'était trouvé doué d'une miraculeuse apathie d'esprit et de corps, laquelle le rendit insensible aux douleurs qu'il paraissait souffrir. D'autres assurèrent que le règne temporel de mille ans, réservé au Messie dans son royaume de la nouvelle Jérusalem, le dédommagerait amplement de ses angoisses réelles, mais passagères. Enfin, on laissa entrevoir que s'il souffrit, il avait mérité de souffrir (1), que la nature humaine n'est jamais absolument parfaite, et que la croix et la passion purent servir à expier les transgressions vénielles du fils de Joseph avant son union mystérieuse avec le fils de Dieu.

<small>La divine incarnation d'Apollinaire.</small>

III. Tous ceux qui embrassent la noble et séduisante idée de la spiritualité de l'âme, doivent avouer, d'après l'expérience, l'incompréhensible union de l'esprit et du corps. Il est aisé de concevoir que le corps peut être uni à un esprit qui a des facultés in-

---

(1) Les hérétiques abusèrent de cette exclamation douloureuse de Jésus-Christ : « Mon Dieu! mon Dieu! pourquoi m'as-tu abandonné?» Rousseau, qui a fait un parallèle éloquent, mais peu convenable, de Jésus-Christ et de Socrate, oublie que le philosophe mourant ne laisse pas échapper un mot d'impatience et de désespoir. Ce sentiment peut n'être qu'apparent dans le Messie, et on a dit avec raison que ces paroles si mal sonnantes n'étaient que l'application d'un psaume ou d'une prophétie.

tellectuelles beaucoup plus grandes, ou même qui possède ces facultés au plus haut degré possible; et l'incarnation d'un æon ou d'un archange, le plus parfait des esprits créés, n'est ni contradictoire ni absurde. Durant l'époque de la liberté religieuse, à laquelle mit des bornes le concile de Nicée, chaque individu mesurait la divinité de Jésus-Christ d'après la règle indéfinie de l'Écriture, de la raison ou de la tradition; mais lorsqu'on eut établi sa divinité sur les ruines de l'arianisme, la foi des catholiques se trouva suspendue sur les bords d'un précipice d'où elle ne pouvait s'éloigner, où il était dangereux de se tenir, et près duquel un faux pas devait effrayer. Le sublime caractère de leur théologie aggravait encore les divers inconvéniens de leur symbole. Ils hésitaient à prononcer que Dieu lui-même, la seconde personne d'une Trinité égale et consubstantielle, se fût manifesté dans la chair(1); qu'un être qui remplit l'univers eût été emprisonné dans le sein de Marie; que les jours, les mois et les années de l'existence

---

(1) Cette expression énergique peut être justifiée par un passage de saint Paul (*Tim.*, III, 16); mais les Bibles modernes nous trompent. Le mot o (lequel) fut changé à Constantinople, au commencement du sixième siècle, en θεος (*Dieu*). La véritable version évidente, d'après les textes latin et syriaque, existe encore dans les raisonnemens des pères grecs et des pères latins; et sir Isaac Newton a très-bien relevé cette fraude, ainsi que celle des *trois témoins de saint Jean*. (*Voy.* ses deux Lettres, traduites par M. de Missy, dans le *Journal Britannique*, tom. xv, p. 148-190, 351-390.) J'ai examiné les raisons alléguées de part et d'autre, et je souscris

humaine, eussent marqué les époques de son éternelle durée; que le Tout-Puissant eût été battu de verges et crucifié; que son impassible essence eût éprouvé la douleur et les angoisses; que cet être qui sait tout ne fût pas exempt d'ignorance; et que la source de la vie et de l'immortalité eût expiré sur le mont Calvaire. Ces inquiétantes conséquences n'effrayaient point l'inaltérable simplicité d'Apollinaire (1), évêque de Laodicée, et l'une des lumières de L'Église. Fils d'un savant grammairien, il était versé dans toutes les sciences de la Grèce; il dévoua humblement au service de la religion l'éloquence, l'érudition et la philosophie qu'annoncent ses ouvrages. Digne ami de saint Athanase et digne adversaire de Julien, il lutta courageusement contre les ariens et les polythéistes; et quoiqu'il affectât la rigueur des démonstrations géométriques, il exposa dans ses Commentaires le sens littéral et le sens allégorique des Écritures. Ses funestes soins réduisirent sous une

---

à l'autorité du premier des philosophes, qui était très-versé dans les discussions critiques et théologiques.

(1) *Voyez* sur Apollinaire et sa secte, Socrate (l. II, c. 46; l. III, c. 16), Sozomène (l. V, c. 18; l. VI, c. 25-27), Théodoret (l. V, 3, 10, 11), Tillemont (*Mém. ecclés.*, tom. VII, p. 602-638; not. p. 789-794; in-4°; *Venise*, 1732). Les saints qui vécurent de son temps parlaient toujours de l'évêque de Laodicée comme d'un ami et d'un frère; le style des historiens plus récens porte le caractère de l'aigreur et de l'inimitié. Cependant Philostorge le compare (l. VIII, c. 11-15) à saint Basile et à saint Grégoire.

forme technique un mystère qui avait flotté longtemps dans le vague de l'opinion populaire ; et il publia pour la première fois ces paroles mémorables : « Une seule nature incarnée en Jésus-Christ ; » paroles qui retentissent encore comme un cri de guerre dans les Églises d'Asie, d'Égypte et d'Éthiopie. Il enseigna que la divinité s'était unie ou mêlée avec le corps d'un homme, et que le *logos* ou l'éternelle sagesse avait tenu en Jésus la place et rempli les fonctions de l'âme humaine ; mais, comme s'il eût été lui-même épouvanté de sa hardiesse, on l'entendit murmurer quelques mots d'excuse et d'explication. Il admit l'ancienne distinction qu'avaient établie les philosophes grecs entre l'âme raisonnable et l'âme sensitive de l'homme ; il réservait ainsi le *logos* pour les fonctions intellectuelles, et il employait le principe humain subordonné à celui-ci, aux fonctions moins relevées de la vie animale. Il révérait, avec les plus modérés d'entre les docètes, Marie comme la mère spirituelle plutôt que comme la mère charnelle de Jésus-Christ, dont le corps était venu du ciel impassible et incorruptible, ou bien avait été absorbé et transformé en l'essence de Dieu. On vit le système d'Apollinaire vivement combattu par les théologiens d'Asie et de Syrie, dont l'école s'honore des noms de saint Basile, de saint Grégoire et de saint Chrysostôme, et rougit de ceux de Diodore, de Théodore et de Nestorius ; mais on n'attenta point à la personne, à la réputation ou à la dignité du vieil évêque de Laodicée ; ses rivaux, qu'on ne peut soupçonner de s'être laissés aller à la faiblesse de la tolérance, furent peut-être étonnés de la nouveauté de ses argumens, et craignaient la décision que prononcerait enfin l'Église catholique. A la fin, elle se détermina en leur faveur : l'hérésie d'Apollinaire fut condamnée, et les lois impériales proscrivirent les diverses congrégations de ses disciples; mais les monastères de l'Égypte continuèrent à suivre en secret ses principes, et ses ennemis éprouvèrent la haine de Théophile et de saint Cyrille, qui se succédèrent sur le trône d'Alexandrie.

<small>Acquiescement des orthodoxes au décret de l'Église catholique, et dispute sur les mots par lesquels on exprimerait ce dogme.</small>

IV. La doctrine matérielle des ébionites et les dogmes fantastiques des docètes étaient proscrits et oubliés; le zèle que venaient de montrer les catholiques contre les erreurs d'Apollinaire les força à se rapprocher en apparence de la double nature de Cérinthe. Mais, au lieu d'une alliance passagère, ils établirent et nous adoptons encore l'union substantielle, indissoluble et à jamais durable, d'un Dieu parfait avec un homme parfait, de la seconde personne de la Trinité avec une âme raisonnable et un corps humain. *L'unité des deux natures* était la doctrine dominante de l'Église au commencement du cinquième siècle. Les deux partis convenaient que nos idées et nos langues ne pouvaient ni représenter ni exprimer le mode de leur coexistence; toutefois il existait une animosité secrète, mais implacable, entre ceux qui craignaient le plus de confondre et ceux qui avaient le plus de frayeur de séparer la divinité de l'humanité de Jésus-Christ. Des deux côtés une religieuse frénésie repoussait avec le sentiment de l'aversion l'erreur vers laquelle penchait le parti contraire, et qui de toutes leur paraissait la plus funeste à la vérité ainsi qu'au salut. Les deux partis montraient la même inquiétude, la même ardeur à maintenir et défendre l'union et la distinction des deux natures, et à inventer les formules et les symboles de doctrine les moins susceptibles de doute ou d'équivoque. Arrêtés par la pauvreté des idées et celle du langage, ils mettaient à contribution l'art et la nature pour leur fournir toutes les comparaisons possibles, et chacune de ces comparaisons employées à représenter un mystère incomparable, devenait pour leur esprit la source d'une nouvelle erreur. Sous le microscope polémique, un atome prend la taille d'un monstre, et les deux partis se montraient habiles à exagérer les conséquences absurdes ou impies qu'on pouvait tirer des principes de leurs adversaires. Afin d'échapper les uns aux autres, ils se jetaient en des routes obscures et détournées, jusqu'au moment où ils apercevaient avec effroi les horribles fantômes de Cérinthe et d'Apollinaire, qui gardaient les issues opposées du labyrinthe théologique. A peine entrevoyaient-ils la lumière encore douteuse d'une explication prête à les faire tomber dans l'hérésie, qu'ils tressaillaient ; on les voyait revenir sur leurs pas et se précipiter de nouveau dans les ténèbres d'une orthodoxie impénétrable. Afin de se disculper du crime ou du reproche d'une coupable erreur, ils expliquaient leurs principes, ils en désavouaient les conséquences, ils s'excusaient de leurs indiscrétions, et prononçaient d'une voix unanime les mots de concorde et de foi. Mais une étincelle presque imperceptible demeurait cachée sous la cendre de la controverse; les préjugés et la passion en firent bientôt sortir une flamme dévorante, et les disputes des sectes d'Orient, sur les expressions (1) dont elles se servaient dans l'exposition de leurs dogmes, ébranlèrent les fondemens de l'Église et de l'État.

Saint Cyrille, patriarche d'Alexandrie.
A. D. 412, oct. 18.
A. D. 444, juin 27.

Le nom de Cyrille d'Alexandrie est fameux dans l'histoire de la controverse, et son titre de *saint* annonce que ses opinions et son parti finirent par triompher. Élevé dans la maison de l'archevêque Théophile son oncle, il avait contracté dans cette éducation orthodoxe l'habitude du zèle, l'amour de la domination; et avait employé d'une manière utile cinq années de sa jeunesse dans les monastères de la Nitrie, voisins de sa résidence. Sous la tutelle de l'abbé Sérapion, il s'était adonné aux études ecclésiastiques avec une ardeur si infatigable, que dans une nuit il lut les quatre évangiles, les épîtres ca-

---

(1) Deux prélats de l'Orient, Grégoire Abulpharage, primat jacobite de cette partie du monde, et Élie, métropolitain de Damas, attaché à la secte de Nestorius (*voyez* Asseman., *Bibl. orient.*, t. II, p. 291; t. III, p. 514, etc.), avouent que les melchites, les jacobites, les nestoriens, etc., étaient d'accord sur la *doctrine*, et ne différaient que sur l'*expression*. Basnage, Leclerc, Beausobre, La Croze, Mosheim et Jablonski, inclinent vers cette opinion charitable; mais le zèle de Petau est véhément et plein de colère, et Dupin ose à peine laisser entrevoir sa modération.

tholiques, et l'épître aux Romains. Il détestait Origène, mais il parcourait sans cesse les écrits de saint Clément et de saint Denis, de saint Athanase et de saint Basile. La théorie et la pratique de la dispute affermissaient sa foi et aiguisaient son esprit : il commençait à tendre autour de sa cellule les fils déliés et fragiles de la théologie scolastique, et préparait ces ouvrages d'allégorie et de métaphysique, dont les restes, recueillis en sept *in-folio* verbeux et diffus, dorment en paix à côté de leurs rivaux (1). Saint Cyrille priait et jeûnait dans le désert; mais ses pensées, selon le reproche que lui adresse un de ses amis (2), étaient toujours fixées sur le monde, et l'ermite ambitieux n'obéit que trop promptement à la voix de Théophile, qui l'appelait à la vie bruyante des villes et des synodes. Du consentement de son oncle, il se livra aux travaux de la prédication, et obtint bientôt la faveur populaire. Sa figure agréable ornait la chaire ; sa voix harmonieuse retentissait dans la cathédrale. Ses amis étaient placés de ma-

---

(1) La Croze (*Hist. du Christianisme des Indes*, tome 1, p. 24) avoue son mépris pour le génie et les écrits de saint Cyrille. « De tous les ouvrages des anciens, dit-il, il y en a peu qu'on lise avec moins d'utilité. » Et Dupin (*Bibl. ecclés.*, t. IV, p. 42-52) nous apprend à les mépriser, quoiqu'il en parle avec respect.

(2) C'est Isidore de Péluse qui lui fait ce reproche (l. 1, *epist.* 25, p. 8). Comme la lettre n'est pas très-authentique, Tillemont, moins sincère que les bollandistes, affecte de douter si ce Cyrille était le neveu de Théophile (*Mémoires ecclés.*, t. XIV; p. 268).

nière à pouvoir diriger et seconder les applaudissemens de la congrégation (1), et des scribes recueillaient à la hâte ses discours, qui dans leurs effets, mais non pas dans leur composition, peuvent être comparés à ceux des orateurs d'Athènes. La mort de Théophile agrandit et réalisa les espérances de son neveu. Le clergé d'Alexandrie était divisé. Les soldats et leur général portaient l'archidiacre; mais les clameurs et les violences de la multitude firent nommer le candidat qu'elle chérissait, et saint Cyrille monta sur le siége qu'avait occupé saint Athanase trente-neuf années auparavant (2).

Son despotisme tyrannique.
A. D.
413, 414
415, etc.

Le prix n'était pas indigne de son ambition. Loin de la cour et à la tête d'une immense capitale, le patriarche d'Alexandrie (car c'est ainsi qu'on le nommait) avait usurpé peu à peu l'existence et le pouvoir d'un magistrat civil. Il était le dispensateur des charités publiques et privées de la ville; sa voix excitait ou calmait les passions de la multitude : un grand nombre de fanatiques *parabolani* (3), familia-

---

(1) Socrate (liv. VII, 13) appelle un grammairien διαπυρος δε ακροατης του επισκοπου Κυριλλου καθεστως, και περι το κροτους εν ταις διδασκαλιαις αυτου εγειρειν ην σπουδαιοτωτος.

(2) Socrate (l. VII, c. 7) et Renaudot (*Hist. patriarch. Alexand.*, p. 106-108) racontent la jeunesse de saint Cyrille et sa nomination au siége d'Alexandrie. L'abbé Renaudot a tiré ses matériaux de l'histoire arabe de Sévère, évêque d'Hermopolis Magna ou Ashmunein, au dixième siècle, auquel on ne peut jamais ajouter foi, à moins que les faits ne portent en eux-mêmes les caractères de l'évidence.

(3) Les *parabolani* d'Alexandrie étaient une corporation

risés dans leurs fonctions journalières avec des scènes de mort, obéissaient aveuglément à ses ordres, et la puissance temporelle de ces pontifes chrétiens intimidait ou irritait les préfets d'Égypte. Saint Cyrille, plein d'ardeur contre les hérétiques, commença son pontificat par opprimer les novatiens, les plus innocens et les plus tranquilles de tous les sectaires. L'interdiction de leur culte religieux lui parut un acte juste et méritoire, et en confisquant leurs vases sacrés, il ne crut pas encourir le reproche de sacrilége. Les lois des Césars et des Ptolémées, et une prescription de sept siècles écoulés depuis la fondation d'Alexandrie, assuraient la liberté du culte et même les priviléges des Juifs, qui s'étaient multipliés jusqu'au nombre de quarante mille. Sans aucune sentence légale, sans aucun ordre de l'empereur, le patriarche, à la tête d'une multitude séditieuse, vint au point du jour attaquer les synagogues. Les Juifs, désarmés et attaqués à l'improviste, ne purent faire aucune résistance : on rasa les lieux où ils se réunissaient pour prier, et l'évêque guerrier, après

---

de charité, établie durant la peste de Gallien, pour visiter les malades et enterrer les morts. Ils se multiplièrent peu à peu ; ils abusèrent et trafiquèrent de leurs priviléges. L'insolence qu'ils montrèrent sous le pontificat de saint Cyrille détermina l'empereur à priver le patriarche du droit de les choisir, et à réduire leur nombre à cinq ou six cents ; mais ces restrictions furent passagères et inefficaces. *Voy.* le *Cod. Théodos.*, l. XVI, t. II; et Tillemont, *Mém. ecclés.*, t. XIV, p. 276-278.

avoir accordé à ses troupes le pillage de leurs biens, chassa de la ville le reste de cette nation de mécréans. Il allégua peut-être l'insolence de leur prospérité et leur haine mortelle pour les chrétiens, dont ils avaient versé depuis peu le sang au milieu d'une émeute excitée, soit par hasard, soit à dessein. De pareils crimes méritaient l'animadversion du magistrat; mais dans cette agression les innocens se trouvèrent confondus avec les coupables, et Alexandrie perdit une colonie riche et industrieuse. Le zèle de saint Cyrille l'assujettissait aux peines de la loi Julia; mais, dans un gouvernement faible et un siècle superstitieux, il était sûr de l'impunité et pouvait même compter sur des éloges. Oreste, préfet de l'Égypte, se plaignit; les ministres de Théodose oublièrent trop promptement ses justes réclamations, et un prêtre qui, affectant de lui pardonner, continuait à le haïr, ne s'en souvint que trop. Un jour qu'il passait dans la rue, une bande de cinq cents moines de la Nitrie attaquèrent son char; ses gardes prirent la fuite devant ces bêtes féroces du désert; il protesta qu'il était chrétien et catholique; on ne lui répondit que par une grêle de pierres qui couvrirent son visage de sang. De bons citoyens volèrent à son secours. Il sacrifia sur-le-champ à la justice et à sa vengeance le moine qui l'avait blessé, et Ammonius expira sous les verges du licteur. Saint Cyrille fit recueillir le corps d'Ammonius, une procession solennelle le transporta dans la cathédrale: on changea son nom en celui de Thaumasius, *le Merveilleux;* son tombeau fut orné des symboles du martyre, et le patriarche monta en chaire pour célébrer la grandeur d'âme d'un assassin et d'un rebelle. De pareils honneurs durent exciter les fidèles à combattre et à mourir sous les bannières du saint; et saint Cyrille encouragea bientôt ou accepta le sacrifice d'une vierge qui professait la religion des Grecs, et qui avait avec Oreste des liaisons d'amitié. Hypatia, fille du mathématicien Théon (1), était versée dans les sciences cultivées par son père; ses savans commentaires ont jeté du jour sur la géométrie d'Apollonius et de Diophante, et elle enseignait publiquement à Athènes et à Alexandrie la philosophie de Platon et d'Aristote. Cette fille modeste, joignant à tout l'éclat de la beauté toute la maturité de la sagesse, se refusait aux prières des amans et se bornait à instruire ses disciples. Les personnages les plus illustres par leur rang et par leur mérite la recherchaient avec empressement; et saint Cyrille voyait d'un œil jaloux la troupe pompeuse de chevaux et d'esclaves qui environnaient la porte de son académie. On répan-

---

(1) *Voyez* sur Théon et sa fille Hypatia, Fabricius (*Bibl.*, t. VIII, p. 210, 211). Son article dans le Lexicon de Suidas est fort curieux et très-original. Hesychius (*Meursii opera*, t. VII, p. 295, 296) observe que cette fille fut persécutée δια την υπερβαλλουσαν σοφιαν; et une épigramme de l'anthologie grecque (l. 1, c. 76, p. 159, édit. Brodæi) vante ses lumières et son éloquence. L'évêque philosophe Synèse, son ami et son disciple, en parle d'une manière honorable (*Epist.* 10, 15, 16, 33, 80, 124, 135, 153).

dit parmi les chrétiens que la fille de Théon était le seul obstacle à la réconciliation du préfet et de l'archevêque, et on eut bientôt écarté cet obstacle. L'un des saints jours du carême, Hypatia, qui rentrait chez elle, fut arrachée de son char, dépouillée de ses vêtemens, traînée à l'église, et massacrée par Pierre le Lecteur et une troupe d'impitoyables fanatiques; ils découpèrent son corps avec des écailles d'huîtres (1) et livrèrent aux flammes ses membres encore palpitans. De l'argent donné à propos arrêta l'enquête juridique qui suivit ce forfait; mais le meurtre d'Hypatia a souillé d'une tache ineffaçable le caractère et la religion de saint Cyrille d'Alexandrie (2).

Nestorius, patriarche de Constantinople. A. D. 428, avril 10.

La superstition pardonnera peut-être plus facilement le meurtre d'une jeune fille que le bannissement d'un saint. Saint Cyrille avait accompagné son oncle à l'odieux synode du Chêne. Lorsque la mémoire de

---

(1) Οστρακοις ανειλον, και μεληδον διασπασαντες, etc. Les coquilles d'huîtres étaient répandues en grand nombre sur le rivage de la mer en face de Césarée. Je préfère donc de m'en tenir ici au sens littéral, sans rejeter la version métaphorique de *tugulæ*, tuiles, qu'adopte M. de Valois; j'ignore si Hypatia vivait encore, et il est probable que les assassins ne s'embarrassèrent pas de ce point.

(2) Socrate (l. vii, c. 13, 14, 15) raconte ces exploits de saint Cyrille; et le fanatisme est forcé, malgré sa répugnance, à copier les expressions d'un historien qui appelle froidement les meurtriers d'Hypatia ανδρες το φρονημα ενθερμοι. Je remarque avec plaisir que ce nom si outragé fait rougir Baronius lui-même (A. D. 415, n° 48).

saint Chrysostôme eut été réhabilitée et consacrée, le neveu de Théophile, qui se trouvait à la tête d'une faction expirante, s'obstina à soutenir que ce prélat avait été condamné justement; et ce ne fut qu'après de longs délais et une résistance opiniâtre qu'il se soumit au décret de l'Église catholique (1). C'était par intérêt et non par passion qu'il se montrait l'ennemi des pontifes de Byzance (2). Il leur enviait l'avantage de briller au grand jour de la cour impériale ; il redoutait leur ambition qui opprimait les métropolitains de l'Europe et de l'Asie, envahissait les provinces d'Alexandrie et d'Antioche, et essayait de donner à leur diocèse les bornes de l'empire. La longue modération d'Atticus, qui usait avec douceur de la dignité qu'il avait usurpée sur saint Chrysostôme, suspendit l'animosité des patriarches de l'Orient ; mais saint Cyrille fut enfin réveillé par l'élévation d'un rival plus digne de son estime et de sa haine. Après le court et orageux pontificat de

---

(1) Il ne voulut point écouter les prières d'Atticus de Constantinople et d'Isidore de Péluse ; et si l'on en croit Nicéphore (l. xiv, c. 18), il ne céda qu'à l'intercession de la Vierge. Au reste, dans ses dernières années, il murmurait encore que Jean Chrysostôme avait été condamné justement. Tillemont, *Mém. ecclés.*, t. xiv, p. 278-282; Baronius, *Annal. eccles.*, A. D. 412, n°⁸ 46-64.

(2) *Voyez* des détails sur leurs caractères dans l'Histoire de Socrate (l. vii, c. 25-28), et sur leur autorité et leurs prétentions, dans la volumineuse compilation de Thomassin (*Discipl. de l'Église*, t. 1, p. 80-91).

Sisinnius, le choix de l'empereur qui, en cette occasion, consulta l'opinion publique, et lui donna un étranger pour successeur, apaisa les factions du clergé et du peuple. Le prince accorda l'archevêché de sa capitale à Nestorius (1), né à Germanicie, et moine d'Antioche, recommandable par l'austérité de sa vie et l'éloquence de ses sermons ; mais la première fois qu'il prêcha en présence du dévot Théodose, il laissa paraître l'aigreur et l'impatience de son zèle. « César, s'écria-t-il, donnez-moi la terre purgée d'hérétiques, et je vous donnerai en échange le royaume du ciel. Exterminez avec moi les hérétiques, et avec vous j'exterminerai les Persans. » Le cinquième jour de son pontificat, le patriarche, comme si cet accord eût été signé avec l'empereur, découvrit, surprit et attaqua un conventicule secret d'ariens ; ils aimèrent mieux mourir que de se soumettre ; les flammes qu'ils allumèrent dans leur désespoir, se portèrent sur les maisons voisines, et le triomphe de Nestorius fut flétri par le surnom d'*Incendiaire*. Il imposa des deux côtés de l'Hellespont un rigoureux formulaire de foi et de discipline ; il punit comme une offense contre l'Église et l'État une erreur chronologique sur la fête de Pâques. Il purifia la Lydie et la Carie, Sardes et Milet, par le sang des obstinés quarto-décimans ;

---

(1) Socrate raconte l'histoire de son avénement au siége épiscopal de Constantinople, et décrit sa conduite (l. VII, c. 29-31), et Marcellinus semble lui appliquer les mots de Salluste, *loquentiæ satis, sapientiæ parum*.

et l'édit de l'empereur, ou plutôt l'édit du patriarche, indique, sous vingt-trois dénominations différentes, vingt-trois degrés d'hérésie tous dignes de châtiment (1). Le glaive de la persécution, dont Nestorius usait avec tant de violence, se tourna bientôt contre lui-même; mais, si l'on en croit un saint qui vivait à cette époque, l'ambition fut le véritable motif des guerres épiscopales dont la religion ne fut que le prétexte (2).

Nestorius avait appris dans l'école de Syrie à détester la confusion des deux natures; il savait séparer habilement l'humanité du *Christ* son maître, de la divinité de Jésus son *seigneur* (3). Il révérait la sainte Vierge comme la mère du Christ; mais son oreille était blessée du titre récent et irréfléchi de mère de Dieu (4), insensiblement adopté depuis l'origine de

Son hérésie.
A. D.
429-431.

---

(1) *Cod. Theod.*, l. xvi, tit. 5, *leg.* 65, avec les éclaircissemens de Baronius (A. D. 428, n° 25, etc.); Godefroy (*ad locum*) et Pagi (*Critica*, t. ii, p. 208).

(2) Saint Isidore de Péluse (l. iv, *epist.* 57). Ses expressions sont énergiques et scandaleuses : τι θαυμαζεις ει και νυν περι πραγμα θειον και λογου κρειττον διαφωνειν προσποιουνται υπο φιλαρχιας εκβακχευομενοι. Isidore est un saint, mais il ne fut jamais évêque; et je suis tenté de croire que l'orgueil de Diogène foulait aux pieds l'orgueil de Platon.

(3) La Croze (*Christianisme des Indes*, t. i, p. 44-53, *Thesaur. epist.*, de La Croze, t. iii, p. 276-280) a découvert l'emploi de ο δεσποτης et ο κυριος Ιησους, qui, aux quatrième, cinquième et sixième siècles, distinguèrent l'école de Diodore de Tarse de celle de ses disciples nestoriens.

(4) Θεοτοκος, *Deipara*, ainsi que, dans la zoologie, on dit

la controverse d'Arius. Un ami du patriarche, et ensuite le patriarche lui-même, prêchèrent à diverses reprises, du haut de la chaire de Constantinople, contre l'usage et l'abus d'un mot (1) méconnu des apôtres, non autorisé par l'Église, capable d'alarmer les fidèles timorés, d'égarer les simples, d'amuser les profanes, et de justifier par une apparente ressemblance la généalogie des dieux de l'Olympe (2). Dans

---

des animaux ovipares ou vivipares. Il n'est pas aisé de fixer l'époque où on inventa ce mot, que La Croze (*Christian. des Indes*, t. 1, p. 16), attribue à Eusèbe de Césarée et aux ariens. Saint Cyrille et Petau produisent des témoignages orthodoxes (*Dogmat. theolog.*, t. v, l. v, c. 15, p. 254, etc.); mais on peut contester la véracité de saint Cyrille; et l'épithète Θεοτοκος a pu se glisser de la marge dans le texte d'un manuscrit catholique.

(1) Basnage, dans son Histoire de l'Église, ouvrage de controverse (t. 1, p. 505), justifie la mère de Dieu par le sang (*Actes*, xx, 28, avec les différentes leçons de Mill); mais les manuscrits grecs sont loin d'être d'accord; et le style primitif du sang du Christ s'est conservé dans la version syriaque, même dans les copies dont se servent les chrétiens de Saint-Thomas sur la côte de Malabar (La Croze, *Christian. des Indes*, t. 1, p. 347). La jalousie des nestoriens et des monophysites a conservé la pureté de leur texte.

(2) Les païens de l'Égypte se moquaient déjà de la nouvelle Cybèle des chrétiens (Isidore, l. 1, *epist.* 54). On fabriqua au nom d'Hypatia une lettre qui tournait en ridicule la théologie de son assassin. (*Synodicon*, c. 216, dans le quatrième t. concil., p. 484.) A l'article *Nestorius*, Bayle exprime sur le culte de la vierge Marie quelques principes d'une philosophie un peu relâchée.

ses momens de calme ; Nestorius avouait qu'on pouvait le tolérer et l'excuser par l'union des deux natures et la communication de leurs propriétés (1); mais, irrité par la contradiction, il en vint à rejeter le culte d'un Dieu nouveau-né, d'une divinité dans l'enfance, à tirer des associations conjugales et civiles de la vie humaine les similitudes imparfaites dont il se servait pour expliquer ses opinions, et à représenter l'humanité du Christ comme le vêtement, l'instrument et le temple de sa divinité. Aux premiers sons de ces blasphêmes, les colonnes du sanctuaire furent ébranlées. Ceux dont l'élévation de Nestorius avait renversé les espérances, se livrèrent au ressentiment que leur inspirait la religion ou la jalousie ; le clergé de Byzance se voyait à regret gouverné par un étranger ; tout ce qui porte le caractère de la superstition ou de l'absurdité a droit à la protection des moines, et le peuple s'intéressait à la gloire de la sainte Vierge sa protectrice (2). Des clameurs séditieuses troublèrent les sermons de l'archevêque et le service des autels ; des congrégations particulières abjurèrent son autorité et sa doctrine : bientôt le souffle de l'esprit de parti propagea de tous côtés,

---

(1) L'ἀντιδοσις des Grecs, c'est-à-dire un prêt ou une translation mutuelle des idiomes ou des propriétés d'une nature à l'autre, de l'infinité à l'homme, de la passibilité à Dieu, etc. Petau établit douze règles sur cette matière extrêmement délicate (*Dogmat. theolog.*, t. v, l. iv, c. 14, 15, p. 209, etc.).

(2) *Voyez* Ducange, C. P. *Christiana*, l. 1, p. 30, etc.

jusqu'aux extrémités de l'empire, la contagion de la controverse ; et du théâtre sonore sur lequel se trouvaient placés les combattans, leur voix retentit dans les cellules de la Palestine et de l'Égypte. Il était du devoir de saint Cyrille d'éclairer le zèle et l'ignorance des innombrables moines soumis à son autorité épiscopale : l'école d'Alexandrie lui avait enseigné l'incarnation d'une nature, et il l'avait adoptée ; mais en s'armant contre un second Arius, qui, plus effrayant et plus coupable que le premier, se trouvait placé sur le second trône de la hiérarchie ecclésiastique ; le successeur de saint Athanase ne consulta que son orgueil et son ambition. Après une correspondance de peu de durée, dans laquelle les prélats rivaux couvrirent leur haine du langage perfide du respect et de la charité, le patriarche d'Alexandrie dénonça au prince et au peuple, à l'Orient et à l'Occident, les coupables erreurs du pontife de Byzance. Les évêques d'Orient, et en particulier celui d'Antioche, qui favorisait la cause de Nestorius, conseillèrent aux deux partis la modération et le silence ; mais le Vatican reçut à bras ouverts les députés de l'Égypte. Célestin fut flatté qu'on le choisît pour juge ; et l'infidèle version d'un moine détermina l'opinion du pape qui, non plus que son clergé latin, ne connaissait ni la langue, ni les arts, ni la théologie des Grecs. Célestin, à la tête d'un concile d'évêques italiens, examina les argumens de saint Cyrille ; il approuva son symbole et condamna la personne et les opinions de Nestorius. Il dépouilla cet hérétique de sa dignité épiscopale, lui donna dix jours pour se rétracter et montrer son repentir, et chargea son ennemi de l'exécution de ce décret illégal et précipité. Mais tandis que le patriarche d'Alexandrie lançait les foudres célestes, il laissait voir les erreurs et les passions d'un mortel, et ses douze anathêmes (1) désespèrent encore aujourd'hui la scrupuleuse soumission des orthodoxes, qui veulent conserver leur vénération pour la mémoire d'un saint sans manquer à la fidélité due aux décrets du concile de Chalcédoine. Ces propositions hardies conservent une teinte ineffaçable de l'hérésie des apollinaristes, tandis que les déclarations sérieuses et peut-être sincères de Nestorius ont satisfait ceux des théologiens de notre temps qui se distinguent le plus par leur sagesse et leur impartialité (2).

---

(1) *Concil.*, t. III, p. 943. Ils n'ont jamais été approuvés *directement* par l'Église. (Tillemont, *Mém. ecclésiast.*, XIV, p. 368-372.) J'ai presque pitié des convulsions de rage et de sophisme dont Petau paraît agité dans le sixième livre de ses *Dogmata theologica.*

(2) Je puis citer le judicieux Basnage (*ad.* t. I, *Variar. Lection. Canisii in præfat.*, c. 2, p. 11-23) et La Croze, savant universel (*Christianisme des Indes*, t. I, p. 16-20, de *l'Éthiopie*, pag. 26, 27; *Thesaur., epist.*, pag. 176, etc., 283-285). Son libre avis sur ce point est confirmé par celui de ses amis Jablonski (*Thesaur. epist.*, t. I, p. 193-201), Mosheim (*id.*, p. 304, *Nestorium crimine caruisse est et mea sententia*); et il ne serait pas facile de trouver trois juges plus respectables. Asseman, rempli de connaissances, mais modestement asservi aux autorités, peut *à peine* découvrir

Premier concile d'Éphèse. A. D. 431, juin-oct.

L'empereur et le primat de l'Orient n'étaient pas disposés à se soumettre au décret d'un prêtre de l'Italie ; et l'on demandait de toutes parts un concile de l'Église catholique, ou plutôt de l'Église grecque, comme le seul moyen d'apaiser ou de terminer cette dispute ecclésiastique (1). Éphèse, où l'on arrivait aisément par mer et par terre, fut choisie pour le lieu de cette assemblée ; on la fixa à la fête de la Pentecôte : on envoya à tous les métropolitains des lettres de convocation, et l'on plaça autour de la salle de réunion une garde destinée à protéger et à emprisonner les pères du synode, jusqu'à ce qu'ils eussent déterminé les mystères du ciel et la foi des humains. Nestorius y parut, non comme criminel, mais comme juge : il comptait sur la réputation plutôt que sur le nombre de ses prélats ; ses robustes esclaves des bains de Zeuxippe étaient armés et prêts à le défendre, ou à attaquer ses ennemis ; mais l'avantage des armes temporelles et spirituelles était du côté de saint Cyrille, son adversaire. Celui-ci, désobéissant à la lettre ou du moins à l'esprit de

---

(*Bibl. orient.*, t. IV, pag. 190-224) le crime et l'erreur des nestoriens.

(1) On trouve des détails sur l'origine et les progrès de la controverse de Nestorius, jusqu'au concile d'Éphèse, dans Socrate (l. VII, c. 32), dans Évagrius (l. I, c. 1, 2), dans Libératus (*Brev.*, c. 1-4), dans les Actes originaux (*Concil.*, t. III, p. 551-591, édit. de Venise, 1728), dans les Annales de Baronius et de Pagi, et dans les fidèles Recueils de Tillemont (*Mém. ecclés.*, t. XIV, p. 283-377).

l'ordre de l'empereur, s'était fait accompagner de cinquante évêques égyptiens, qui attendaient d'un signe de leur patriarche l'inspiration du Saint-Esprit. Il avait contracté une étroite alliance avec Memnon, évêque d'Éphèse, primat des Églises d'Asie qu'il gouvernait avec un pouvoir absolu, et qui mettaient à sa disposition les voix de trente ou quarante évêques : une troupe de paysans, esclaves de l'Église, avaient été dispersés dans la ville pour y appuyer, par des cris et des violences, les argumens métaphysiques de leur suzerain, et le peuple soutenait avec zèle l'honneur de la vierge Marie, dont le corps reposait dans les murs d'Éphèse (1). La flotte qui avait amené saint Cyrille était chargée des richesses de l'Égypte ; elle débarqua une bande nombreuse de gens de mer, d'esclaves et de fanatiques, enrôlés sous la bannière de saint Marc et celle de la mère de Dieu, et disposés à la plus aveugle obéissance. Cette troupe guerrière intimida les pères et même les gardes du

---

(1) Les chrétiens des quatre premiers siècles ne connaissaient ni le lieu de la mort ni celui de la sépulture de Marie. Le concile dont nous parlons ici confirme la tradition d'Éphèse, qui croyait posséder son corps. (Ενθα ο θεολογος Ιωαννης, και η θεοτοκος παρθενος η αγια Μαρια. *Concil.*, t. iii, p. 1102.) Au reste, Jérusalem, qui a formé les mêmes prétentions, a fait oublier celles d'Éphèse : on y montrait aux pèlerins le sépulcre vide de la Vierge ; c'est de là qu'est venue l'histoire de sa résurrection et de son assomption, pieusement adoptée par les Églises grecques et latines. *Voyez* Baronius (*Ann. eccles.*, A. D. 48, n° 6, etc.), et Tillemont (*Mém. eccles.*, t. 1, p. 467-477).

concile. Les adversaires de saint Cyrille et de Marie furent insultés dans les rues ou menacés dans leurs maisons. L'éloquence et la libéralité du prélat égyptien augmentaient chaque jour le nombre de ses adhérens ; et il put bientôt compter sur deux cents évêques prêts à le suivre et à le soutenir (1) ; mais l'auteur des douze anathêmes prévoyait et redoutait l'opposition de Jean d'Antioche, qui, avec une suite peu nombreuse, mais respectable, de métropolitains et de théologiens, arrivait à petites journées de la capitale de l'Orient. Saint Cyrille, dont l'impatience s'irritait d'un délai qu'il traitait de volontaire et de coupable (2), fixa l'ouverture du concile au seizième jour après la Pentecôte. Nestorius, comptant sur la prochaine arrivée de ses amis de l'Orient, persista, ainsi que saint Chrysostôme, son prédécesseur, à décliner la juridiction de ses ennemis et à refuser d'o-

---

(1) Les Actes du concile de Chalcédoine (*Concil.*, t. IV, p. 1405-1408) montrent bien l'aveugle et opiniâtre soumission des évêques d'Égypte à leur patriarche.

(2) Les affaires civiles ou ecclésiastiques retinrent les évêques à Antioche jusqu'au 18 mai. D'Antioche à Éphèse on comptait trente journées ; et ce n'est pas trop de supposer que des accidens ou le besoin de repos leur firent perdre dix jours. Xénophon, qui fit la même route, compte plus de deux cent soixante parasanges ou lieues ; et j'éclaircirais cette mesure d'après les Itinéraires anciens et modernes, si je connaissais bien la proportion de vitesse d'une armée, d'un concile et d'une caravane. Au reste, Tillemont lui-même justifie Jean d'Antioche, quoique avec un peu de répugnance. *Mém. ecclés.*, t. XIV, p. 386-389

béir à leurs sommations : ceux-ci hâtèrent le jugement, et son accusateur présida le tribunal. Soixante-huit évêques, vingt-deux desquels avaient le rang de métropolitains, le défendirent par une protestation décente et modérée ; on les exclut des délibérations. Candidien demanda, au nom de l'empereur, un délai de quatre jours ; ce magistrat profane fut insulté et chassé de l'assemblée des saints.

Cette grande affaire fut accomplie tout entière dans l'espace d'un jour d'été : les évêques donnèrent leur opinion séparément ; mais l'uniformité du style indique l'influence ou la main d'un chef qu'on accuse d'avoir falsifié les actes et les signatures (1). Ils déclarèrent d'une voix unanime que les Épîtres de saint Cyrille contenaient les dogmes du concile de Nicée et la doctrine des pères ; des imprécations et des anathêmes interrompirent la lecture de l'extrait peu fidèle qu'on avait fait des Lettres et des Homélies de Nestorius. Celui-ci fut dégradé du rang d'évêque et de ses dignités ecclésiastiques. Le décret où on le qualifiait malignement de nouveau Judas, fut proclamé et affiché dans les carrefours d'Éphèse : lorsque les prélats fatigués sortirent de l'église de la Mère de Dieu, on les salua comme ses défenseurs ;

Condamnation de Nestorius. Juin 22.

---

(1) Μεμφομενον μη κατα το δεον τα εν Εφεσω συντεθηναι υπομνηματα πανουργια δε και τινι αθεσμω καινοτομια Κυριλλου τεχναζοντος. (Évagrius, l. 1, c. 7.) Le comte Irénée (t. III, p. 1249) lui faisait le même reproche ; et les critiques orthodoxes ont un peu de peine à défendre la pureté des copies grecques et latines des actes de ce concile.

et, durant toute la nuit, des illuminations et des chants célébrèrent tumultueusement sa victoire.

<small>Opposition des évêques d'Orient.</small>

Le cinquième jour, l'arrivée et l'indignation des évêques d'Orient troublèrent ce triomphe. Dans une chambre de l'hôtellerie où il venait de descendre, et avant, pour ainsi dire, d'avoir essuyé la poudre de ses souliers, Jean d'Antioche donna audience à Candidien, ministre de l'empereur; celui-ci lui raconta ses vains efforts pour prévenir ou rendre nulles les violences précipitées de saint Cyrille. Avec la même précipitation et la même violence, un synode de cinquante évêques d'Orient dépouilla saint Cyrille et Memnon de leur qualité d'évêques, déclara que les douze anathêmes renfermaient le plus subtil venin de l'hérésie des apollinaristes, et peignit le primat d'Alexandrie comme un monstre né et nourri pour la destruction de l'Église (1). Son siége était éloigné et inaccessible; on résolut du moins de faire jouir sur-le-champ le peuple d'Éphèse du bonheur d'être gouverné par un pasteur fidèle. Mais par les ordres de Memnon les églises furent fermées, une garnison nombreuse fut jetée dans la cathédrale. Les troupes marchèrent à l'assaut sous les ordres de Candidien; les gardes avancées furent mises en déroute et pas-

---

(1) Ο δε επ' ολεθρω των εκκλεσιων τοχθεις και τραφεις. Après la coalition de saint Jean et de saint Cyrille, les invectives furent réciproquement oubliées. De vaines déclamations ne doivent pas tromper sur l'opinion que des ennemis respectables entretiennent de leur mérite réciproque (*Conc.*, t. III, p. 1244).

sées au fil de l'épée ; mais les postes étaient imprenables, les assiégeans se retirèrent ; et, poursuivis par ceux qui étaient dans la cathédrale, ils perdirent leurs chevaux, et plusieurs des soldats furent grièvement blessés à coups de pierres et de massue. Des cris forcenés et des actions de fureur, la sédition et le sang, souillèrent la ville de la sainte Vierge. Les synodes rivaux s'accablèrent réciproquement d'anathêmes et d'excommunications, et les récits contradictoires des factions de Syrie et d'Égypte embarrassèrent le conseil de Théodose. L'empereur, qui voulait apaiser cette querelle théologique, employa durant trois mois toutes sortes de moyens, excepté le plus efficace de tous, celui de l'indifférence et du mépris. Il voulut écarter ou intimider les chefs au moyen d'une sentence qui aurait également acquitté ou condamné les uns et les autres ; il revêtit de pleins pouvoirs ses représentans à Éphèse, et leur donna des forces militaires capables de les soutenir. Il manda huit députés des deux partis pour conférer librement et légalement aux environs de la capitale, loin de la frénésie populaire, toujours contagieuse ; mais les Orientaux refusèrent d'obéir à cet ordre ; et les catholiques, enorgueillis par leur nombre et par l'appui des Latins, rejetèrent toute espèce d'union ou de tolérance. Théodose poussé à bout, malgré sa douceur naturelle, prononça en colère la dissolution de ce synode tumultueux, qui, à la distance de treize siècles, se présente à nous maintenant sous le respectable nom de troisième concile œcuménique (1). « Dieu m'est témoin, dit ce prince religieux, que je n'ai aucune part à ce désordre. La Providence discernera et punira les coupables. Retournez dans vos provinces, et puissent vos vertus privées réparer les maux et les scandales qu'a produits votre réunion! » Les évêques retournèrent en effet chez eux; mais les passions qui avaient troublé le concile d'Éphèse se répandirent dans tout l'Orient. Jean d'Antioche et saint Cyrille d'Alexandrie, après trois campagnes où ils se combattirent avec opiniâtreté et avec des succès pareils, voulurent bien s'expliquer et faire la paix; mais on doit attribuer leur apparente réconciliation à la prudence plutôt qu'à la raison, à une lassitude mutuelle plutôt qu'à la charité chrétienne.

Victoire de saint Cyrille. A. D. 431-435. Le pontife de Byzance avait donné à l'empereur des préventions sur le caractère et la conduite du prélat égyptien son rival; saint Cyrille reçut, avec l'ordre de se rendre de nouveau à Éphèse, une lettre de menaces et d'invectives (2), où il était traité de

---

(1) *Voyez* les Actes du synode d'Éphèse dans l'original grec et dans une version latine, qu'on publia presque en même temps (*Concil.*, t. III, p. 991-1339) avec le *Synodicon adversus tragœdiam Irenæi*, t. IV, p. 235-497. *Voy.* aussi l'*Hist. ecclés.* de Socrate (l. VII, c. 34), Evagrius (l. I, chap. 3, 4, 5), le *Bréviaire* de Liberatus (*in Concil.*, t. VI, pag. 419-459, c. 5, 6), et les *Mém. ecclés.* de Tillemont (tom. XIV, p. 377-487).

(2) Ταραχην (dit Théodose en phrases coupées) το γε επι σαυτω, και χωρισμον ταις εκκλησιαις εμβεβληκας.... ως θρασυτερας

prêtre intrigant, insolent et envieux, dont les opinions troublaient la paix de l'Église et de l'État, et dont la conduite artificieuse à l'égard de la sœur et de la femme de l'empereur, auxquelles il s'était adressé séparément, manifestait l'espoir téméraire de faire naître ou de rencontrer dans la famille impériale des germes de désunion et de discorde. Cyrille, obéissant à cet ordre impérieux, s'était rendu à Éphèse : les magistrats, favorables à Nestorius et aux évêques d'Orient, résistèrent à ses anathêmes, le menacèrent et l'emprisonnèrent ; ils rassemblèrent ensuite les troupes de la Lydie et de l'Ionie, pour contenir la suite fanatique et désordonnée de ce patriarche. Cyrille, sans attendre la réponse de l'empereur à ses plaintes, se sauva des mains de ses gardes ; il s'embarqua précipitamment, abandonna le synode qui n'était pas encore fermé, et se retira à Alexandrie, asile tutélaire de son indépendance et de sa sûreté. Ses adroits émissaires, répandus à la cour et dans la capitale, vinrent à bout d'apaiser le ressentiment de l'empereur même, et de rétablir Cyrille dans ses bonnes grâces. Le débile fils d'Arcadius était gouverné alternativement par sa femme et par sa sœur, par les eunuques et par les femmes du palais ; la superstition et

---

ορμης πρεπουσης μαλλον η ακριβειας.... και ποικιλιας μαλλον τουτων ημιν αρκουσης ηπερ απλοτητος..... παντος μαλλον η ιερεως..... τα τε των εκκλησιων, τα τε των βασιλεων μελλειν χωριζειν βουλεσθαι, ως ουκ ουσης αφορμης ετερας ευδοκιμησεως. Je serais curieux de savoir combien Nestorius paya des expressions si mortifiantes pour son rival.

l'avarice étaient leurs passions dominantes, et les chefs orthodoxes avaient soin d'alarmer l'une et de satisfaire l'autre. Constantinople et les faubourgs étaient sanctifiés par de nombreux monastères; et les pieux abbés Dalmatius et Eutychès (1) s'étaient dévoués avec un zèle inébranlable à la cause de saint Cyrille, au culte de la Vierge et à l'unité du Christ. Depuis qu'ils avaient embrassé la vie monastique, on ne les avait pas revus dans le monde et sur le terrain profane de la capitale. Mais, dans ce moment terrible du danger de l'Église, un devoir plus sublime et plus indispensable leur fit oublier leur vœu. Ils sortirent de leur couvent, et se rendirent au palais à la tête d'une longue file de moines et d'ermites, qui tenaient à la main des flambeaux allumés, et qui chantaient les litanies de la mère de Dieu. Ce spectacle extraordinaire édifia et échauffa le peuple; et le monarque effrayé écouta les prières et les supplications de ces saints personnages, qui déclarèrent hautement qu'il n'y avait point d'espoir de salut pour ceux qui ne s'attacheraient point à la personne et au symbole du successeur orthodoxe de saint Athanase. En même temps on répandit l'or dans toutes les avenues du trône. Sous les noms décens d'*eulogies* et de *béné-*

---

(1) Saint Cyrille donne à Eutychès, à l'hérésiarque Eutychès, les noms honorables de son ami, de saint, de zélé défenseur de la foi. Son frère Dalmatius est également employé à circonvenir l'empereur et tous ceux qui servaient près de sa personne, *terribili conjuratione.* Synodic., c. 203, *in Concil.*, t. IV, p. 467.

dictions, on paya les courtisans des deux sexes, chacun selon la mesure de son pouvoir ou de sa capacité. Les nouvelles demandes qu'ils formaient chaque jour eurent bientôt dépouillé les sanctuaires des églises de Constantinople et d'Alexandrie, et l'autorité du patriarche ne put imposer silence aux murmures de son clergé, indigné qu'on eût déjà contracté une dette de soixante mille livres sterling pour soutenir les frais d'une corruption scandaleuse (1). Pulchérie, qui soulageait son frère du fardeau du gouvernement, était le plus ferme appui de la foi orthodoxe; et les foudres du synode étaient si bien secondés par les secrets manéges de la cour, que Cyrille eût la certitude de réussir, s'il parvenait à déplacer l'eunuque en faveur pour en substituer un autre à sa place. Cependant il ne put se vanter d'une victoire glorieuse et décisive. L'empereur montrait en cette occasion une fermeté qu'on ne lui avait jamais vue; il avait promis de protéger l'innocence des évê-

---

(1) *Clerici qui hic sunt contristantur, quod Ecclesia Alexandrina nudata sit hujus causâ turbelæ : et debet præter illa quæ hinc transmissa sint auri libras mille quingentas. Et nunc ei scriptum est ut præstet; sed de tuâ Ecclesiâ præsta avaritiæ quorum nosti,* etc. Cette lettre originale et curieuse de l'archidiacre de saint Cyrille à sa créature, le nouvel évêque de Constantinople, s'est conservée, sans qu'on puisse dire par quel hasard, dans une ancienne version latine. (*Synodicon*, c. 203, *Concil.*, t. IV, p. 465-468.) Le masque est presque tombé, et les saints parlent ici le langage de l'intérêt et de l'intrigue.

ques d'Orient, et tenait à sa parole : Cyrille fut réduit à modifier ses anathêmes; et, avant de jouir du plaisir de satisfaire sa vengeance contre l'infortuné Nestorius, il lui fallut forcer sa répugnance à confesser, d'une manière équivoque et malgré lui, la double nature de Jésus-Christ (1).

<small>Exil de Nestorius. A. D. 435.</small>

L'imprudent et opiniâtre Nestorius fut, avant la fin du synode, accablé par saint Cyrille, trahi par la cour, et faiblement soutenu par ses amis de l'Orient. Soit frayeur, soit indignation, il se détermina, tandis qu'il en était temps, à se donner l'honneur d'une abdication qui pouvait encore paraître volontaire (2). On acquiesça promptement à ses désirs ou du moins à sa demande; on le conduisit d'une manière honorable d'Éphèse au monastère d'Antioche, d'où l'em-

(1) Les ennuyeuses négociations qui suivirent le synode d'Éphèse sont racontées longuement dans les Actes originaux (*Concil.*, t. III, p. 1379-1771, *ad fin.*, vol., et dans le *Synodicon*, in t. IV), dans Socrate (l. VII, c. 28-35, 40-41), dans Évagrius (l. 1, c. 6, 7, 8-12), dans Liberatus (c. 7-10), dans Tillemont (*Mém. ecclés.*, t. XIV, p. 487-676). Le lecteur le plus patient me saura gré d'avoir resserré en un petit nombre de lignes tant de choses fausses ou peu raisonnables.

(2) Αυτου τε αυδενθεντος, επετραπη κατα το οικειον επαναζευσαι μοναστηριον. (Évagrius, l. 1, c. 7.) On voit, d'après les Lettres originales qui se trouvent dans la *Synodicon* (c. 15-24, 25, 26), que son abdication fut du moins en apparence volontaire, comme Ebed Jésus, écrivain nestorien, affirme qu'elle le fut en effet. *Ap.* Asseman, *Bibl. orient.*, tom. III, pages 299-302.

pereur l'avait tiré, et, bientôt après, Maximien et Proclus, ses successeurs, furent reconnus légitimes évêques de Constantinople. Mais le patriarche déposé ne put retrouver dans sa paisible cellule l'innocence et la sécurité d'un simple moine. Il regrettait le passé, le présent le mécontentait, et il avait lieu de craindre l'avenir. Les évêques d'Orient abandonnaient peu à peu la cause d'un homme condamné par l'opinion publique, et chaque jour diminuait le nombre des schismatiques qui avaient révéré Nestorius comme le confesseur de la foi. Il était à Antioche depuis quatre ans, lorsque l'empereur signa un édit (1) qui le mettait au même rang que Simon le magicien, qui proscrivait ses opinions et ses sectateurs, et qui condamnait ses écrits : quant à lui, il fut d'abord exilé à Pétra en Arabie, et ensuite à Oasis, une des *îles du désert de la Libye* (2). Là, séparé de l'Église et du

---

(1) *Voyez* les Lettres de l'empereur dans les Actes du synode d'Éphèse. (*Concil.*, t. III, p. 1730-1735.) L'odieux nom de *simoniens* qu'on donna aux disciples de ce τερατωδους διδασκαλιας, était désigné ως αν ονειδεσι προβληθεντες αιωνιον υπομενοιεν τιμωριαν των αμαρτηματων, και μητεζωντας τιμωριας μητεθανοντας ατιμιας εκτοι υπαρχειν. Ce sont des chrétiens qui se traitaient ainsi, et des chrétiens qui ne différaient guère les uns des autres que par des mots et de légères nuances.

(2) Les graves jurisconsultes (*Pandect.*, l. XLVIII, tit. 22, *leg.* 7) ont donné ce nom métaphorique d'*îles* à ces petites portions des déserts de la Libye où l'on aperçoit de l'eau et de la verdure ; on en distingue trois sous le nom commun d'*Oasis* ou d'*Alvahat* : 1° le temple de Jupiter Ammon ; 2° l'Oasis du milieu, trois journées à l'occident de Lycopolis ;

monde, il fut encore poursuivi par les fureurs du fanatisme et celles de la guerre. Une tribu errante de Blemmyes ou de Nubiens envahit sa solitude : Nestorius fut au nombre des captifs inutiles qu'ils laissèrent aller en se retirant. Mais se voyant sur les bords du Nil, et près d'une ville romaine et orthodoxe, il regretta sans doute sa servitude chez les sauvages. Sa fuite fut punie comme un nouveau crime; l'esprit de Cyrille respirait dans toutes les autorités civiles et ecclésiastiques de l'Égypte; les magistrats, les soldats et les moines, tourmentèrent dévotement l'ennemi du Christ et de saint Cyrille, et l'hérétique fut tour à tour traîné sur les confins de l'Éthiopie ou rappelé de ce nouvel exil, jusqu'à ce qu'épuisé déjà par la vieillesse il se trouvât hors d'état de résister aux fatigues et aux accidens de ces voyages multipliés. Cependant son esprit conservait encore sa fermeté et son indépendance : ses lettres pastorales intimidèrent le président de la Thébaïde ; il survécut au tyran catholique d'Alexandrie, et le concile de Chalcédoine, touché d'un exil de seize ans, allait peut-être lui rendre les honneurs ou du moins la communion de l'Église. Il y était mandé, et se préparait avec joie à obéir, lorsque la mort le prévint (1). La nature

---

3° l'Oasis méridionale où Nestorius fut exilé, et qui se trouvait à trois journées seulement des confins de la Libye. *Voyez* une savante Note de Michaelis (*ad Descript. Ægypt.*, Abulfedæ, p. 21-34).

(1) L'invitation qui appelait Nestorius au concile de Chalcédoine est rapportée par Zacharie, évêque de Malte

de sa maladie donna lieu à ce bruit odieux, que sa langue, organe de ses blasphêmes, avait été mangée par les vers. Il fut enterré dans une ville de la Haute-Égypte, connue sous le nom de Chemnis, ou Panopolis, ou Akmim (1); mais l'acharnement des jacobites a continué, pendant plusieurs générations, à insulter son sépulcre, et à publier ridiculement que la pluie du ciel, qui tombe également sur les fidèles et sur les impies (2), n'arrosait jamais le lieu où il se trouvait placé. L'humanité peut verser une larme sur la destinée de Nestorius; mais, pour être juste, on doit observer que s'il fut victime de la persécution,

---

(Évagrius, l. II, c. 2; Asseman, *Bibl. orient.*, t. II, p. 55), et par le fameux Xenaias ou Philoxène, évêque de Hiéropolis (Asseman, *Bibl. orient.*, t. II, p. 40, etc.), niée par Évagrius et Asseman, et fortement soutenue par La Croze (*Thesaur. epistol.*, tom. III, pag. 181, etc.). Ce fait n'est pas invraisemblable; mais il était de l'intérêt des monophysites de répandre ce bruit odieux. Eutychius (tom. II, p. 12) assure que Nestorius mourut après un exil de sept ans, et par conséquent dix années avant le concile de Chalcédoine.

(1) Consultez d'Anville (*Mém. sur l'Égypte*, pag. 191), Pococke (*Description de l'Orient*, vol. 1, p. 76), Abulféda (*Descriptio Ægypti*, p. 14). *Voyez* aussi Michaelis, son commentateur (*Not.*, p. 78-83), et le géographe de Nubie (p. 42), qui cite au douzième siècle les ruines et les cannes à sucre d'Akmim.

(2) Eutychius (*Annal.*, t. II, p. 12) et Grégoire Bar-Hebræus ou Abulpharage (Asseman, t. II, p. 316) nous donnent une idée de la crédulité du dixième et du treizième siècle.

ce fut après l'avoir lui-même autorisée par son approbation et par son exemple (1).

Hérésie d'Eutychès. A. D. 448.

La mort du primat d'Alexandrie, après un pontificat de trente-deux ans, abandonna les catholiques à l'intempérance d'un zèle qui abusa de la victoire (2). La doctrine *monophysite* (une seule nature incarnée) fut rigoureusement prêchée dans les églises de l'Égypte et les monastères de l'Orient. La sainteté de Cyrille protégeait le symbole primitif d'Apollinaire; et Eutychès, son respectable ami, a donné son nom à la secte la plus opposée à l'hérésie de Nestorius. Eutychès était abbé ou archimandrite, c'est-à-dire supérieur de trois cents moines. Mais les opinions d'un reclus, peu versé dans les lettres, n'auraient jamais franchi les bornes de la cellule où il avait sommeillé plus de soixante-dix ans, si le ressentiment ou l'indiscrétion de Flavien, pontife de Byzance, ne les

---

(1) Nous devons à Évagrius quelques extraits des Lettres de Nestorius; mais ce fanatique dur et stupide ne sait qu'insulter aux souffrances dont elles présentent une si vive peinture.

(2) *Dixi Cyrillum, dum viveret, auctoritate suâ effecisse, ne eutychianismus et monophysitarum error in nervum erumperet: idque verum puto... aliquo... honesto modo* παλινωδιαν *cecinerat.* Le savant mais circonspect Jablonski n'a pas toujours dit la vérité tout entière. *Cum Cyrillo lenius omnino egi, quàm si tecum aut cum aliis rei hujus probè gnaris et æquis rerum æstimatoribus sermones privatos conferrem.* (*Thesaurus epist.*, La Croze, tom. 1, p. 197, 198.) Ce passage éclaircit beaucoup ses dissertations sur la controverse excitée par Nestorius.

eût exposées au monde chrétien. Flavien rassembla sur-le-champ son synode domestique; les clameurs et l'artifice en déshonorèrent les opérations, et on y condamna l'hérétique affaibli par la vieillesse, à qui on surprit une déclaration où il semblait confesser que le Christ n'avait pas tiré son corps de la substance de la vierge Marie. Eutychès appela de ce décret à un concile général, et sa cause fut soutenue avec vigueur par Chrysaphius, l'eunuque régnant du palais, qu'il avait tenu sur les fonts de baptême, et Dioscore son complice, qui avait succédé au siége, au symbole, aux talens et aux vices du neveu de Théophile. Théodose voulut avec raison et ordonna spécialement que le second synode d'Éphèse fût composé de dix métropolitains et de dix évêques de chacun des six diocèses de l'Orient : quelques exceptions, accordées à la faveur ou au mérite, portèrent à cent trente-cinq le nombre des pères du concile; et le Syrien Barsumas, en qualité de chef et de représentant des moines, fut invité à prendre séance et à voter avec les successeurs des apôtres. Mais le despotisme du patriarche d'Alexandrie viola encore la liberté des discussions; les arsenaux de l'Égypte fournirent de nouveau des armes matérielles et des armes spirituelles : une troupe d'archers vétérans de l'Asie servait sous les ordres de Dioscore, et des moines plus redoutables encore, inaccessibles à la raison ou à la pitié, assiégeaient les portes de la cathédrale. Le général et les pères, qu'on aurait dû croire libres dans leurs opinions, souscrivirent le symbole et même

Second concile d'Éphèse. A. D. 449, août 8-11.

les anathêmes de saint Cyrille, et l'hérésie des deux natures fut condamnée d'une manière formelle dans la personne et les écrits des hommes les plus éclairés de l'Orient. « Puissent ceux qui divisent Jésus-Christ être divisés par le glaive ! puisse-t-on les mettre en pièces et les brûler vifs ! » Tel fut le vœu charitable d'un concile chrétien (1). On reconnut sans hésiter l'innocence et la sainteté d'Eutychès ; mais les prélats, et surtout ceux de la Thrace et de l'Asie, ne voulaient pas déposer leur patriarche sur ce motif, qu'il aurait usé ou même abusé de sa juridiction légitime. Ils embrassèrent les genoux de Dioscore au moment où il se tenait, avec l'air de la menace, sur les degrés de son trône, et ils le conjurèrent de pardonner à son frère et de respecter sa dignité. « Voulez-vous exciter une sédition ? leur répondit l'impitoyable prêtre. Où sont les officiers ? » A ces mots, une troupe furieuse de moines et de soldats armés de bâtons, d'épées et de chaînes, se précipita dans l'église : les évêques, remplis d'effroi, se cachèrent derrière l'autel ou sous les bancs ; et comme ils n'avaient pas le zèle du martyre, ils signèrent chacun à leur tour un papier blanc

---

(1) Η αγια συνοδος ειπεν, αρον, καυσον Ευσεβιον, ουτος ζων καη, ουτος εις δυο γενηται, ω εμερισε μερισθη...., ει τις λεγει δυο αναθεμα. Sur la demande de Dioscore, ceux qui ne purent pousser des cris (βοησαι) étendirent les mains. Au concile de Chalcédoine, les Orientaux s'élevèrent contre ces exclamations ; mais les Égyptiens déclarèrent, d'une manière plus conséquente, ταυτα και τοτε ειπομεν και νυν λεγομεν (*Concil.*, t. IV, p. 1012).

où l'on écrivit ensuite la condamnation du pontife de Byzance. Flavien fut au même instant livré aux bêtes féroces de cet amphithéâtre ecclésiastique. Les moines furent excités, par la voix et l'exemple de Barsumas, à venger les injures de Jésus-Christ. On dit que le patriarche d'Alexandrie outragea, souffleta et foula aux pieds son confrère l'évêque de Constantinople (1). Il est sûr qu'avant d'atteindre le lieu de son exil, la victime expira le troisième jour des blessures et des coups qu'elle avait reçus à Éphèse. Ce second synode d'Éphèse a été, avec raison, détesté comme l'assemblée d'une troupe de voleurs et d'assassins; cependant les accusateurs de Dioscore ont dû exagérer sa violence pour excuser la lâcheté ou l'inconstance de leurs procédés.

La foi de l'Égypte avait prévalu; mais le parti vaincu était soutenu par ce même pape qui avait affronté sans terreur la colère et les armes d'Attila et de Gènseric. Le synode d'Éphèse n'avait fait au-

Concile de Chalcédoine. A. D. 451, octob. 8-nov. 1er.

---

(1) Ελεγε δε (Eusèbe, évêque de Dorylée) τον Φλαβιανον και δειλαιως αναιρεθηναι προς Διοσκορου ωθουμενον τε και λακτιζομενον; et ce témoignage d'Évagrius (l. II, c. 2) se trouve encore fortifié par l'historien Zonare (tom. II, l. XIII, p. 44), qui affirme que Dioscore donnait des coups de pieds comme un onagre; mais le langage de Liberatus (*Brev.*, c. 12, *in Concil.*, t. VI, p. 438) est plus circonspect, et les Actes du concile de Chalcédoine, qui prodiguent les noms d'*homicide*, de *Caïn*, etc., ne justifient pas une accusation si spéciale. Le moine Barsumas est accusé en particulier, εσφαξε τον μακαριον Φλαυιανον αυτος εσηκε και ελεγε σφαξον. *Concil.*, tom. IV, page 1413.

cune attention à la doctrine enseignée par Léon dans son fameux *tome* ou épître sur le mystère de l'Incarnation ; son autorité et celle de l'Église latine avaient été insultées dans la personne de ses légats, qui, échappés avec peine à l'esclavage et à la mort, vinrent raconter la tyrannie de Dioscore et le martyre de Flavien. Le pape, assemblant son synode provincial, annula les procédés irréguliers de celui d'Éphèse ; mais cette démarche étant irrégulière aussi, il demanda la convocation d'un concile général dans les provinces libres et orthodoxes de l'Italie. Du haut de son trône, désormais indépendant de la cour de Constantinople, le pontife de Rome parlait et agissait sans danger, en qualité de chef des chrétiens ; Placidie et son fils Valentinien n'étaient que les organes soumis de ses volontés : ils demandèrent au prince qui gouvernait l'Orient, de rétablir la paix et l'unité de l'Église. Mais le fantôme qui donnait des lois à cette partie de l'empire était conduit avec la même dextérité par l'eunuque alors en possession du pouvoir : Théodose répondit, sans hésiter, que l'Église était déjà paisible et triomphante, et que les justes peines infligées aux nestoriens avaient éteint l'incendie dont on craignait les ravages. Les Grecs étaient peut-être pour jamais livrés à l'hérésie des monophysites, si le cheval de l'empereur n'eût heureusement fait un faux pas. Théodose mourut ; Pulchérie sa sœur, zélée pour la foi orthodoxe, succéda au trône avec un époux qui ne l'était que de nom : Chrysaphius fut brûlé vif ; Dioscore fut disgracié ; on rappela les exilés, et les évêques d'Orient signèrent le *tome* de Léon. Toutefois le pape vit avec regret échouer son projet favori d'assembler un concile d'évêques latins : il dédaigna de présider le synode grec, qu'on rassembla à la hâte à Nicée en Bithynie ; ses légats exigèrent d'un ton péremptoire la présence de l'empereur, et les pères, déjà fatigués, furent conduits à Chalcédoine, sous les yeux de Marcien et du sénat de Constantinople. Ils s'assemblèrent dans l'église de Sainte-Euphémie, située à un quart de mille du Bosphore de Thrace, au sommet d'une colline d'une pente douce, mais élevée ; on vantait comme un prodige de l'art son architecture à triple étage, et l'immensité de la vue dont elle jouissait, tant du côté de la terre que du côté de la mer, pouvait élever l'âme d'un sectaire à la contemplation du Dieu de l'univers. Six cent trente évêques se rangèrent dans la nef ; les patriarches d'Orient cédèrent le pas aux légats, dont le troisième n'était cependant qu'un simple prêtre ; et les places d'honneur furent réservées à vingt laïques, revêtus de la dignité de sénateurs ou de consuls. L'Évangile fut exposé avec appareil au milieu de l'assemblée ; mais les ministres du pape et ceux de l'empereur, qui dominèrent dans les treize séances du concile de Chalcédoine, déterminèrent la règle de la foi (1). Leur détermination

---

(1) Les Actes du concile de Chalcédoine (*Concil.*, t. iv, p. 761-2071) comprennent ceux d'Éphèse (p. 890-1189), qui comprennent aussi le synode de Constantinople sous

bien prise en faveur de l'un des partis, eut du moins l'avantage d'imposer silence à des vociférations et à des imprécations indignes de la gravité épiscopale; mais, d'après une accusation formelle des légats, Dioscore fut obligé de descendre de la place qu'il occupait, et de jouer le rôle d'un criminel déjà condamné dans l'esprit de ses juges. Les Orientaux, moins contraires à Nestorius qu'à saint Cyrille, reçurent les Romains comme leurs libérateurs : la Thrace, le Pont et l'Asie, étaient irrités contre le meurtrier de Flavien, et les nouveaux patriarches de Constantinople et d'Antioche s'assurèrent de leurs places en sacrifiant leur bienfaiteur. Les évêques de Palestine, de Macédoine et de la Grèce, étaient attachés à la doctrine de saint Cyrille ; mais au milieu des assemblées du synode, dans la chaleur du combat, les chefs, avec leur troupe obéissante, passèrent de l'aile droite à l'aile gauche, et décidèrent la victoire par leur désertion. Des dix-sept suffragans arrivés d'Alexandrie, quatre se laissèrent entraîner à manquer de fidélité à leur patriarche ; et les treize autres, se pros-

---

Flavien (p. 930-1072); et il faut un peu d'attention pour discerner ce double enlacement. Tout ce qui a rapport à Eutychès, à Flavien et à Dioscore, est raconté par Évagrius (l. I, c. 9-12; et l. II, c. 1, 2, 3, 4) et par Liberatus (*Brev.*, c. 11, 12, 13, 14). Je renvoie encore ici, et presque pour la dernière fois, aux recherches exactes de Tillemont (*Mém. ecclés.*, t. XV, p. 479-719). Les Annales de Baronius et de Pagi m'accompagneront beaucoup plus loin dans le long et pénible voyage que j'ai entrepris.

ternant la face contre terre, implorèrent la clémence
du concile par leurs sanglots et par leurs larmes, et
déclarèrent d'une manière pathétique que s'ils cé-
daient, le peuple indigné les massacrerait à leur
retour en Égypte. On consentit à accepter le tardif
repentir des complices de Dioscore comme une répa-
ration de leur crime ou de leurs erreurs, et leurs
offenses furent toutes accumulées sur sa tête : il ne
demanda point de pardon, il n'en espérait pas; et
la modération de ceux qui sollicitaient une amnistie
générale, fut étouffée par des cris de victoire et de
vengeance. Pour sauver la réputation de ceux qui
avaient embrassé la cause de Dioscore, on dévoila
habilement plusieurs offenses dont il était seul coupable, l'excommunication téméraire et illégale qu'il
avait prononcée contre le pape, et son coupable refus de comparaître devant le synode, lorsqu'il se
trouvait retenu prisonnier. Des témoins racontèrent
plusieurs traits de son orgueil, de son avarice et de
sa cruauté ; et les prélats apprirent avec horreur que
les aumônes de l'Église avaient été prodiguées à des
danseuses, que les prostituées d'Alexandrie entraient
dans son palais et même dans ses bains, et que l'in-
fâme Pansophie ou Irène était publiquement la concubine du patriarche (1).

---

(1) Μαλιστα η περι βοντος Πανσοφια η καλουμενη Ορεινη (peut-
être Ειρηνη), περι ης και ο πολυανθρωπος της Αλεξανδρεων δημος
αφηκε φωνην αυτης τε και του εραστου μεμνημενος. (*Concil.*, t. IV,
p. 1276.) On trouve un échantillon de l'esprit et de la ma-

Décrets du concile de Chalcédoine.

D'après ces délits scandaleux, Dioscore fut déposé par le concile, et banni par l'empereur; mais la pureté de sa foi fut déclarée en présence des pères, et avec leur approbation tacite. Ils supposèrent plutôt qu'ils ne prononcèrent l'hérésie d'Eutychès, qui ne fut jamais mandé devant leur tribunal; ils demeurèrent confus et en silence, lorsqu'un hardi monophysite, jetant à leurs pieds un des volumes de saint Cyrille, osa les sommer de lancer contre lui un anathême qui envelopperait nécessairement la doctrine du saint. Si on lit de bonne foi les Actes du concile de Chalcédoine, tels que les rapporte le parti orthodoxe (1), on trouvera qu'une majorité considérable des évêques adopta la simple unité du Christ; et

lice du peuple dans l'Anthologie grecque (l. II, c. 5, p. 188, édit. Wechel); l'éditeur Brodée n'en a pas connu l'application. Le trait de l'auteur anonyme de l'épigramme tire un jeu de mots assez piquant du rapport de cette salutation épiscopale (*la paix soit avec vous tous!*) avec le nom véritable ou corrompu de la concubine de l'évêque.

Ειρηνη παντεσσιν επισκοπος ειπεν επελθων,
Πως δυναται πασιν ην μονος ενδον εχει.

J'ignore si le patriarche, qui paraît avoir été un amant jaloux, est le Cimon de l'épigramme précédente, dont Priape lui-même voyait avec étonnement et avec envie πεος εστηκως.

(1) Ceux qui respectent l'infaillibilité des conciles devraient essayer de fixer le sens de leurs décisions. Les évêques dont l'opinion fit loi dans l'assemblée, étaient entourés de scribes infidèles ou négligens, qui dispersèrent leurs copies dans le monde. On trouve dans nos manuscrits grecs

l'aveu équivoque qu'il avait été *formé* ou *procédait* de deux natures, pouvait supposer leur existence antérieure, ou leur confusion subséquente, ou un intervalle dangereux entre le moment où avait été conçu l'homme, et celui où lui avait été infuse la nature divine. Les théologiens de Rome, plus positifs et plus précis, adoptèrent la formule qui blessait le plus l'oreille des Égyptiens; ils déclarèrent que le Christ existait *en* deux natures ; et cette importante particule (1), plus aisée à fixer dans la mémoire que dans l'intelligence, fut au moment de produire un schisme parmi les évêques latins. Ils avaient souscrit respectueusement, peut-être avec sincérité, le *tome* de Léon; mais ils déclarèrent, dans deux délibérations successives, qu'il n'était ni expé-

---

cette version fausse et proscrite de εκ των φυσεων (*Concil.*, t. III, p. 1460). Il ne paraît pas qu'on ait jamais eu de traduction authentique de l'écrit du pape Léon ; et les anciennes versions latines diffèrent essentiellement de la Vulgate actuelle, qui fut revisée (A. D. 550) par Rusticus, prêtre romain, d'après les meilleurs manuscrits de l'Ακοιμητοι à Constantinople (Ducange, *C. P. christiana*, l. IV, p. 151), célèbre monastère de Latins, de Grecs et de Syriens. Voyez *Concil.*, tom IV, pag. 1959-2049; et Pagi, *Critica*, t. II, p. 326, etc.

(1) Le microscope de Petau ne présente qu'obscurément cette particule (t. V, l. III, c. 5); et cependant ce subtil théologien en est lui-même effayé, *ne quis fortassè supervacaneam et nimis anxiam putet hujus modi vocularum inquisitionem, et ab instituti theologici gravitate alienam* (p. 124).

dient ni légitime de passer les bornes sacrées posées par les conciles de Nicée, de Constantinople et d'Éphèse, conformément à l'Écriture et à la tradition. Ils cédèrent enfin aux importunités de leurs maîtres; mais leur décret infaillible, après avoir été ratifié d'une manière solennelle et reçu avec de grandes acclamations, fut détruit, dans la session suivante, par l'opposition des légats et leurs partisans, les Orientaux. Un grand nombre d'évêques s'écrièrent en vain : « La décision des pères est orthodoxe et immuable; les hérétiques sont maintenant démasqués; anathême aux nestoriens! qu'ils sortent des assemblées du concile! qu'ils se rendent à Rome (1)! » Les légats menacèrent; l'empereur exprimait ses volontés d'un ton absolu, et un comité de dix-huit évêques prépara un nouveau décret, que les pères souscrivirent malgré eux. Au nom du quatrième concile général, on annonça au monde catholique le Christ en une personne, mais *en* deux natures. On tira une ligne imperceptible entre l'hérésie d'Apollinaire et la doctrine de saint Cyrille, et ce fut du tranchant d'une lame bien effilée que la subtilité des théologiens forma le pont, qui, suspendu sur un abîme, devenait l'unique route du paradis. Durant

---

(1) Εβοησαν η ο ορος κρατειτω η απερχομεθα.... οι αντιλεγοντες φανεροι γενωνται, οι αντιλεγοντες νεστοριανοι εισιν, οι αντιλεγοντες εις Ρωμην απελθωσιν (*Concil.*, t. IV, p. 1449). Évagrius et Liberatus ne montrent ce concile que sous un aspect pacifique, et ils glissent discrètement sur ces feux *suppositos cineri doloso*.

dix siècles d'ignorance et de servitude, l'Europe a reçu ses opinions religieuses de l'oracle du Vatican, et cette doctrine, déjà couverte de la rouille de l'antiquité, a été admise sans contestation dans le symbole des réformateurs du seizième siècle, qui ont abjuré la suprématie du pontife de Rome. Le concile de Chalcédoine triomphe toujours dans les églises protestantes ; mais le levain de la controverse ne fermente plus, et les chrétiens de nos jours les plus religieux ne savent pas ce qu'ils croient touchant le mystère de l'Incarnation, et s'embarrassent peu de le savoir.

Les dispositions des Grecs et des Égyptiens se montrèrent d'une manière bien différente sous les règnes orthodoxes de Léon et de Marcien. Ces empereurs dévots appuyèrent le symbole de leur foi (1) de la force des armes et de celle des édits, et cinq cents évêques déclarèrent en conscience et en honneur qu'il était permis de soutenir, même par des homicides, les décrets du concile de Chalcédoine. Les catholiques observèrent avec satisfaction que le même concile était odieux aux nestoriens et aux mo-

Discorde de l'Orient. A. D. 451-482.

(1) *Voyez* dans l'Appendice des Actes du concile de Chalcédoine, la confirmation de ce synode par Marcien (*Conc.*, t. IV, p. 1781-1783), les Lettres de ce prince aux moines d'Alexandrie (p. 1791), à ceux du mont Sinaï (p. 1793), à ceux de Jérusalem et de la Palestine (p. 1798), ses lois contre les eutychiens (p. 1809, 1811, 1831), la correspondance de Léon avec les synodes provinciaux sur la révolution d'Alexandrie (p. 1835-1930).

nophysites (1); mais les nestoriens étaient moins irrités ou moins puissans, et l'Orient fut déchiré par le fanatisme obstiné et sanguinaire des monophysites. Jérusalem fut envahie par une armée de moines : au nom d'une nature incarnée, ils pillèrent, brûlèrent, massacrèrent ; le sépulcre de Jésus-Christ fut souillé de sang, et des rebelles tumultuairement assemblés fermèrent les portes de la ville aux troupes de l'empereur. Après la condamnation et l'exil de Dioscore, les Égyptiens, regrettant leur père spirituel, ne virent qu'avec horreur l'usurpation de son successeur, établi par les pères du concile de Chalcédoine. Ce successeur, nommé Protérius, ne put se soutenir que par les secours d'une garde de deux mille soldats; il fit cinq ans la guerre au peuple d'Alexandrie, et le premier bruit de la mort de Marcien devint pour les fanatiques Égyptiens le signal de la vengeance. Trois jours avant la fête de Pâques, le patriarche fut

---

(1) Photius (ou plutôt Eulogius d'Alexandrie) avoue, dans un beau passage de son ouvrage, que cette double accusation contre le pape Léon et son concile de Chalcédoine, paraît bien fondée (*Biblioth.*, *Cod.* 225; p. 768); il faisait une double guerre aux ennemis de l'Église, et blessait l'un ou l'autre de ses ennemis avec les traits de son adversaire καταλλήλοις βέλεσι τοὺς ἀντιπάλους ἐπίτρωσκε. Contre Nestorius, il semblait établir la σύγχυσις des monophysites; contre Eûtychès, il semblait autoriser l'ὑποστάσεων διαφορά des nestoriens. L'apologiste dit qu'il faut interpréter d'une manière charitable les actions des saints : si l'on s'était conduit de la même façon à l'égard des hérétiques, les controverses se seraient bornées à de vains bruits exhalés dans les airs.

assiégé dans sa cathédrale, et tué dans le baptistaire. On livra aux flammes le reste de son corps mutilé, et ses cendres furent jetées au vent : ce meurtre fut inspiré par l'apparition d'un prétendu ange, fourberie inventée par un moine ambitieux, qui, sous le nom de Timothée *le Chat* (1), succéda à la dignité et aux opinions de Dioscore. L'usage des représailles envenima des deux côtés cette cruelle superstition ; une dispute métaphysique coûta la vie à des milliers d'hommes (2), et les chrétiens de toutes les classes furent privés des jouissances de la vie sociale et des dons invisibles du baptême et de la sainte communion. Il nous reste de ce temps-là un conte extravagant, qui renferme peut-être une peinture allégorique des fanatiques qui se tourmentaient les uns les autres et se déchiraient eux-mêmes. « Sous le consulat de Venantius et de Celer, dit un grave évêque, les habitans d'Alexandrie et de toute l'Égypte furent attaqués d'une étrange et diabolique frénésie : les grands et les petits, les esclaves et les hommes libres, les moines et le clergé, tous ceux enfin qui s'opposaient au concile de Chalcédoine,

---

(1) On le surnommait Αιλουρος, d'après ses expéditions nocturnes. Au milieu des ténèbres, et revêtu d'un déguisement, il se glissait autour des cellules du monastère, et adressait à ses confrères endormis des paroles qu'on prenait pour des révélations. Theodor. Lector, 1. 1.

(2) Φονους, τε τολμηϑηναι μυριους, αιματων πληϑει μολυνϑηναι μη μονον την γην αλλα και αυτον τον αερα. Tel est le langage hyperbolique de l'Hénoticon.

perdirent l'usage de la parole et de la raison ; ils aboyaient comme des chiens, et de leurs propres dents se déchiraient les mains et les bras (1). »

L'Hénoticon de Zénon. A. D. 482.

Trente années de désordres produisirent à la fin le célèbre Hénoticon (2) de l'empereur Zénon, formulaire qui, sous le règne de Zénon et celui d'Anastase, fut signé par tous les évêques de l'Orient, menacés de la dégradation et de l'exil s'ils rejetaient ou s'ils violaient cette loi fondamentale. Le clergé peut sourire ou gémir de la présomption d'un laïque qui ose déterminer des articles de foi ; mais si le magistrat séculier daigne s'abaisser à ce soin humiliant pour un souverain, du moins son esprit est-il moins égaré par le préjugé ou par des vues d'intérêt ; et l'autorité qu'il exerce à cet égard n'a de soutien que dans le consentement du peuple. C'est dans l'Histoire ecclésiastique que Zénon paraît le moins méprisable, et je ne puis apercevoir aucun venin de l'hérésie manichéenne ou eutychienne dans les généreuses paroles d'Anastase, qui regardait

---

(1) *Voyez* la Chronique de Victor Tunnunensis dans les *Lectiones antiquæ* de Canisius, réimprimées par Basnage, t. 1, p. 326.

(2) L'Hénoticon a été transcrit par Évagrius (l. III, c. 13) et traduit par Liberatus (*Brev.*, c. 18). Pagi (*Critica*, t. II, p. 411) et Asseman (*Bibl. orient.*, t. 1, p. 343) n'y voyaient aucune hérésie ; mais Petau (*Dogm. theolog.*, t. V, l. 1, c. 13, p. 40) s'est permis une assertion bien étrange, en disant, *Chalcedonensem ascivit;* un de ses ennemis pourrait l'accuser de n'avoir jamais lu l'Hénoticon.

comme une chose indigne d'un empereur de persécuter les adorateurs du Christ et les citoyens de Rome. L'Hénoticon obtint surtout l'approbation des Égyptiens ; cependant l'œil inquiet et même prévenu de nos théologiens orthodoxes n'y a pas aperçu la plus petite tache : on y expose d'une manière très-exacte la doctrine catholique sur l'Incarnation, sans adopter ou sans rejeter les termes particuliers ou les opinions des sectes ennemies. On y prononce un anathême solennel contre Nestorius et Eutychès, contre tous les hérétiques qui divisent ou confondent le Christ, ou qui le réduisent à un vain fantôme. Sans déterminer si le mot *nature* doit être employé au singulier ou au pluriel, on y confirme respectueusement le système de saint Cyrille, la doctrine des conciles de Nicée, de Constantinople et d'Éphèse; mais au lieu de se prosterner devant les décrets du quatrième concile général, on élude ce point en réprouvant toutes les doctrines contraires, *s'il en est qui aient été enseignées*, soit à Chalcédoine, soit ailleurs. Cette expression équivoque pouvait réunir, par un accord tacite, les amis et les ennemis du concile de Chalcédoine. Les plus raisonnables d'entre les chrétiens approuvèrent cette mesure de tolérance, mais leur raison était faible et inconstante; et le zèle véhément des différens partis ne vit dans cette soumission qu'une timidité servile. Il était difficile de garder une neutralité exacte sur un sujet qui absorbait les pensées et les discours des hommes; un livre, un sermon, une prière, rallumaient le feu de la controverse, et les animosités particulières des évêques brisaient et renouaient tour à tour les liens de la communion. Mille nuances d'expressions et d'opinions remplissaient l'intervalle qui se trouvait entre Nestorius et Eutychès; les *acéphales* (1) d'Égypte et les pontifes de Rome, doués de la même valeur, mais d'une force inégale, se trouvaient aux deux extrémités de l'échelle théologique. Les acéphales, sans roi et sans évêque, furent durant plus de trois cents ans séparés des patriarches d'Alexandrie, qui avaient accepté la communion de Constantinople, sans exiger une condamnation formelle du concile de Chalcédoine. Les papes anathématisèrent les patriarches de Constantinople pour avoir accepté la communion d'Alexandrie sans approuver le même concile d'une manière formelle : leur despotisme inflexible enveloppa dans cette contagion spirituelle les plus orthodoxes des Églises grecques; il nia ou contesta la validité de leurs sacremens (2); on le vit

---

(1) *Voyez* Renaudot, *Hist. patriarch. Alexand.*, p. 123, 131, 145, 195, 247. Ils se réconcilièrent par les soins de Marc 1er (A. D. 799-819); il éleva leurs chefs aux évêchés d'Athribis et de Talba, peut-être Tava (*voyez* d'Anville, p. 82); et il suppléa au défaut des sacremens qui n'avaient pas été conférés faute d'une ordination épiscopale.

(2) *De his quos baptisavit, quos ordinavit Acacius, majorum traditione confectam et veram, præsipuè religiosæ sollicitudini congruam præbemus sine difficultate medicinam.* (Gelase, *in epist.* 1, *ad Euphemium. Concil.*, t. v, p. 286.) L'offre d'une médecine prouve la maladie, et beaucoup

fomenter trente-cinq ans le schisme de l'Orient et de l'Occident, jusqu'à l'époque où ils condamnèrent la mémoire de quatre pontifes de Byzance qui avaient osé s'opposer à la suprématie de saint Pierre (1). Avant ce temps, le zèle des prélats rivaux avait violé la trêve mal affermie de Constantinople et de l'Égypte. Macedonius, soupçonné d'un secret attachement à l'hérésie de Nestorius, défendit dans la disgrâce et l'exil le concile de Chalcédoine, dont le successeur de saint Cyrille eût désiré pouvoir acheter la condamnation au prix de deux mille livres d'or.

Au milieu de l'effervescence de ce siècle, le sens ou plutôt le son d'une syllabe suffisait pour troubler la paix de l'empire. Les Grecs ont supposé que le *Trisagion* (2) (trois fois saint), saint, saint, saint,

Le Trisagion et la guerre de religion, jusqu'à la mort d'Anastase.
A. D. 508-518.

---

doivent avoir péri avant l'arrivée du médecin romain. Tillemont lui-même (*Mém. ecclés.*, t. XVI, p. 372-642, etc.) est révolté du caractère orgueilleux et peu charitable des papes; ils sont bien aises maintenant, dit-il, d'invoquer saint Flavien d'Antioche et saint Élie de Jérusalem, etc., auxquels ils refusaient la communion durant leur séjour sur la terre. Mais le cardinal Baronius est ferme et dur comme le rocher de saint Pierre.

(1) On effaça leurs noms du diptyque de l'Église: *Ex venerabili diptycho, in quo piæ memoriæ transitum ad cœlum habentium episcoporum vocabula continentur.* (*Concil.*, t. IV, p. 1846.) Ce registre ecclésiastique équivalait donc au *Livre de vie*.

(2) Petau (*Dogm. theol.*, t. V, l. V, c. 2, 3, 4, p. 217-225) et Tillemont (*Mém. ecclés.*, t. XIV, p. 713, etc., 799), expo-

Dieu Seigneur des armées, était identiquement l'hymne que les anges et les chérubins répètent de toute éternité devant le trône de Dieu, et qui fut révélé d'une manière miraculeuse à l'église de Constantinople vers le milieu du cinquième siècle. La dévotion des habitans d'Antioche y ajouta bientôt : « qui a été crucifié pour nous. » Cette adresse au Christ seul ou aux trois personnes de la Trinité, peut se justifier d'après les règles de la théologie ; et les catholiques de l'Orient et de l'Occident l'ont insensiblement adoptée. Mais elle avait été imaginée par un évêque monophysite (1). Ce don d'un ennemi fut d'abord rejeté comme un horrible et dangereux blasphême, et pensa coûter à l'empereur Anastase la couronne et la vie (2). Le peuple de Constantinople était dépourvu de tout principe raisonnable de liberté;

---

sent l'histoire et la doctrine du *Trisagion :* durant les douze siècles qui se sont écoulés entre Isaïe et le jeune homme de saint Proclus, qui fut enlevé au ciel en présence de l'évêque et du peuple de Constantinople, cet hymne avait été bien perfectionné ; le jeune homme entendit ces paroles qui sortaient de la bouche des anges : « Dieu saint, Dieu saint et fort, saint et immortel. »

(1) Pierre Gnaphée *le Foulon* (profession qu'il exerçait dans son monastère), patriarche d'Antioche. On trouve des discussions sur son ennuyeuse histoire dans les Annales de Pagi (A. D. 477-490), et dans une Dissertation que M. de Valois a publiée à la fin de son Évagrius.

(2) Les traits qui ont rapport aux troubles qu'on vit sous le règne d'Anastase, se trouvent dispersés dans les Chroniques de Victor, de Marcellin et de Théophane. La dernière

mais la couleur d'une livrée dans les courses et la nuance d'un mystère dans les écoles lui paraissaient une cause légitime de rebellion. Le Trisagion, avec l'addition ou sans l'addition dont nous venons de parler, fut chanté dans la cathédrale par deux chœurs ennemis, et, après avoir épuisé la force de leurs poumons, ils recoururent aux pierres et aux bâtons, argumens plus solides; l'empereur punit les agresseurs, le patriarche les défendit, et cette importante querelle ébranla la couronne et la mitre. Les rues furent en un instant remplies d'une troupe innombrable d'hommes, de femmes et d'enfans. Des légions de moines rangés en ordre de bataille les dirigeaient au combat en criant : « Chrétiens, c'est le jour du martyre; n'abandonnons pas notre père spirituel : anathême au tyran manichéen! il est indigne de régner. » Tels étaient les cris des catholiques. Les galères d'Anastase reposaient sur leurs rames devant le palais et prêtes à marcher : le patriarche pardonna enfin à son pénitent et calma les flots d'une multitude irritée. Macedonius ne jouit pas long-temps de son triomphe, car il fut exilé peu de jours après; mais le zèle de son troupeau se renflamma bientôt sur cette même question : « si une personne de la Trinité avait expiré sur la croix. » Cette importante affaire suspendit la discorde à Constantinople entre la faction des Bleus et celle des Verts, et leurs forces

---

n'était pas publique au temps de Baronius; et Pagi, son critique, est plus détaillé et plus exact.

réunies paralysèrent l'action de la puissance civile et de la puissance militaire. Les chefs de la ville et les drapeaux des gardes furent déposés dans le forum de Constantin, qui se trouvait être le poste et le camp principal des fidèles. Ceux-ci passaient les jours et les nuits à chanter des hymnes en l'honneur de leur Dieu, ou à piller et à tuer les serviteurs de leur prince. La tête d'un moine qu'aimait Anastase, et, selon le langage des fanatiques, l'ami de l'ennemi de la sainte Trinité, fut portée dans les rues au haut d'une pique; et les torches enflammées jetées contre les bâtimens des hérétiques, répandirent indistinctement l'incendie sur les édifices des plus orthodoxes. On brisa les statues de l'empereur; Anastase alla se cacher dans un faubourg, jusqu'à ce qu'enfin, au bout de trois jours, il osa implorer la clémence de ses sujets. Il parut sur le trône du cirque sans diadême et dans la posture d'un suppliant. Les catholiques récitèrent devant lui leur Trisagion primitif et original; ils reçurent avec des cris de triomphe l'offre qu'il leur fit, par la voix d'un héraut, d'abdiquer la pourpre : cependant ils se rendirent à l'observation qui leur fut faite que tous ne pouvant régner, ils devaient, avant cette abdication, s'accorder sur le choix d'un souverain ; et ils acceptèrent le sang de deux ministres haïs du peuple, que leur maître, sans balancer, condamna aux lions. Ces séditions furieuses, mais passagères, étaient encouragées par les succès de Vitalien, qui avec une armée de Huns et de Bulgares, idolâtres pour la plupart, se déclara le champion de la foi catholique : les suites de cette pieuse rebellion fûrent la dépopulation de la Thrace, le siége de Constantinople, et le massacre de soixante-cinq mille chrétiens. Vitalien continua ses ravages jusqu'à l'époque où il obtint le rappel des évêques, la ratification du concile de Chalcédoine et la satisfaction que demandait le pape. Anastase mourant signa, contre son gré, ce traité orthodoxe, et l'oncle de Justinien en remplit fidèlement les conditions. Telle fut l'issue de la première des guerres religieuses entreprises sous le nom et par les disciples du Dieu de paix (1).

Nous avons déjà montré Justinien en qualité de prince, de conquérant et de législateur; il nous reste à tracer le caractère de ce prince comme théologien (2); et, ce qui donne une prévention défavo-

Première guerre religieuse. A. D. 514. Caractère théologique de Justinien : détails sur son administration dans les matières de l'Église. A. D. 519-565.

---

(1) Les faits généraux de l'histoire, depuis le concile de Chalcédoine jusqu'à la mort d'Anastase, sont consignés dans le Bréviaire de Liberatus (c. 14-19), dans le second et le troisième livre d'Évagrius, dans l'extrait des deux Livres de Théodore le Lecteur, dans les Actes des synodes et les Épîtres des papes. (*Concil.*, t. v.) Les détails de la suite se trouvent avec quelque désordre dans les tomes xv et xvi des *Mém. ecclés.* de Tillemont. Je dois ici prendre congé de ce guide incomparable, dont la bigoterie est contre-balancée par le mérite de son érudition, par le soin qu'il apporte dans ses recherches, par sa véracité et sa scrupuleuse exactitude. La mort l'empêcha de terminer, comme il en avait le projet, le sixième siècle de l'Église et de l'empire.

(2) Les accusations des Anecdotes de Procope (c. 11, 13, 18, 27, 28), avec les savantes Remarques d'Aleman, sont

rable, son ardeur sur les matières théologiques forme un des traits les plus saillans de son caractère. Il avait, ainsi que ses sujets, un grand respect pour les saints durant leur séjour sur la terre et après leur mort. Son Code, et surtout ses Novelles, confirment et étendent les priviléges du clergé ; et lorsqu'il s'élevait une discussion entre un moine et un laïque, il était disposé à prononcer que la vérité, l'innocence et la justice, étaient toujours du côté de l'Église. Il était assidu et exemplaire dans ses dévotions publiques et particulières; ses prières; ses veilles et ses jeûnes, égalaient les austères mortifications d'un moine. Dans les rêves de son imagination, il se croyait inspiré ou espérait l'être ; il s'était assuré de la protection de la sainte Vierge et de saint Michel archange, et il attribua au secours des saints martyrs Côme et Damien sa guérison d'une maladie dangereuse. Il remplit la capitale et les provinces des monumens de sa religion (1); et quoiqu'on puisse imputer à son goût pour les arts et à son ostentation la plus grande partie de ces édifices dispendieux, son zèle était probablement animé par un sentiment naturel d'amour et de reconnaissance envers ses bienfaiteurs invi-

---

confirmées plutôt que contredites par les Actes des conciles, par le quatrième livre d'Évagrius et les plaintes de l'Africain Facundus dans son douzième livre, *de Tribus Capitulis; cùm videri doctus appetit importunè..... spontaneis quæstionibus Ecclesiam turbat.* Voy. Procope, *de Bell. goth.*, l. III, c. 35.

(1) Procope, *de Ædific.*, l. I, c. 6, 7, etc., *passim*.

sibles. Parmi les titres de ses dignités, le surnom de Pieux était celui qui lui plaisait le plus. L'attention aux intérêts temporels et spirituels de l'Église fut l'occupation sérieuse de sa vie, et il sacrifia souvent les devoirs de père de son pays à ceux de défenseur de la foi. Les controverses de son temps se trouvaient analogues à son caractère et à son esprit, et les professeurs de théologie devaient se rire en secret d'un prince qui faisait leur métier et négligeait le sien. « Qu'avez-vous à craindre d'un tyran asservi aux soins de la dévotion ? disait à ses associés un hardi conspirateur ; il passe les nuits entières désarmé dans son cabinet, à y discuter avec de vénérables barbes grises, et à compulser les pages des volumes ecclésiastiques (1). » Il exposa les fruits de ses veilles dans plusieurs conférences, où il brilla également par la force de ses poumons et la subtilité de ses argumens, et dans plusieurs sermons qui, sous le nom d'édits et d'épîtres, annonçaient à l'empire la théologie du maître. Tandis que les Barbares envahissaient les provinces, ou tandis que les légions victorieuses marchaient sous les drapeaux de Bélisaire et de Narsès, le successeur de Trajan, inconnu à ses troupes, se

---

(1) Ος δε καθηται αφυλακτος ες αει επι λεσχος τινος αωρι νυκτων ομου τοις των ιερεων γερουσιν ασχετονα νακυκλειν τα χριστιανων λογια σπουδην εχων. (Procope, *de Bell. gothic.*, l. III, c. 32.) L'auteur de la Vie de saint Eutychius (*apud* Alleman., *ad* Procop., *Arcan.*, c. 18) donne le même caractère à Justinien, mais avec l'intention de le louer.

contentait de vaincre à la tête d'un synode. S'il eût invité à ces synodes un homme raisonnable et désintéressé, il aurait pu apprendre « que les controverses religieuses sont le fruit de l'arrogance et de la sottise ; que la véritable piété se montre par le silence et la soumission d'une manière plus digne d'éloges ; que l'homme, qui ignore sa propre nature, ne doit point avoir l'audace de scruter la nature de son Dieu, et qu'il nous suffit de savoir que la bonté ainsi que la puissance sont les attributs de la Divinité (1). »

Ses persécutions.

La tolérance n'était pas la vertu de ce siècle, et l'indulgence envers des rebelles n'a guère été la vertu des princes ; mais lorsqu'un souverain s'abaisse jusqu'à adopter les vues étroites et les passions irascibles d'un théologien polémique, il est aisément conduit à suppléer par son autorité au défaut de ses argumens, et à châtier sans pitié l'aveuglement pervers de ceux qui ferment les yeux à la lumière de ses démonstrations. Le règne de Justinien présente une scène uniforme, quoique variée, de persécution, et sur cet objet il semble avoir surpassé ses indolens prédécesseurs, soit dans l'invention des lois pénales, soit dans la sévérité de leur exécution. Il n'accorda que

---

(1) Procope, qui expose ces sentimens sages et modérés (*de Bell. Goth.*, l. 1, c. 3), est traité pour cela avec bien de la dureté dans la Préface d'Alemannus, qui le met au rang des chrétiens *politiques*; *sed longe verius hæresium omnium sentinas, prorsusque atheos* : athées abominables, qui recommandaient d'imiter la bonté de Dieu envers les hommes (*ad Hist. Arcan.*, c. 13).

trois mois pour la conversion ou le bannissement de
tous les hérétiques (1) ; et s'il ferma constamment   Contre les
les yeux sur l'infraction de cette loi, du moins sous   hérétiques.
son joug de fer étaient-ils privés, non-seulement des
avantages de la société, mais de tous les droits de
naissance qu'ils pouvaient réclamer en qualité d'hommes et de chrétiens. Après quatre cents ans, les montanistes de Phrygie (2) respiraient toujours ce sauvage
enthousiasme de perfection et cette ardeur prophétique que leur avaient inspirés leurs apôtres, soit
mâles, soit femelles, organes particuliers du Saint-
Esprit. A l'approche des prêtres et des soldats catholiques, ils saisissaient avec ardeur la couronne du
martyre ; le conciliabule et la congrégation péris-
saient dans les flammes ; mais l'esprit des premiers fanatiques subsistait encore en son entier trois cents ans
après la mort de leur tyran. L'Église des ariens à Constantinople, protégée par les Goths, avait bravé la
rigueur des lois. Leurs prêtres égalaient le sénat en

---

(1) Cette alternative, intéressante à connaître, a été conservée par Jean Malala (t. II, p. 63, édit. de Ven., 1733),
qui mérite plus de croyance à mesure qu'il approche de la
fin de son ouvrage : après avoir fait l'énumération des nestoriens et eutychiens, etc., *ne expectent,* dit Justinien,
*ut digni veniâ judicentur: jubemus enim ut.... convicti et
aperti hæretici justæ et idoneæ animadversioni subjiciantur.*
Cet édit du Code est rapporté avec éloge par Baronius (A.
D. 527, n⁰ˢ 39, 40).

(2). *Voyez* le caractère et les principes des montanistes
dans Mosheim (*de Reb. christ. ante Constantinum,* p. 410-
424).

richesses et en magnificence, et l'or et l'argent que leur ravit Justinien auraient pu être revendiqués comme les trophées des provinces et les dépouilles des Barbares. Un petit nombre de païens, cachés encore dans les classes les plus polies comme dans les classes les plus grossières de la société, excitaient l'indignation des chrétiens, qui ne voulaient peut-être pas qu'aucun étranger fût témoin de leurs querelles intestines. L'un des évêques fut nommé inquisiteur de la foi ; et son activité découvrit bientôt à la cour et à la ville des magistrats, des jurisconsultes, des médecins et des sophistes, toujours attachés à la superstition des Grecs. On leur déclara positivement qu'ils devaient choisir, sans délai, entre le déplaisir de Jupiter et celui de Justinien, et qu'on ne leur permettrait plus de déguiser leur aversion pour l'Évangile sous le masque scandaleux de l'indifférence ou de la piété. Le patricien Photius se montra seul, peut-être, déterminé à vivre et à mourir comme ses ancêtres ; d'un coup de poignard il s'affranchit de la servitude, et laissa au tyran le triste plaisir d'exposer ignominieusement aux regards du public le cadavre de celui qui avait su lui échapper. Ses autres frères, moins courageux, se soumirent à leur monarque temporel; ils reçurent le baptême et s'efforcèrent, par un zèle extraordinaire, d'effacer le soupçon ou d'expier le crime de leur idolâtrie. La patrie d'Homère et le théâtre de la guerre de Troie conservaient les dernières étincelles de la mythologie des Grecs : par les soins du même évêque ou inquisiteur dont nous

Des païens.

parlions tout à l'heure, on découvrit et on convertit soixante-dix mille païens en Asie, dans la Phrygie, la Lydie et la Carie. On bâtit quatre-vingt-seize églises pour les néophytes ; et la pieuse munificence de Justinien fournit le linge, les bibles, les liturgies et les vases d'or et d'argent (1). Les Juifs, qu'on avait dépouillés peu à peu de leurs immunités, furent assujettis à une loi tyrannique qui les forçait à célébrer la Pâque le même jour que les chrétiens (2). Ils durent se plaindre avec d'autant plus de raison, que les catholiques eux-mêmes n'étaient pas d'accord sur les calculs astronomiques du souverain. Les habitans de Constantinople ne commençaient le carême qu'une semaine entière après l'époque fixée par l'empereur, et ils avaient ensuite le plaisir de jeûner sept jours,

Des Juifs.

---

(1) Théophane, *Chroniq.*, p. 153. Jean le monophysite, évêque d'Asie, fournit un des témoignages les plus authentiques qu'on puisse avoir sur cette opération, où il fut employé par l'empereur. Asseman. *Bibl. orient.*, t. II, page 85.

(2) Comparez Procope (*Hist. Arcan.*, c. 28, et les *Notes* d'Aleman) avec Théophane (*Chron.*, p. 190). Le concile de Nicée avait chargé le patriarche, ou plutôt les astronomes d'Alexandrie, de la proclamation annuelle de la Pâque ; et nous lisons encore aujourd'hui, ou plutôt nous ne lisons pas, les Épîtres paschales de saint Cyrille, dont il nous est demeuré un assez grand nombre. Depuis le règne du monophysisme en Égypte, les catholiques se trouvèrent embarrassés par un préjugé aussi peu raisonnable que celui qui, parmi les protestans, s'est si long-temps opposé à la réception du style grégorien.

durant lesquels, par l'ordre de l'empereur, les marchés étaient remplis de viande. Les samaritains de la Palestine (1) formaient une race bâtarde, une secte équivoque ; les païens les traitaient de Juifs, les Juifs de schismatiques, et les chrétiens d'idolâtres. Ce qu'ils regardaient comme une abomination, la croix était déjà établie sur la sainte montagne de Garizim(2); mais la persécution de Justinien ne leur laissa que l'alternative du baptême ou de la rebellion; ils choisirent le dernier parti : ils se montrèrent en armes sous les drapeaux d'un chef désespéré ; et le sang d'un peuple sans défense, ses biens, ses temples, payèrent les maux qu'on leur avait fait souffrir. Les troupes de l'Orient les subjuguèrent à la fin ; il y en eut vingt mille de massacrés ; vingt mille autres furent vendus par les Arabes aux infidèles de la Perse et de l'Inde, et les restes de cette malheureuse nation expièrent le crime de rebellion par le péché d'hypocrisie. On a calculé que la guerre des samaritains coûta la vie à cent mille sujets de l'empire (3), et

---

(1) *Voyez* sur la religion et l'histoire des samaritains, l'*Histoire des Juifs* par Basnage, ouvrage savant et impartial.

(2) Sichem, Neapolis, Naploūs, qui est la résidence ancienne et moderne des samaritains, se trouve dans une vallée, entre le stérile Ebal, le mont des Malédictions au nord, et le fertile Garizim, ou le mont des Malédictions au sud, à dix ou onze heures de chemin de Jérusalem. *Voyez* Maundrell (*Journey from Aleppo*, etc., p. 59-63).

(3) Procope, *Anecd.*, c. 11; Théophane, *Chron.*, p. 152; Jean Malala, t. 11, p. 62. Je me souviens d'avoir lu cette

couvrit de cendres une province fertile qu'elle convertit en un affreux désert. Mais, dans le symbole de Justinien, on pouvait sans crime égorger les mécréans, et il employa pieusement le fer et la flamme pour établir l'unité de la foi chrétienne (1).

Avec de pareils sentimens, il fallait du moins avoir toujours raison. Durant les premières années de son administration, il signala son zèle en qualité de disciple et de protecteur de la foi orthodoxe. La réconciliation des Grecs et des Latins fit, du *tome* de saint Léon, le symbole de l'empereur et de l'empire; les nestoriens et les eutychiens étaient, des deux côtés, en proie au glaive à double tranchant de la persécution; et les quatre conciles de Nicée, de Constantinople, d'Éphèse et de *Chalcédoine*, furent ratifiés par le code d'un législateur catholique (2). Mais tandis que Justinien ne négligeait rien pour maintenir l'uniformité de la foi et du culte, sa femme Théodora, dont les vices ne se trouvaient point incom-

Son orthodoxie.

---

observation, moitié philosophique, moitié superstitieuse, que la province dévastée par le fanatisme de Justinien, fut celle par où les musulmans pénétrèrent dans l'empire.

(1) Les expressions de Procope sont remarquables : ου γαρ οι εδοκει φονος ανθρωπον ειναι, ην γε μητης αυτου δοξην οι τελευτων τεςτυχοιεν οντες. *Anecdot.*, c. 13.

(2) *Voy.* la *Chronique* de Victor, p. 328; et le témoignage original des Lois de Justinien. Durant les premières années du règne de Justinien, Baronius est de très-bonne humeur avec l'empereur, qui caressa les papes jusqu'au moment où il les tint sous son pouvoir.

patibles avec la dévotion, avait écouté les prédications monophysites, et les ennemis publics ou secrets de l'Église se ranimèrent et se multiplièrent sous la protection de l'impératrice. Une discorde spirituelle troublait la capitale, le palais et le lit nuptial; mais la sincérité de Justinien et de Théodora était si douteuse, que plusieurs personnes imputaient leur querelle apparente à une ligue secrète et malfaisante contre la religion et le bonheur du peuple (1). La fameuse dispute des *trois chapitres* (2), qui a rempli plus de volumes qu'elle ne méritait de lignes, annonce bien cet esprit d'astuce et de mauvaise foi. Trois siècles s'étaient écoulés depuis que le corps d'Origène (3)

Les trois chapitres.
A. D.
532-698.

───────────

(1) Procope, *Anecd.*, c. 13; Évagrius, l. IV, c. 10. Si l'historien ecclésiastique n'a pas lu l'historien secret, leur soupçon commun prouve du moins la haine générale.

(2) *Voyez* sur les trois chapitres les Actes originaux du cinquième concile général tenu à Constantinople; on y trouve beaucoup de faits authentiques, mais sans utilité. (*Concil.*, t. VI, p. 1-419.) Évagrius, auteur grec, est moins détaillé et moins exact (l. IV, c. 38) que les trois Africains zélés, Facundus (dans ses douze livres *de Tribus Capitulis*, que Sirmond a publiés d'une manière très-correcte), Liberatus (dans son *Breviarium*, c. 22, 23, 24), et Victor Tunnunensis (dans sa *Chron.*, in t. 1, antiq. Lect. Canisii, p. 330-334). Le *Liber pontificalis* ou Anastase (*in Vigilio, Pelagio*, etc.), est un témoignage original, mais tout en faveur des Italiens. Le lecteur moderne tirera quelques lumières de Dupin (*Bibl. ecclésiast.*, t. v, p. 189-207) et de Basnage (*Hist. de l'Église*, t. 1, p. 519-541); mais le dernier déprécie trop l'autorité et le caractère des papes.

(3) Origène avait en effet trop de propension à imiter la

était devenu la pâture des vers : son âme, dont il avait enseigné la préexistence, était entre les mains de son Créateur ; mais les moines de la Palestine lisaient avidement ses écrits. L'œil perçant de Justinien y aperçut plus de dix erreurs de métaphysique, et, de compagnie avec Pythagore et Platon, le docteur de la primitive Église fut dévoué par le clergé à l'*éternité* du feu de l'enfer, dont il avait osé nier l'existence. Sous le masque de cette condamnation, on portait un coup perfide au concile de Chalcédoine. Les pères avaient entendu sans impatience l'éloge de Théodore de Mopsueste (1), et leur justice ou leur indulgence avait rendu la communion des fidèles à Théodoret de Cyrrhe et à Ibas d'Édesse ; mais le nom de ces évêques de l'Orient était entaché du reproche d'hérésie. Le premier avait été le maître de Nestorius, et les deux autres étaient les amis de cet hérétique ; les passages les plus suspects de leurs écrits furent dénoncés sous le titre des *trois cha-*

πλανη et la δυσσεβεια des anciens philosophes (Justinien, *ad Mennam, in Concil.*, t. VI, p. 356) ; ses opinions modérées s'accordaient mal avec le zèle de l'Église, et on le trouva coupable de l'hérésie de la raison.

(1) Basnage (*Præf.*, p. 11-14, ad t. I, *Antiq. Lect. Canis.*) a très-bien balancé le crime ou l'innocence de Théodore de Mopsueste : s'il composa dix mille volumes, la charité exige qu'on lui passe dix mille erreurs. Il se trouve, sans ses deux confrères, dans les Catalogues d'hérésiarques qu'on a formés après lui ; et Asseman (*Bibl. orient.*, t. IV, p. 203-207) ne manque pas à l'obligation où il est de justifier ce décret.

pitres, et la flétrissure imprimée à leur mémoire compromettait nécessairement l'honneur d'un concile dont le monde catholique prononçait le nom avec respect ou du moins avec les apparences du respect. Cependant, si ces évêques, innocens ou coupables, se trouvaient anéantis dans la nuit éternelle, les clameurs poussées sur leur tombeau, un siècle après l'époque de leur mort, ne pouvaient guère les éveiller; si, dans une autre hypothèse, ils étaient déjà dans les mains du démon, l'homme ne pouvait plus ni aggraver ni adoucir leurs tourmens; et enfin s'ils jouissaient, dans la société des saints et des anges, de la récompense due à leur piété, ils devaient sourire de la vaine fureur des insectes théologiques qui rampaient encore sur la surface de la terre. L'empereur des Romains, le plus acharné de ces insectes, dardait son aiguillon et lançait son venin, peut-être sans apercevoir les motifs de Théodora et des ecclésiastiques de sa faction. Les victimes n'étaient plus soumises à son pouvoir, et ses édits, avec toute la véhémence de leur style, ne pouvaient que proclamer leur damnation, et inviter le clergé de l'Orient à se réunir à lui pour les accabler d'imprécations et d'anathêmes.

Cinquième concile général, ou le deuxième de Constantinople. A. D. 553, mai 4-juin 2.

Les prélats de l'Orient hésitèrent à se réunir à leur souverain sur cet objet; on tint à Constantinople le cinquième concile général, auquel assistèrent trois patriarches et cent soixante-cinq évêques; et les auteurs ainsi que les défenseurs des trois chapitres furent séparés de la communion des saints, et livrés solennellement au prince des ténèbres. Les Églises latines étaient plus jalouses de l'honneur de Léon et de celui du concile de Chalcédoine ; et si, comme de coutume, elles eussent combattu sous l'étendard de Rome, elles auraient peut-être fait triompher la cause de la raison et de l'humanité ; mais leur chef était captif et au pouvoir de l'ennemi ; le trône de saint Pierre, déshonoré par la simonie, fut trahi par la lâcheté de Vigile, qui, après une lutte longue et inconséquente, se soumit au despotisme de Justinien et aux sophismes des Grecs. Son apostasie excita l'indignation des Latins ; et on ne trouva que deux évêques qui voulussent ordonner Pélage, son diacre et son successeur. Cependant la persévérance des papes transféra peu à peu à leurs adversaires la dénomination de schismatiques : les puissances civile et ecclésiastique, aidées de la force militaire, opprimaient, non sans effort, les Églises d'Illyrie, d'Afrique et d'Italie (1) : éloignés du siége de l'empire, les Barbares suivaient la doctrine du Vatican, et, en moins d'un siècle, le schisme des trois chapitres expira dans un canton obscur de la province Vénétienne (2). Mais

---

(1) *Voyez* les plaintes de Liberatus et de Victor, et les exhortations du pape Pélage au vainqueur et à l'exarque de l'Italie. *Schisma per potestates publicas opprimatur*, etc. (*Concil.*, tom. VI, p. 467, etc.) On gardait une armée pour étouffer la sédition d'une ville d'Illyrie. *Voy.* Procope (*de Bell. goth.*, l. IV, c. 25) : ων περ ενεκα σφισιν αυτοις οι χριστιανοι διαμαχονται. Il semble promettre une histoire de l'Église ; elle eût été curieuse et impartiale.

(2) Le pape Honorius réconcilia avec l'Église (A. D. 638)

le mécontentement des Italiens, causé par cette querelle de religion, avait déjà facilité les conquêtes des Lombards, et les Romains eux-mêmes étaient habitués à suspecter la foi et à détester l'administration du tyran qui régnait à Byzance.

<small>Hérésie de Justinien.
A. D. 564.</small>

Justinien ne sut être ni ferme ni conséquent dans les procédés difficiles qu'il voulut employer pour fixer l'incertitude de ses opinions et de celles de ses sujets : durant sa jeunesse on l'offensait en s'écartant le moins du monde de la ligne orthodoxe; dans sa vieillesse il s'égara lui-même par-delà la ligne d'une hérésie modérée, et les jacobites, ainsi que les catholiques, furent scandalisés de lui entendre déclarer que le corps du Christ était incorruptible, et que son humanité n'avait jamais éprouvé aucun des besoins et des infirmités attachés à notre existence mortelle. Cette opinion fantastique se trouve consignée dans ses derniers édits : à l'époque de sa mort, qui arriva bien à propos, le clergé avait refusé d'y souscrire; le prince se disposait à commencer une persécution, et le peuple était disposé à la souffrir ou à opposer de la résistance. Un évêque de Trèves, qui se voyait placé hors des atteintes du monarque de l'Orient, lui adressa des remontrances sur le ton de l'affection

---

les évêques du patriarchat d'Aquilée (Muratori, *Ann. d'Ital.*, t. v, p. 376); mais ils retombèrent, et ce schisme ne s'éteignit définitivement qu'en 698. Quatorze années auparavant, l'Église d'Espagne avait dédaigné en silence de se soumettre au cinquième concile général (xiii *Concil. Toletan. in Concil.*, t. vii, p. 487-494).

et de l'autorité : « Très-gracieux Justinien, lui dit-il, souvenez-vous de votre baptême et du symbole de votre foi, et ne déshonorez pas vos cheveux blancs par une hérésie. Rappelez vos pères de l'exil, et retirez vos adhérens du chemin de la perdition. Vous ne pouvez ignorer que l'Italie et la Gaule, l'Espagne et l'Afrique, déplorent déjà votre chute et anathématisent votre nom. Si vous ne rétractez pas sans délai ce que vous avez enseigné, si vous ne déclarez pas hautement : Je suis tombé dans l'erreur, j'ai péché ; anathême à Nestorius ! anathême à Eutychès ! vous vous dévouez à ces flammes qui les consumeront éternellement (1). » On le vit mourir sans donner un signe de rétractation. Sa mort rétablit à quelques égards la paix de l'Église, et, circonstance heureuse et rare, ses quatre successeurs, Justin, Tibère, Maurice et Phocas, ne jouent aucun rôle dans l'histoire ecclésiastique de l'Orient (2).

C'est sur elles-mêmes qu'ont le moins de prise les facultés de sentir et de raisonner ; notre œil est de

La controverse monothélite.
A. D. 629.

---

(1) Nicetius, évêque de Trèves (*Concil.*, t. VI, p. 511-513). Son refus de condamner les trois chapitres, le sépara de la communion des quatre patriarches, ainsi que la plupart des prélats de l'Église gallicane (saint Grég., *epist.*, liv. VII, *epist.* 5, *in Concil.*, tom. VI, pag. 1007). Baronius prononce presque la damnation de Justinien (A. D. 565, n° 6).

(2) Lorsque Évagrius a raconté la dernière hérésie de Justinien (l. IV, c. 39, 40, 41) et l'édit de son successeur (l. V, c. 3), son histoire est ensuite remplie d'événemens civils et non pas ecclésiastiques.

tous les objets le plus inaccessible à notre vue, et rien n'échappe à notre pensée autant que les opérations de notre âme ; toutefois nous pensons et même nous sentons qu'*une volonté*, c'est-à-dire un seul principe d'action, est essentielle à un être raisonnable et ayant le sentiment de son existence. Lorsque Héraclius revint de la guerre de Perse, ce héros orthodoxe demanda aux évêques si le Christ qu'il adorait en une seule personne, mais en deux natures, était mu par une seule volonté ou par une volonté double. Ils répondirent qu'une seule volonté animait le Christ, et l'empereur espéra que cette doctrine, certainement sans inconvéniens, et qui paraissait être la vraie, puisqu'elle était enseignée par les nestoriens eux-mêmes (1), ramènerait les jacobites de l'Égypte et de la Syrie. On l'essaya, mais en vain ; et, soit zèle, soit crainte, les catholiques ne crurent pas pouvoir se permettre, même en apparence, de reculer devant un ennemi subtil et audacieux. Les

---

(1) La Croze (*Christian. des Indes*, t. 1, p. 19, 20) a remarqué cette doctrine extraordinaire et peut-être inconséquente des nestoriens ; elle est exposée plus en détail par Abulpharage (*Bibliot. orient.*, t. 11, p. 292 ; *Hist. dynast.*, page 91, vers. lat., Pocock), et par Asseman lui-même (t. IV, p. 218) ; ils semblent ignorer qu'ils pouvaient alléguer l'autorité positive de l'Ecthèse. Ο μιαρος Νεστοριος καιπερ διαιρων την θειαν του Κυριου ενανθρωπησιν, και δυο εισαγων υιους (le reproche ordinaire des monophysites), δυο θελημχτα τουτων ειπειν ουκ ετολμησε, τουναντιον δε ταυτο βουλιαν των... δυο προσωπων εδοξασε. *Concil.*, t. VII, p. 205.

orthodoxes, alors dominans, inventèrent de nouvelles formules, de nouveaux argumens et de nouvelles interprétations : ils supposèrent à chacune des deux natures du Christ une énergie propre et distincte : la différence devint imperceptible lorsqu'ils avouèrent que la volonté humaine et la volonté divine étaient invariablement la même (1). La maladie s'annonça par les symptômes ordinaires ; mais les prêtres grecs, comme s'ils eussent été rassasiés par l'interminable controverse sur l'Incarnation, donnèrent de bons conseils au prince et au peuple. Ils se déclarèrent *monothélites* (défenseurs d'une seule volonté) ; mais ils traitèrent le mot de nouveau et la question de superflue, et recommandèrent un silence religieux, comme ce qu'il y avait de plus conforme à la prudence et à la charité de l'Évangile. Cette loi de silence fut établie successivement par l'Ecthèse ou l'exposition d'Héraclius, et le *Type* ou le formulaire de la foi de Constans son petit-fils (2) ; et les quatre patriarches de Rome, de Constantinople, d'Alexan-

L'Ecthèse d'Héraclius.
A. D. 639.
Le Type de Constans.
A. D. 648.

----

(1) *Voyez* la doctrine orthodoxe dans Petau (*Dogmata theolog.*, t. v, l. ix, c. 6-10, p. 433-447). Toutes les profondeurs de cette controverse se trouvent dans le dialogue grec, entre Maxime et Pyrrhus (*ad calcem*, t. viii, *Annal*. Baron.; p. 755-794). Ce dialogue avait réellement eu lieu dans une conférence d'où résulta une conversion de peu de durée.

(2) *Impiissimam Ecthesim.... scelerosum Typum* (Concil., t. vii, p. 366), *diabolicæ operationis genimina* (peut-être *germina*, ou autrement le mot grec γενήματα de l'original). (*Concil.*, p. 363, 364.) Telles sont les expressions du dix-

drie et d'Antioche, souscrivirent ces édits du prince, les uns avec joie, les autres avec répugnance. Mais l'évêque et les moines de Jérusalem sonnèrent l'alarme : les Églises latines aperçurent une erreur cachée dans les paroles ou même dans le silence des Grecs, et l'obéissance du pape Honorius aux ordres de son souverain fut rétractée ou censurée par l'ignorance plus audacieuse de ses successeurs. Ils condamnèrent l'exécrable et abominable hérésie des monothélites, qui ranimaient les erreurs de Manès, d'Apollinaire, d'Eutychès, etc. Ils signèrent sur le tombeau de saint Pierre le décret d'excommunication; l'encre qu'ils employèrent fut mêlée du vin du sacrement, c'est-à-dire du sang de Jésus-Christ, et ils n'oublièrent aucune des cérémonies qui pouvaient remplir d'horreur ou d'effroi les esprits superstitieux. En qualité de représentans de l'Église d'Occident, le pape Martin et le concile de Latran anathématisèrent le coupable et perfide silence des Grecs : cent cinq évêques d'Italie, la plupart sujets de Constans, ne craignirent pas de rejeter son *Type* odieux, l'*Ecthèse* impie de son grand-père, et de confondre les auteurs et leurs adhérens avec vingt-un hérétiques reconnus, déserteurs de l'Église et organes du démon. Le prince le plus soumis à l'Église n'aurait pas laissé une telle

---

huitième anathème. L'épître de Martin à Amandus, l'un des évêques de la Gaule, traite avec la même virulence les monothélites et leur hérésie (p. 392).

offense impunie. Le pape Martin termina sa carrière sur la côte déserte de la Chersonèse Taurique, et l'abbé Maxime, son oracle, fut cruellement puni par l'amputation de la langue et de la main droite (1); mais ils transmirent leur obstination à leurs successeurs : le triomphe des Latins les vengea de la défaite qu'ils venaient d'éprouver, et fit oublier l'opprobre des trois chapitres. Les synodes de Rome furent confirmés par le sixième concile général, tenu à Constantinople dans le palais et sous les yeux d'un nouveau Constantin, descendant d'Héraclius. La conversion du prince entraîna celle du pontife de Byzance et de la pluralité des évêques (2) : les dissidens, à la tête desquels se trouvait Macaire d'Antioche, furent condamnés aux peines spirituelles et temporelles décernées contre l'hérésie ; l'Orient voulut bien recevoir les leçons de l'Occident, et on régla définitivement le symbole de la foi, qui apprend aux catholiques de tous les temps que la personne de Jésus-Christ réu-

Sixième concile général, le second de Constantinople.

A. D. 680, nov. 7.
A. D. 681, sept. 16.

---

(1) Les maux qu'eurent à souffrir Martin et Maxime, sont décrits avec une simplicité pathétique dans leurs Lettres et dans leurs Actes originaux. (*Concil.*, t. VII, p. 63-78; Baronius, *Annal. eccles.* A. D. 656, n° 2, et *annos subseq.*) Au reste, le châtiment de leur désobéissance, εξορια et σωματος αικισμος, avait été annoncé dans le Type de Constans (*Concil.*, t. VII, p. 240).

(2) Eutychius (*Annal.*, t. II, p. 368) suppose très-fautivement que les cent vingt-quatre évêques du synode romain se transportèrent à Constantinople, et en les ajoutant aux cent soixante-huit grecs, il compose ainsi le sixième concile général de deux cent quatre-vingt-douze pères.

nissait deux volontés ou deux énergies agissant d'accord entre elles. Deux prêtres, un diacre et trois évêques, représentèrent la majesté du pape et celle du synode romain; mais ces obscurs théologiens de l'Italie n'avaient ni troupes pour soutenir leurs opinions, ni trésors pour acheter des partisans, ni éloquence pour faire des prosélytes; et j'ignore par quelle adresse ils purent déterminer le superbe empereur des Grecs à abjurer le catéchisme de son enfance, et à persécuter la religion de ses aïeux. Peut-être les moines et le peuple de Constantinople (1) favorisaient-ils la doctrine du concile de Latran, qui est en effet la moins raisonnable des deux; ce soupçon est autorisé par la modération peu naturelle du clergé grec, qui, dans cette querelle, parut sentir sa faiblesse. Tandis que le synode discutait la question, un fanatique proposa un expédient plus court, celui de ressusciter un mort; les prélats assistèrent à l'expérience: mais l'unanimité avec laquelle on reconnut que le miracle avait manqué, put servir à prouver que les passions et les préjugés de la multitude n'étaient pas du parti des monothélites. Sous la généra-

---

(1) Constans, attaché à la doctrine des monothélites, était haï de tous, δια τοι ταυτα (dit Théophane, *Chron.*, p. 292) εμισισθη σφοδρα παρα παντων. Lorsque le moine monothélite échoua dans le miracle qu'il avait entrepris, le peuple s'écria: ο λαος ανεβοησε (*Concil.*, tom. VII, p. 1032); mais ce fut une émotion naturelle et passagère, et je crains beaucoup que la dernière n'ait été une anticipation d'orthodoxie dans le bon peuple de Constantinople.

tion suivante, lorsque le fils de Constantin fut déposé et mis à mort par le disciple de Macaire, ils goûtèrent le plaisir de la vengeance et de la domination : le simulacre ou le monument du sixième concile œcuménique fut effacé, et les actes originaux de ce tribunal ecclésiastique livrés aux flammes. Mais dès la seconde année de son règne, leur protecteur fut précipité du trône ; les évêques de l'Orient furent affranchis de la loi de conformité à laquelle ils avaient été momentanément soumis ; la foi de l'Église romaine fut rétablie sur des bases plus solides par les successeurs orthodoxes de Bardanes, et la dispute plus populaire et plus sensible sur le culte des images fit oublier les beaux problèmes proposés sur l'Incarnation (1).

Avant la fin du septième siècle, le dogme de l'Incarnation, tel qu'il avait été déterminé à Rome et à Constantinople, fut prêché jusque dans les îles de la Bretagne et de l'Irlande (2) : tous les chrétiens qui

Union des Églises grecque et latine.

----

(1) L'histoire du monothélisme se trouve dans les Actes des conciles de Rome (t. VII, p. 77-395, 601-608) et de Constantinople (p. 609-1429). Baronius a tiré quelques documens originaux de la Bibliothèque du Vatican; et les soigneuses recherches de Pagi ont rectifié sa chronologie. Dupin lui-même (*Bibl. ecclés.*, t. VI, p. 57-71) et Basnage (*Hist de l'Église*, tom. I, p. 541-555) en donnent un assez bon abrégé.

(2) Dans le concile de Latran de 679, Wilfrid, évêque anglo-saxon, signa *pro omni Aquilonati parte Britanniæ et Hiberniæ, quæ ab Anglorum et Brittonum, necnon Scotorum et Pictorum gentibus colebantur*. (Eddius, *in Vitâ S. Wilfrid.*, c. 31, apud Pagi, *Critica*, t. III, p. 88.) Théo-

avaient adopté pour la liturgie la langue grecque ou la langue latine, adoptèrent les mêmes idées, ou plutôt répétèrent les mêmes paroles. Leur nombre et l'éclat qu'ils jetaient alors, leur donnaient une sorte de titre au surnom de catholiques; mais en Orient, on les désignait par le nom moins honorable de *melchistes* ou de royalistes (1), c'est-à-dire d'hommes dont la foi, au lieu de reposer sur la base

---

dore (*magnæ insulæ Britanniæ archiepiscopus et philosophus*) fut attendu long-temps à Rome (*Concil.*, t. VII, p. 714); mais il se contenta de tenir (A. D. 680) son synode provincial à Hatfield, où il reçut les décrets du pape Martin et du premier concile de Latran contre les monothélites (*Concil.*, t. VII, p. 597, etc.). Théodore, moine de Tarse, en Cilicie, avait été nommé à la primatie de la Bretagne par le pape Vitalien (A. D. 668). *Voyez* Baronius et Pagi, qui estimaient son savoir et sa piété, mais se défiaient de son caractère national; *ne quid contrarium veritati fidei, græcorum more, in Ecclesiam cui præesset, introduceret.* Le Cicilien fut envoyé de Rome à Cantorbéry, sous la tutelle d'un guide africain. (Bède, *Hist. eccles. Anglorum*, l. IV, c. 1.) Il adhéra à la doctrine romaine; et le même dogme de l'Incarnation s'est transmis sans altération de Théodore aux primats des temps modernes, dont le jugement plus solide s'engage, je crois, rarement dans les détours de ce mystère abstrait.

(1) Ce nom, inconnu jusqu'au dixième siècle, paraît être d'origine syriaque. Il fut inventé par les jacobites, et adopté avec ardeur par les nestoriens et les musulmans; mais les catholiques le prirent sans rougir, et on le trouve souvent dans les Annales d'Eutychius (Assemani, *Bibl. orient.*, t. II, p. 507, etc.; t. III, p. 355; Renaudot, *Hist. patriar. Alex.*, p. 119). Ἡμεις δουλοι του βασιλεως, fut l'acclamation des pères du concile de Constantinople (*Concil.*, t. VII, 765).

de l'Écriture, de la raison ou de la tradition, avait été établie et se trouvait encore maintenue par la puissance arbitraire d'un monarque temporel. Leurs adversaires pouvaient citer les mots des pères du concile de Constantinople qui se déclarèrent les esclaves du prince, et ils pouvaient raconter avec une joie maligne combien l'empereur Marcien et sa chaste épouse avaient influé sur les décrets du concile de Chalcédoine. Une faction dominante rappelle sans cesse le devoir de la soumission, et il n'est pas moins naturel que les dissidens sentent et réclament les principes de la liberté. Sous la verge de la persécution, les nestoriens et les monophysites devinrent des rebelles, des fugitifs, et les alliés de Rome, les plus anciens et les plus utiles, apprirent à regarder l'empereur, non pas comme le chef, mais comme l'ennemi des chrétiens. Le langage, ce grand principe d'union et de séparation entre les diverses tribus du genre humain, distingua bientôt définitivement les sectaires de l'Orient par un signe particulier, qui anéantit tout commerce et tout espoir de réconciliation. La longue domination des Grecs, leurs colonies et surtout leur éloquence, avaient répandu un idiome, sans doute le plus parfait de tous ceux qu'ont inventés les hommes ; mais le corps du peuple dans la Syrie et en Égypte se servait encore de la langue nationale, avec cette différence toutefois que le cophte n'était employé que par les ignorans et grossiers paysans des bords du Nil, tandis que depuis les montagnes de l'Assyrie jusqu'à la mer Rouge,

Séparation perpétuelle des sectes de l'Orient.

le syriaque (1) était la langue de la poésie et de la dialectique. La langue corrompue et le faux savoir des Grecs infectaient l'Arménie et l'Abyssinie, et les idiomes barbares de ces contrées, qui ont revécu dans les études de l'Europe moderne, étaient inintelligibles pour les habitans de l'empire romain. Le syriaque et le cophte, l'arménien et l'éthiopien, sont consacrés dans les liturgies de leurs églises respectives, et leur théologie possède des versions particulières (2) des Écritures et des ouvrages de ceux des pères dont la doctrine y a fait le plus de fortune. Après un intervalle de treize cent soixante années, le feu de la controverse, allumé d'abord par un ser-

---

(1) Le syriaque, que les naturels de la Syrie regardent comme la langue primitive, avait trois dialectes : 1° l'*araméen*, qu'on parlait à Édesse et dans les villes de la Mésopotamie; 2° le *palestin*, qu'on employait à Jérusalem, à Damas et dans le reste de la Syrie; 3° le *nabathéen*, idiome rustique des montagnes de l'Assyrie et des villages de l'Irak. (Grégor. Abulpharage, *Hist. dynast.*; p. 11.) *Voyez* sur le syriaque, Ebed-Jésus (Assemani, t. III, p. 326, etc.), qui n'a pu que par une véritable prévention le préférer à l'arabe.

(2) Je ne cacherai pas mon ignorance sous les dépouilles de Simon, de Walton, de Mill, de Wetstein, d'Assemani, de Ludolphe ou de La Croze, que j'ai consultés avec soin. Il paraît 1° qu'il n'est pas sûr que nous ayons aujourd'hui, dans leur première intégrité, aucune des versions vantées par les pères de l'Église; 2° que la version syriaque est celle qui semble avoir le plus de titres, et que l'aveu des sectes de l'Orient prouve qu'elle est plus ancienne que leur schisme.

mon de Nestorius, brûle encore au fond de l'Orient, et les communions ennemies gardent toujours la foi et la discipline de leurs fondateurs. Dans l'état le plus abject d'ignorance, de pauvreté et de servitude, les nestoriens et les monophysites rejettent la suprématie spirituelle de Rome, et rendent grâce à la tolérance des Turcs, qui leur permettent d'anathématiser, d'un côté, saint Cyrille et le concile d'Éphèse, de l'autre, le pape Léon et le concile de Chalcédoine. Leur influence sur la chute de l'empire d'Orient exige quelques détails, et le lecteur pourra jeter avec quelque plaisir un coup d'œil, 1° sur les nestoriens, 2° sur les jacobites (1); 3° sur les maronites, 4° sur les Arméniens, 5° sur les cophtes, et 6° sur les Abyssins. Les trois premières sectes parlent la langue syriaque; mais chacune des trois dernières emploie l'idiome de sa nation. Au reste, les habitans modernes de l'Arménie et de l'Abyssinie ne pourraient converser avec leurs ancêtres; et les chrétiens de l'Égypte et de la Syrie, qui rejettent la religion des Arabes, en ont

---

(1) Sur ce qui regarde les monophysites et les nestoriens, j'ai de grandes obligations à la *Bibliotheca orientalis Clementino-Vaticana* de Joseph-Simon Assemani. Ce savant maronite alla en 1715 examiner, par ordre du pape Clément XI, les monastères de l'Égypte et de la Syrie, pour y chercher des manuscrits. Les quatre volumes in-folio qu'il a publiés à Rome, 1719-1728, ne contiennent qu'une partie de l'exécution de son vaste projet; mais c'est peut-être la plus précieuse. Né en Syrie, il connaissait très-bien la littérature syriaque; et, quoiqu'il dépendît de la cour de Rome, on voit qu'il s'efforce d'être modéré et de bonne foi.

adopté la langue. Le temps a secondé les artifices des prêtres, et en Orient, ainsi qu'en Occident, c'est dans une langue morte, ignorée du plus grand nombre des fidèles, qu'on s'adresse à la Divinité.

Les nestoriens. I. L'hérésie de l'infortuné Nestorius fut promptement oubliée dans la province qui lui avait donné le jour, et même dans son diocèse. Les évêques d'Orient qu'on avait vus, au concile d'Éphèse, attaquer à découvert l'arrogance de saint Cyrille, s'adoucirent lorsque le prélat abandonna par la suite quelques-unes de ses propositions. Ces évêques ou leurs successeurs signèrent, non sans murmures, les décrets du concile de Chalcédoine. La puissance des monophysites réconcilia les nestoriens avec les catholiques, et réunit les deux partis dans les mêmes haines, les mêmes intérêts et insensiblement dans les mêmes dogmes. Ce fut dans la dispute des trois chapitres qu'ils poussèrent à regret leur dernier soupir. Des lois pénales écrasèrent ceux de leurs frères qui, moins modérés ou plus sincères, ne voulurent point faire cause commune avec les catholiques; et dès le temps de Justinien, il était difficile de trouver une église de nestoriens dans les limites de l'empire. Ils avaient découvert au-delà de ces limites un nouveau monde, où ils pouvaient espérer la liberté et aspirer à des conquêtes. Malgré la résistance des mages, le christianisme avait jeté en Perse de profondes racines, et les nations de l'Orient reposaient sous son ombre salutaire. Le *catholique* ou primat habitait la capitale; ses métropolitains, ses évêques et son clergé, déployaient, dans les synodes et dans leurs diocèses, la pompe et le bon ordre d'une hiérarchie régulière; un grand nombre de prosélytes abandonnèrent le Zend-Avesta pour l'Évangile, et la vie séculière pour la vie monastique; leur zèle était excité par la présence d'un ennemi artificieux et redoutable. L'Église de Perse avait été fondée par des missionnaires de Syrie; ainsi la langue, la discipline et la doctrine de leur pays, se trouvaient faire partie inhérente de sa constitution. Les primats étaient nommés et ordonnés par leurs suffragans; mais les canons de l'Église d'Orient attestent leur dépendance filiale envers les patriarches d'Antioche (1). De nouvelles générations de fidèles se formaient dans l'école persane d'Édesse à leur idiome théologique (2);

---

(1) *Voyez* les canons arabes du concile de Nicée dans la traduction d'Abraham Ecchelensis, n°ˢ 37, 38, 39, 40 (*Concil.*, tom. II, p. 335, 336; édit. de Venise). Ces titres connus de *Canons du concile de Nicée* et de *Canons arabes*, sont apocryphes l'un et l'autre. Le concile de Nicée ne fit pas plus de vingt canons (Théodoret, *Hist. ecclésiast.*, l. I, c. 8); les soixante-dix ou quatre-vingts qu'on y a ajoutés ont été tirés des synodes de l'Église grecque. L'édition syriaque de Maruthas ne subsiste plus (Assemani, *Biblioth. orient.*; t. I, p. 195; t. III, p. 74), et il y a plusieurs interpolations récentes dans la version arabe. Au reste, ce code renferme des débris précieux de la discipline ecclésiastique; et puisque toutes les communions de l'Orient le révèrent, il est probable qu'il fut achevé avant le schisme des nestoriens et des jacobites. Fabric., *Biblioth. græc.*, t. XI, p. 363-367.

(2) Théodore le Lecteur (l. II, c. 5-49, *ad calcem Hist.*

elles étudiaient dans la version syriaque les dix mille volumes de Théodore de Mopsueste, et elles révéraient la foi apostolique et le saint martyre de son disciple Nestorius, dont la personne et la langue étaient inconnues chez les nations placées au-delà du Tigre. La première leçon d'Ibas, évêque d'Édesse, imprima dans leur esprit une horreur ineffaçable pour les *Égyptiens* impies, qui, dans leur concile d'Éphèse, avaient confondu les deux natures de Jésus-Christ. La fuite des maîtres et des élèves, chassés deux fois de l'Athènes de Syrie, dispersa une troupe de missionnaires, excités tout à la fois par le zèle de religion et par la vengeance. L'unité rigoureuse soutenue par les monophysites, qui, sous les règnes de Zénon et d'Anastase, avaient envahi les trônes d'Orient, provoqua leurs antagonistes à reconnaître, dans une terre de liberté, une union morale plutôt qu'une union physique entre les deux personnes du Christ. Depuis l'époque où l'on avait prêché l'Évangile aux nations, les rois sassaniens voyaient avec inquiétude et avec méfiance une race d'étrangers et d'apostats qu'ils pouvaient soupçonner de favoriser la cause des ennemis naturels de leur pays, comme ils en avaient embrassé la religion. Des édits avaient

---

ecclesiast.) a fait mention de cette école persane d'Édesse. Assemani (*Bibliot. orient.*, t. II, p. 402, t. III, p. 376-378, t. IV, p. 70-924) discute avec beaucoup de clarté ce qui a rapport à son ancienne splendeur et aux deux époques de sa chute, en 431 et 489.

souvent défendu leur commerce avec le clergé de la
Syrie; les progrès du schisme furent agréables à l'orgueil jaloux de Perozes, et il prêta l'oreille aux discours d'un prélat adroit qui, lui peignant Nestorius
comme l'ami de la Perse, l'engagea à s'assurer de la
fidélité de ses sujets chrétiens, en se prononçant en
faveur des victimes et des ennemis du despote romain. Les nestoriens formaient la plus grande partie
du clergé et du peuple; ils furent encouragés par le
sourire du prince, et le despotisme les arma de son
glaive : mais la faiblesse de quelques-uns fut effrayée
de l'idée de se séparer de la communion du monde
chrétien, et le sang de sept mille sept cents monophysites ou catholiques établit l'uniformité de la foi
et de la discipline dans les Églises de la Perse (1).
Leurs institutions religieuses se distinguaient par un
principe de raison ou du moins de politique : l'austérité du cloître s'était relâchée et tomba peu à peu;
on dota des maisons de charité, qui prirent soin de
l'éducation des orphelins et des enfans trouvés; le
clergé de la Perse dédaigna la loi du célibat, si fortement recommandé aux Grecs et aux Latins, et les

<small>Seuls maîtres de la Perse. A. D. 500, etc.</small>

---

(1) Une dissertation sur l'état des nestoriens est devenue
entre les mains d'Assemani un volume in-folio de neuf cent
cinquante pages, et il a disposé dans l'ordre le plus clair ses
savantes recherches. Outre ce quatrième volume de la *Bibliotheca orientalis*, on peut consulter avec fruit les extraits
qui se trouvent dans les trois premiers tomes (t. I, p. 203;
t. II, p. 321, 463; t. III, p. 64, 70, 378, 395, etc., 403,
408, 580, 589).

mariages avoués et réitérés des prêtres, des évêques et du patriarche lui-même, augmentèrent sensiblement le nombre des élus. Des myriades de fugitifs arrivèrent de toutes les provinces de l'empire d'Orient dans ce pays, l'asile de la liberté naturelle et religieuse. L'étroite dévotion de Justinien fut punie par l'émigration de ses sujets les plus industrieux ; ils portèrent en Perse les arts de la guerre et de la paix, et un monarque habile éleva aux emplois ceux que leur mérite recommandait à sa faveur. Ceux de ces malheureux sectaires qui, inconnus, avaient continué de vivre dans leurs villes natales, aidèrent de leurs conseils, de leurs bras et de leur argent, les armes de Nushirwan et les armes plus redoutables encore de son petit-fils ; ils obtinrent pour récompense de leur zèle les églises des catholiques ; mais lorsque Héraclius eut reconquis ces villes et ces églises, désormais connus comme rebelles et hérétiques, ils n'eurent plus de refuge que dans les États de leur allié. Cependant la tranquillité apparente des nestoriens courut bien des dangers et fut troublée quelquefois. Ils partagèrent les maux, suite nécessaire du despotisme oriental. Leur inimitié pour Rome ne suffit pas toujours pour expier leur attachement à l'Évangile ; et une colonie de trois cent mille jacobites, faits prisonniers à Apamée et à Antioche, eut la permission d'élever ses autels ennemis à la vue du *catholique* et sous l'influence protectrice de la cour. Justinien inséra dans son dernier traité des articles qui tendaient à augmenter et à fortifier la tolérance dont le christianisme jouissait en Perse. L'empereur, peu instruit des droits de la conscience, était incapable de pitié ou d'estime pour les hérétiques qui rejetaient l'autorité des saints conciles ; mais il se flattait qu'ils pourraient remarquer peu à peu les avantages temporels d'une union avec l'empire et l'Église de Rome ; et s'il ne venait pas à bout d'obtenir leur reconnaissance, il espérait du moins les rendre suspects à leur souverain. A une époque plus récente, on a vu la superstition et la politique du roi très-chrétien brûler à la fois les luthériens à Paris, et les protéger en Allemagne.

Le désir de gagner des âmes à Dieu et des sujets à l'Église a excité dans tous les temps l'activité des prêtres chrétiens. Après la conquête de la Perse, ils portèrent leurs armes spirituelles à l'orient, au nord et au midi, et la simplicité de l'Évangile fut enluminée des couleurs de la théologie syriaque. Si l'on en croit un voyageur nestorien (1), le christianisme

Leurs missions en Tartarie, dans l'Inde et à la Chine, etc.
A. D. 500-1200.

---

(1) *Voyez* la *Topographia christiana* de Cosmas, surnommé Indicopleustes, ou le Navigateur indien, l. III, p. 178, 179; l. XI, p. 337. L'ouvrage entier, dont on trouve des extraits curieux dans Photius (Code XXXVI, p. 9, 10, édit. Hœschel), dans Thevenot (première partie de ses *Relations des Voyages*, etc.), et dans Fabricius (*Biblioth. græc.*, l. III, c. 25; t. II, p. 603-617), a été publié par le père Montfaucon, Paris, 1707, dans la *Nova collectio Patrum*, t. II, p. 113-346. L'auteur avait le projet de réfuter l'hérésie de ceux qui soutiennent que la terre est un globe et non pas une surface aplatie et oblongue, telle que la représente l'Écriture (l. II, p. 138); mais l'absurdité du moine

fut prêché avec succès, dans le sixième siècle, aux Bactriens, aux Huns, aux Persans, aux Indiens, aux Persarméniens, aux Mèdes et aux Élamites; le nombre des églises qu'on trouvait chez les Barbares, depuis le golfe de la Perse jusqu'à la mer Caspienne, était presque infini; et leur foi nouvelle se faisait remarquer par le nombre et la sainteté de leurs moines et de leurs martyrs. Les chrétiens se multipliaient de jour en jour sur la côte de Malabar, si fertile en poivre, et dans les îles de Socotora et de Ceylan; les évêques et le clergé de ces contrées lointaines tiraient leur ordination du *catholique* de Babylone. Dans un siècle postérieur, le zèle des nestoriens dépassa les bornes où s'étaient arrêtées l'ambition et la curiosité des Grecs et des Persans. Les missionnaires de Balch et de Samarcande suivirent sans crainte les pas du Tartare errant, et se glissèrent dans les vallées de l'Imaüs et des rives du Selinga. Ils exposèrent des dogmes métaphysiques à ces pasteurs ignorans; ils recommandèrent l'humanité et le repos à ces guerriers sanguinaires. On dit cependant qu'un khan, dont ils ont ridiculement exagéré la

---

se trouve mêlée avec les connaissances pratiques du voyageur, qui partit A. D. 522, et qui publia son livre à Alexandrie, A. D. 547 (l. II, p. 140, 141; Montfaucon, *Præfat.*, c. 2). Le nestorianisme de Cosmas, dont son savant éditeur ne s'aperçut pas, a été découvert par La Croze (*Christianisme des Indes*, t. I, p. 40-55); et ce point est confirmé par Assemani (*Biblioth. orient.*, tom. IV, p. 605, 606).

puissance, reçut de leurs mains le baptême et même l'ordination ; et la réputation du *Prêtre-Jean* a long-temps amusé la crédulité de l'Europe (1). On permit à cet auguste néophyte de se servir d'un autel portatif ; mais il fit demander au patriarche, par des ambassadeurs, comment il pourrait faire pendant le carême pour s'abstenir des nourritures animales, et comment il pourrait célébrer l'eucharistie dans un désert qui ne produisait ni blé ni vin. Les nestoriens, dans leurs voyages par mer et par terre, entrèrent dans la Chine par le port de Canton et par la ville de Sigan, située plus au nord, et résidence du souverain. Bien différens des sénateurs de Rome, qui jouaient en souriant les rôles de prêtres et d'augures, les mandarins, qui affectent en public la raison des philosophes, se livrent en secret à tous les genres de superstition populaire. Ils confondaient dans leur culte les dieux de la Palestine et ceux de l'Inde ; mais la propagation du christianisme réveilla les inquié-

---

(1) L'histoire du Prêtre-Jean dans sa longue route à travers Mosul, Jérusalem, Rome, etc., devint une fable monstrueuse, dont quelques traits ont été empruntés du Lama du Thibet (*Hist. généalogique des Tartares*, part. II, p. 42; *Hist. de Gengis-khan*, p. 31, etc.), et que, par une erreur grossière, les Portugais ont appliquée à l'empereur d'Abyssinie. (Ludolphe, *Hist. Æthiop. Comment.*, l. II, c. 1.) Cependant, il est probable qu'aux onzième et douzième siècles, la horde des Keraïtes professait le christianisme selon les dogmes des nestoriens. D'Herbelot, p. 256, 915, 959; Assemani, t. IV, p. 468-504.

tudes du gouvernement; et, après une courte vicissitude de faveur et de persécution, la secte étrangère se perdit dans l'obscurité et dans l'oubli (1). Sous le règne des califes, l'Église des nestoriens s'étendit de la Chine à Jérusalem et en Chypre, et on calcula que le nombre des églises nestoriennes et jacobites surpassait celui des églises grecques et latines (2). Vingt-cinq métropolitains ou archevêques composaient leur hiérarchie; mais plusieurs d'entre eux, à raison de la distance et des dangers du voyage, furent dispensés de l'obligation de se présenter en personne, sous la condition, facile à remplir, que tous les six ans ils fourniraient un témoignage de leur obéissance au *catholique* ou patriarche de Babylone, dénomination vague qu'on a donnée successivement aux résidences royales de Séleucie, de Ctésiphon et

---

(1) Le christianisme de la Chine, entre les septième et treizième siècles, est prouvé d'une manière incontestable par une réunion de témoignages chinois, arabes, syriaques et latins. (Assemani, *Bibl. orient.*, t. IV, p. 502-552; *Mém. de l'Acad. des Inscript.*, t. XXX, p. 802-819.) La Croze, Voltaire, etc., ont été dupes de leur propre finesse, lorsque, pour se tenir en garde contre une fraude des jésuites, ils ont voulu regarder comme supposée l'inscription de Sigan-Fu, qui fait connaître l'éclat de l'Église nestorienne, depuis la première mission (A. D. 636) jusqu'à l'année 781, date de cette inscription.

(2) *Jacobitæ et nestorianæ plures quàm græci et latini.* (Jacques de Vitry, *Hist. Hierosol.*, l. II, c. 76, p. 1093; dans les *Gesta Dei per Francos.*) Le nombre en est donné par Thomassin, *Discipline de l'Église*, t. I, p. 172.

de Bagdad. Ces rameaux éloignés sont flétris dès long-temps, et le vieux trône patriarchal (1) se trouve aujourd'hui partagé entre les *Elijahs* de Mosul, qui représentent presqu'en ligne directe la descendance des patriarches de la primitive Église, entre les *Josephs* d'Amida qui se sont réconciliés avec l'Église de Rome (2), et les *Siméons* de Van ou d'Ormia, qui se révoltèrent dans le seizième siècle, au nombre de quarante mille familles, et furent favorisés par les sophis de la Perse. On compte en tout aujourd'hui trois cent mille nestoriens qu'on a confondus, dans la dénomination de Chaldéens et d'Assyriens, avec la nation la plus éclairée et la nation la plus puissante de l'antiquité orientale.

Selon la légende de l'antiquité, saint Thomas prêcha l'Évangile dans l'Inde (3). Sur la fin du neu-

Les chrétiens de saint Thomas établis dans l'Inde.
A. D. 883.

---

(1) On peut suivre la division du patriarchat dans la *Bibl. orient.* d'Assemani, tom. I, pag. 523-549; tom. II, pag. 457, etc.; t. III, p. 603, 621-623; t. IV, p. 164-169; 423, 622-629, etc.

(2) Fra Paolo, dans son septième livre, relève avec élégance le langage pompeux qu'emploie la cour de Rome lors de la soumission d'un patriarche nestorien. Le pape eut soin d'employer les grands mots de Babylone, de Ninive, d'Arbèle, les trophées d'Alexandre, Tauris et Ecbatane, le Tigre et l'Indus. *Voy.* Fra Paolo, l. VII.

(3) Saint Thomas, qui prêcha dans l'Inde, dont les uns parlent comme d'un simple missionnaire, les autres comme d'un manichéen, et les autres enfin comme d'un marchand arménien (La Croze, *Christian. des Indes*, t. I, p. 57-70), était cependant célèbre, même dès le temps de saint Jérôme

vième siècle, les ambassadeurs d'Alfred rendirent une pieuse visite à son tombeau, situé peut-être aux environs de Madras, et la cargaison de perles et d'épiceries qu'ils rapportèrent paya le zèle du monarque anglais, qui avait conçu les plus vastes projets, tant de commerce que de découvertes (1). Lorsque les Portugais ouvrirent la route de l'Inde, les chrétiens de saint Thomas étaient établis depuis des siècles sur la côte de Malabar; et la différence de caractère ainsi que de couleur qui les distinguait des habitans du pays, attestait le mélange d'une race étrangère. Ils surpassaient les naturels de l'Indostan

---

(*ad Marcellam, epist.* 148). Marc-Paul apprit sur les lieux que saint Thomas avait souffert le martyre dans la ville de Maabar ou de Méliapour, qui n'était éloignée que d'une lieue de Madras (d'Anville, *Éclaircissemens sur l'Inde*, p. 125), où les Portugais établirent un évêché sous le nom de Saint-Thomé, et où le saint a fait chaque année un miracle, jusqu'à l'époque où il a été interrompu par le profane voisinage des Anglais. La Croze, t. II, p. 7-16.

(1) Ni l'auteur de la Chronique saxonne (A. D. 883), ni Guillaume de Malmsbury (*de Gestis regum Angliæ*, l. II, c. 4, p. 44), n'étaient en état d'inventer au douzième siècle ce fait extraordinaire. Ils ne surent pas même expliquer les motifs et la conduite d'Alfred, et ce qu'ils en disent en passant ne sert qu'à exciter notre curiosité. Guillaume de Malmsbury sent la difficulté de l'entreprise, *quod quivis in hoc sæculo miretur;* et je suis tenté de croire que les ambassadeurs anglais prirent en Égypte leur cargaison et leur légende. Alfred, qui, dans son Orose (*voyez* Barrington's *Miscellanies*), parle d'un voyage dans la Scandinavie, ne fait pas mention d'un voyage dans l'Inde.

dans l'art militaire, dans les arts de la paix, et peut-être aussi les surpassaient-ils en vertus. Ceux qui tiraient leurs richesses de l'agriculture, cultivaient le palmier; le commerce du poivre enrichissait les marchands; les soldats précédaient les *naïrs* ou les nobles de Malabar, et le roi de Cochin, le Zamorin lui-même, par reconnaissance ou par crainte, respectaient leurs priviléges héréditaires. Ils obéissaient à un souverain Gentou, mais l'évêque d'Angamala les gouvernait même dans les affaires temporelles. Il continuait à faire valoir son ancien titre de métropolitain de l'Inde; mais sa juridiction ne s'étendait réellement que sur quatorze cents églises, et deux cent mille âmes étaient confiées à ses soins. Ils seraient devenus, par leur religion, les alliés les plus sûrs et les plus affectionnés des Portugais; mais les inquisiteurs aperçurent bientôt parmi les chrétiens de saint Thomas le schisme et l'hérésie, crimes impardonnables à leurs yeux. Les chrétiens de l'Inde, au lieu de se soumettre au pontife de Rome, souverain spirituel et temporel de tout le globe, adhéraient, ainsi que leurs ancêtres, à la communion du patriarche nestorien; et les évêques qu'il ordonnait à Mosul, affrontaient, par mer et par terre, un grand nombre de dangers pour arriver dans leurs diocèses situés sur la côte du Malabar. Dans leur liturgie, en langue syriaque, on rappelait dévotement les noms de Théodore et de Nestorius; ils réunissaient dans leur adoration les deux personnes de Jésus-Christ: le titre de *mère de Dieu* offensait leurs

A. D.
1500, etc.

oreilles, et ils mesuraient avec une avarice scrupuleuse les honneurs de la vierge Marie, que la superstition des Latins avait presque portée au rang d'une déesse. Lorsqu'on présenta son image pour la première fois aux disciples de saint Thomas, ils s'écrièrent avec indignation : « Nous sommes des chrétiens, et non pas des idolâtres, » et leur dévotion plus simple se contenta de la vénération de la croix. Séparés de l'Occident, ils étaient étrangers, soit aux améliorations, soit à la corruption qu'avait pu y produire un intervalle de mille années, et leur conformité avec la foi et les pratiques du cinquième siècle doit également embarrasser les papistes et les protestans. Le premier soin des ministres de Rome fut de leur interdire toute correspondance avec le patriarche nestorien, et plusieurs de ses évêques expirèrent dans les prisons du saint-office. La puissance des Portugais, les artifices des jésuites et le zèle d'Alexis de Menezès, archevêque de Goa, qui vint en personne visiter la côte de Malabar, attaquèrent ce troupeau privé de ses pasteurs. Le synode de Diamper, que présida Menezès, acheva le saint ouvrage de la réunion : il imposa aux chrétiens de saint Thomas la doctrine et la discipline de l'Église romaine, sans oublier la confession auriculaire, le plus puissant instrument de la tyrannie ecclésiastique. On y condamna la doctrine de Théodore et de Nestorius, et le Malabar se trouva réduit sous la domination du pape, sous celle du primat et des jésuites qui envahirent le siége d'Angamala ou Cranganor. Les nestoriens endurèrent avec patience soixante années de servitude et d'hypocrisie; mais du moment où l'industrie et le courage des Provinces-Unies ébranlèrent l'empire des Portugais, ils défendirent avec énergie et avec succès la religion de leurs pères. Les jésuites se trouvèrent hors d'état de maintenir le pouvoir dont ils avaient abusé; quarante mille chrétiens tournèrent leurs armes contre des oppresseurs arrivés au moment de leur chute; et l'archidiacre de l'Inde remplit les fonctions épiscopales jusqu'au temps où l'on put obtenir du patriarche de Babylone une nouvelle provision d'évêques et de missionnaires syriaques. Depuis l'expulsion des Portugais, le symbole nestorien se professe librement sur la côte de Malabar. Les compagnies commerçantes de la Hollande et de l'Angleterre aiment la tolérance; mais si l'oppression blesse moins que le mépris, les chrétiens de saint Thomas ont lieu de se plaindre de la froide indifférence des Européens (1).

II. L'histoire des monophysites est moins étendue et moins intéressante que celle des nestoriens. Sous

Les jacobites.

---

(1) *Voyez* sur les chrétiens de saint Thomas, Assemani, *Bibl. orient.*, t. IV, p. 391-407, 435-451; Geddes's *Church-History of Malabar*, et surtout La Croze, *Hist. du Christian. des Indes*, 2 vol. in-12; la Haye, 1758; ouvrage savant et agréable. Ils ont tiré leurs matériaux de la même source, c'est-à-dire des relations des Portugais et des Italiens, et les préjugés des jésuites sont suffisamment contre-balancés par ceux des protestans.

les règnes de Zénon et d'Anastase, leurs chefs surprirent l'oreille du prince, usurpèrent le trône ecclésiastique de l'Orient, et écrasèrent l'école de Syrie sur sa terre natale. Sévère, patriarche d'Antioche, fixa avec la subtilité la plus raffinée les dogmes des monophysites; il condamna dans le style de l'Hénoticon les hérésies opposées de Nestorius et d'Eutychès; il soutint contre le dernier la réalité du corps du Christ, et força les Grecs de le regarder comme un menteur qui disait la vérité (1). Mais le rapprochement des idées ne pouvait diminuer la violence de la passion; chaque parti montrait la plus grande surprise de l'aveuglement qui portait le parti contraire à disputer sur des différences si peu importantes. Le tyran de la Syrie employa la force au soutien de sa croyance, et son règne fut souillé par le sang de trois cent cinquante moines, qu'on égorgea sous les murs d'Apamée, et qui vraisemblablement avaient provoqué leurs ennemis, ou du moins qui voulurent

---

(1) Οιον ειπειν ψευδαληθης : c'est l'expression de Théodore dans son Traité de l'Incarnation (p. 245, 247), telle qu'elle est citée par La Croze (*Hist. du Christianisme d'Éthiopie et d'Arménie*, p. 35), qui s'écrie, peut-être avec trop peu de réflexion : « Quel pitoyable raisonnement ! ». Renaudot (*Hist. patriarch. Alexand.*, p. 127-138) dit un mot des opinions qu'exprime Sévère dans les controverses de l'Orient ; et on peut voir sa véritable profession de foi dans l'Épître que Jean le jacobite, patriarche d'Antioche, écrivit, au dixième siècle, à Mennas d'Alexandrie, son frère. Assem., *Bibl. orient.*, t. II, p. 132-141.

leur opposer de la résistance (1). Le successeur d'Anastase replanta en Orient l'étendard de l'orthodoxie; Sévère se sauva en Égypte, et l'éloquent Xenaias (2), son ami, échappé aux nestoriens de la Perse, fut étouffé dans son exil par les melchites de la Paphlagonie. Cinquante-quatre évêques furent arrachés de leurs siéges; on emprisonna huit cents ecclésiastiques (3); et, malgré la faveur équivoque de Théodora, les Églises de l'Orient, privées de leurs pasteurs, durent insensiblement périr par la disette d'instruction ou l'altération de leurs dogmes. Au milieu de cette détresse, la faction expirante réveillée se réunit

A. D. 518.

---

(1) *Epist. archimandritarum et monachorum Syriæ secundæ ad papam Hormisdam* (*Concil.*, tom. v, pag. 598-602). Le courage de saint Sabas, *ut leo animosus*, ferait penser que les armes de ces moines n'étaient pas toujours spirituelles ou défensives. Baronius, A. D. 513, n° 7, etc.

(2) Assemani (*Bibliot. orient.*, t. II, p. 10-46) et La Croze (*Christian. d'Éthiop.*, p. 36-40) nous fournissent l'histoire de Xenaias ou Philoxène, évêque de Mabug ou Hiérapolis en Syrie; il possédait parfaitement la langue syriaque, et fut l'auteur ou l'éditeur d'une version du Nouveau-Testament.

(3) On trouve dans la Chronique de Denis (*ap.* Assem., t. II, p. 54) les noms et les titres de cinquante-quatre évêques exilés par Justin. Sévère fut mandé à Constantinople pour y subir son jugement, dit Liberatus (*Brev.*, c. 19), pour y avoir la langue coupée, dit Évagrius (l. IV, c. 4); le prudent patriarche ne s'amusa pas à examiner la différence de ces deux choses. Cette révolution ecclésiastique est fixée par Pagi au mois de septembre 518. *Critica*, t. II, p. 506.

et se perpétua par les soins d'un moine; et le nom de Jacques Baradée (1) s'est conservé dans la dénomination commune de jacobite, qui peut effaroucher l'oreille d'un Anglais. Il reçut des saints évêques emprisonnés à Constantinople les pouvoirs d'évêque d'Édesse et d'apôtre de l'Orient, et de cette source inépuisable est sortie l'ordination de plus de quatre-vingt mille évêques, prêtres ou diacres. Les plus agiles dromadaires d'un dévot chef des Arabes secondaient, par leurs courses rapides, l'ardeur du zélé missionnaire. La doctrine et la discipline des jacobites s'établirent secrètement dans les domaines de Justinien, et il était du devoir de tout jacobite de violer ses lois et de détester le législateur. Cachés dans les couvens et les villages, obligés, pour sauver leurs têtes proscrites, de chercher un asile dans les cavernes des ermites ou les tentes des Sarrasins, les successeurs de Sévère soutenaient toujours, ainsi qu'ils le soutiennent encore aujourd'hui, leur droit au titre, au rang et aux prérogatives de patriarche d'Antioche. Sous le joug plus doux des infidèles, ils résident à une lieue environ de Merdin, dans l'agréa-

---

(1) Les traits de l'obscure histoire de Jacques Baradée ou Zanzalus, se trouvent épars dans Eutychius (*Ann.*, t. II, p. 144-147), dans Renaudot (*Hist. patriarch. Alex.*, p. 133) et dans Assemani (*Bibl. orient.*, t. I, p. 424; t. II, p. 60-69, 324-332, 414; t. III, p. 385-388). Il paraît n'avoir pas été connu des Grecs: les jacobites eux-mêmes aimaient mieux tirer leur nom et leur généalogie de l'apôtre saint Jacques.

ble monastère de Zapharan, qu'ils ont orné de cellules, d'aqueducs et de plantations: Le *maphrian* qui réside à Mosul, où il brave le *catholique* ou primat nestorien, auquel il dispute la primatie de l'Orient, occupe la seconde place, regardée encore comme très-honorable. On a compté, aux diverses époques de l'Église jacobite, cent cinquante archevêques ou évêques sous le patriarche et le maphrian; mais l'ordre de la hiérarchie s'est affaibli ou rompu, et les environs de l'Euphrate et du Tigre composent la plus grande partie de leurs diocèses. On trouve de riches marchands et d'habiles ouvriers dans les villes d'Alep et d'Amida, dont le patriarche fait souvent la visite; mais le peuple y tire une misérable subsistance de ses travaux journaliers; et la pauvreté a pu, aussi bien que la superstition, contribuer à l'établissement des jeûnes excessifs qu'ils s'imposent; ils ont chaque année cinq carêmes, durant lesquels le clergé et les laïques s'abstiennent non-seulement de viande et d'œufs, mais même de vin, d'huile et de poisson. Leur population actuelle est évaluée de cinquante à quatre-vingt mille âmes, reste d'une Église très-nombreuse, qui a diminué graduellement sous une tyrannie de douze siècles. Mais dans cette longue période, quelques étrangers, hommes de mérite, ont embrassé la secte des monophysites, et Abulpharage (1), primat de l'Orient, si remarquable par sa

---

(1) Les détails sur sa personne et ses écrits forment peut-être l'article le plus curieux de la Bibliothèque d'Assemani

vie et par sa mort, était fils d'un Juif. Il écrivait avec élégance le syriaque et l'arabe ; il fut poëte, médecin, historien, philosophe plein de sagacité, et théologien rempli de modération. On vit à ses funérailles le patriarche nestorien son rival, avec une suite nombreuse de Grecs et d'Arméniens, qui oublièrent leurs disputes et confondirent leurs larmes sur le tombeau d'un ennemi. Cependant la secte qui fut honorée des vertus d'Abulpharage paraît placée un degré au-dessous de celle des nestoriens. La superstition des jacobites est plus abjecte, leurs jeûnes sont plus rigides (1), leurs divisions intestines plus multipliées, et (autant qu'on peut mesurer les degrés de l'absurdité) leurs docteurs plus éloignés de la raison. Sans doute la sévérité de la théologie des monophysites contribue à cette différence ; mais il en faut attribuer beaucoup plus à l'influence des moines. Dans la Syrie, en Égypte, en Éthiopie, les moines jacobites se sont toujours distingués par l'austérité de leurs mortifications et l'absurdité de leurs légendes ; durant leur vie et après leur mort on les révère comme les favoris de la Divinité : la crosse d'évêque et de patriarche est réservée à leurs respectables mains ; et,

---

(t. II, p. 244-321); il y porte le nom de *Gregorius Bar-Hebræus*. La Croze (*Christian. d'Éthiopie*, p. 53-63) se moque du préjugé des Espagnols contre le sang des Juifs, qui souille en secret leur Église et leur nation.

(1) La Croze (p. 352), et même le Syrien Assemani (t. I, p. 226; t. II, p. 304, 305), critiquent cette *excessive* abstinence.

encore infectés des habitudes et des préjugés du cloître, ils se chargent de gouverner les hommes (1).

III. Dans le style des chrétiens de l'Orient, les monothélites ont été dans tous les siècles désignés par le nom de *maronites* (2), nom qui a passé insensiblement d'un ermite à un monastère, et d'un monastère à une nation. Ce fut en Syrie que Maron, saint ou sauvage du cinquième siècle, déploya sa religieuse extravagance; les villes d'Apamée et d'Émèse se disputèrent ses reliques; une magnifique église s'éleva sur son tombeau, et six cents de ses disciples réunirent leurs cellules sur les bords de l'Oronte. Dans les controverses de l'Incarnation, ils suivirent scrupuleusement la ligne orthodoxe entre les sectes de Nestorius et d'Eutychès; mais leur loisir donna lieu à la malheureuse question d'une *volonté* ou d'une opération dans les deux natures de Jésus-Christ. L'em-

Les maronites.

---

(1) Une dissertation de cent quarante-deux pages, qui se trouve au commencement du second volume d'Assemani, explique parfaitement l'état des monophysites. La Chronique syriaque de Grégoire Bar-Hebrée ou Abulpharage (*Bibliot. orient.*, t. II, p. 321-463) donne la double liste des *catholiques* ou patriarches nestoriens et des *maphriens* des jacobites.

(2) Eutychius (*Annal.*, t. II, p. 191-267-332), et d'autres passages qu'on trouve dans la table méthodique de Pococke, prouvent qu'on a employé indifféremment le nom de monothélites et celui de maronites. Eutychius n'avait aucune prévention contre les maronites du dixième siècle, et nous pouvons en croire un melchite, dont les jacobites et les Latins ont confirmé le témoignage.

pereur Héraclius, leur prosélyte, repoussé en qualité de maronite des murs de la ville d'Émèse, trouva un asile dans le monastère de ses frères, et récompensa leurs leçons de théologie par le don d'un vaste et riche domaine. Le nom et la doctrine de cette respectable école se répandirent parmi les Grecs et les Syriens ; et on peut juger de leur zèle par la résolution de Macaire, patriarche d'Antioche, qui déclara, devant le concile de Constantinople, qu'il se laisserait couper en morceaux et jeter dans la mer, plutôt que de reconnaître deux volontés en Jésus-Christ (1). Une persécution de cette espèce, ou une autre plus modérée, ne tarda pas à convertir les sujets de la plaine, tandis que la robuste peuplade du mont Liban se glorifiait du titre de *mardaïtes* ou de rebelles (2). Jean Maron, l'un des moines les plus savans et les plus chéris du peuple, s'arrogea les fonctions de patriarche d'Antioche : son neveu, Abraham, à la tête des maronites, défendit leur liberté civile et reli-

---

(1) *Concil.*, t. VII, p. 780. Constantin, prêtre *syrien* d'Apamée, défendit la cause des monothélites avec intrépidité et avec esprit (p. 1040, etc.)

(2) Théophane (*Chron.*, p. 295, 296, 300, 302, 306) et Cedrenus (437-440) racontent les exploits des mardaïtes ; le nom *mard*, qui en syriaque signifie *rebellavit*, est expliqué par La Roque (*Voyage de la Syrie*, t. II, p. 53) ; les dates sont fixées par Pagi (A. D. 676, n°ˢ 4-14 ; A. D. 685, n°ˢ 3, 4), et même l'obscure histoire du patriarche Jean Maron (Assemani, *Bibl. orient.*, t. I, p. 496-520) éclaircit les troubles du mont Liban, depuis l'année 686 jusqu'à l'année 707.

gieuse contre les tyrans de l'Orient. Le fils de l'orthodoxe Constantin persécuta avec une sainte haine un peuple de soldats qui auraient pu servir de boulevard à son empire contre les ennemis de Jésus-Christ et de Rome. Une armée des Grecs envahit la Syrie; le feu consuma le monastère de Saint-Maron; les plus braves chefs de la secte furent trahis et assassinés, et douze mille de leurs partisans conduits sur les frontières de l'Arménie et de la Thrace. Cependant l'humble secte des maronites a survécu à l'empire de Constantinople; et, sous les Turcs, leur conscience est libre et leur servitude modérée. Leurs gouverneurs particuliers sont choisis dans leur ancienne noblesse; du fond de son monastère de Canobin, le patriarche se croit encore assis sur le siége d'Antioche; neuf évêques forment son synode, et cent cinquante prêtres, libres de se marier, sont chargés de la conduite de cent mille âmes. Leur pays se prolonge de la chaîne du mont Liban aux côtes de Tripoli ; et, dans cette étroite lisière, une dégradation insensible offre toutes les variétés du sol et du climat, depuis les grands cèdres dont la tête ne se courbe point sous le poids des neiges (1), jusqu'aux vignobles, aux mû-

---

(1) Dans le dernier siècle on voyait encore sur le mont Liban vingt de ces cèdres si vantés par l'Histoire-Sainte. (*Voyage* de La Roque, t. 1, p. 68-76); il n'y en a plus aujourd'hui que quatre ou cinq. (*Voyage* de Volney, t. 1, p. 264.) L'excommunication défendait ces arbres si célèbres dans l'Écriture ; on en prenait, mais avec réserve, une légère portion, dont on faisait de petites croix, etc. : on chantait

riers et aux oliviers de la fertile vallée. Les maronites, après avoir abjuré au douzième siècle l'erreur des monothélites, se réconcilièrent avec les Églises latines d'Antioche et de Rome (1); et l'ambition des papes, ainsi que la détresse des chrétiens de la Syrie, ont souvent renouvelé la même alliance; mais il est permis de douter que cette réunion ait jamais été complète ou sincère, et les savans maronites du collége de Rome se sont vainement efforcés d'absoudre leurs ancêtres du crime de schisme et d'hérésie (2).

---

toutes les années une messe sous leurs rameaux; et les Syriens leur supposaient la faculté de relever leurs branches contre la neige, à laquelle le Liban paraît être moins fidèle que ne le dit Tacite: *inter ardores opacum fidumque nivibus.* (*Hist.*, v, 6.) Métaphore pleine de hardiesse.

(1) Le témoignage de Guillaume de Tyr (*Hist. in gestis Dei per Francos*, l. XXII, c. 8, p. 1022) est copié ou confirmé par Jacques de Vitry (*Hist. Hierosol.*, l. II, c. 77, p. 1093, 1094); mais cette ligue peu naturelle expira avec le pouvoir des Francs, et Abulpharage (qui mourut en 1286) regarde les maronites comme une secte de monothélites (*Bibl. orient.*, t. II, p. 292.).

(2) Je trouve un portrait et une histoire des maronites dans le *Voyage de la Syrie et du mont Liban*, par La Roque, 2 vol. in-12; Amsterd., 1723, surtout au tom. I, p. 42-47, 174-184; t. II, p. 10-120. En ce qui a rapport aux temps anciens, il adopte les préventions de Nairon et des autres maronites de Rome, auxquels Assemani craint de renoncer, et qu'il a honte de soutenir. On peut consulter Jablonski (*Instit. Hist. Christ.*, t. III, p. 186), Niebuhr (*Voyage de l'Arabie*, etc., t. II, p. 346, 370, 381), et surtout le judicieux Volney (*Voyage en Égypte et en Syrie*, tom. II, p. 8-31, Paris, 1787).

IV. Depuis le siècle de Constantin, les Armé- Les Arméniens.
niens (1) ont signalé leur attachement pour la religion et l'empire des chrétiens. Les désordres de leur pays et leur ignorance de la langue grecque empêchèrent leur clergé d'assister au concile de Chalcédoine, et ils flottèrent quatre-vingt-quatre ans (2) dans un état d'indifférence ou d'incertitude, jusqu'à l'époque où leur foi sans guide les livra à l'autorité des missionnaires de Julien d'Halicarnasse (3), qui, en Égypte, où il se trouvait exilé ainsi que les monophysites, avait été vaincu par les argumens ou par le crédit de Sévère, son rival, patriarche monophysite d'Antioche. Les Arméniens seuls sont les purs disciples d'Eutychès, père malheureux qu'ont renié

---

(1) La Croze (*Hist. du Christianisme de l'Éthiopie et de l'Arménie*, p. 269-402) fait connaître en peu de mots la religion des Arméniens. Il renvoie à la grande histoire d'Arménie par Galanus (3 vol. *in-fol.*; Rome, 1650-1661), et il recommande le tableau de l'état de l'Arménie, qui se trouve dans le troisième volume des nouveaux Mémoires des Missions du Levant. L'ouvrage d'un jésuite doit avoir un bien grand mérite, quand La Croze lui donne des éloges.

(2) On place l'époque du schisme des Arméniens quatre-vingt-quatre ans après le concile de Chalcédoine (Pagi, *Critica*, A. D. 535); il se consomma dans un espace de dix-sept ans, et c'est de l'année 552 que nous datons l'ère des Arméniens. *Art de vérifier les dates*, p. 35.

(3) On peut voir les sentimens et les succès de Julien d'Halicarnasse dans Liberatus (*Brev.*, c. 19), Renaudot (*Hist. patriar. Alex.*, p. 132-303) et Assemani (*Bibl. orient.*, t. II; *de Monophysitis*, part. VIII, p. 286).

la plupart de ses enfans. Ils persévèrent seuls dans l'opinion que l'humanité de Jésus-Christ avait été créée ou qu'elle était formée, sans création, d'une substance divine et incorruptible. Leurs adversaires leur reprochent d'adorer un fantôme, et ils rétorquent l'accusation, en couvrant de ridicule ou chargeant de malédictions le blasphême des jacobites, qui imputent à Dieu les viles infirmités de la chair, et jusqu'aux effets naturels de la nutrition et de la digestion. La religion de l'Arménie ne pouvait tirer beaucoup de gloire du savoir ou de la puissance de ses habitans. La royauté expira parmi eux au commencement de leur schisme, et ceux de leurs rois chrétiens qui, au treizième siècle, élevèrent sur les frontières de la Cilicie une monarchie passagère, étaient les protégés des Latins et les vassaux du sultan turc qui donnait des lois à *Iconium*. On n'a guère permis à cette nation sans appui de jouir de la tranquillité de la servitude. Dès les premiers temps de son histoire jusqu'au moment actuel, l'Arménie a été le théâtre d'une guerre perpétuelle. La cruelle politique des sophis a dépeuplé les terres situées entre Tauris et Érivan, et des myriades de familles chrétiennes ont été transplantées dans les provinces de la Perse les plus lointaines pour s'y anéantir ou s'y multiplier. Sous la verge de l'oppression, le zèle des Arméniens est fervent et intrépide : ils ont souvent préféré la couronne du martyre au turban de Mahomet; ils détestent pieusement l'erreur et l'idolâtrie des Grecs, et il n'y a pas plus de vérité dans leur union passagère avec les Latins, que dans ce compte de mille évêques amenés par leur patriarche aux pieds du pontife de Rome (1). Le *catholique* ou patriarche des Arméniens réside au monastère d'Ekmiasin, à trois lieues d'Érivan. Il ordonne quarante-sept archevêques, chacun desquels a quatre ou cinq suffragans ; mais ce ne sont pour la plupart que des prélats titulaires qui relèvent la simplicité de sa cour par leur présence et leur service. Aussitôt qu'ils ont rempli leurs fonctions ecclésiastiques, ils s'occupent de la culture de leur jardin; et nos évêques apprendront avec surprise que l'austérité de leur vie augmente en proportion de l'élévation de leur rang. Dans les quatre-vingt mille villes ou villages de cet empire spirituel, le patriarche reçoit, de chaque personne âgée de plus de quinze ans, une taxe peu considérable et volontaire; mais les six cent mille écus qu'il en retire chaque année, ne suffisent pas aux besoins continuels des pauvres et aux tributs qu'exigent les pachas. Depuis le commencement du dernier siècle, les Arméniens ont obtenu une portion considérable et lucrative du commerce de l'Orient. A leur retour d'Europe, leurs caravanes s'arrêtent pour l'ordinaire aux environs d'Érivan ; ils enrichissent les autels des fruits de leur patiente

---

(1) *Voyez* un fait remarquable du douzième siècle dans l'histoire de Nicétas Choniates, p. 258. Cependant trois siècles auparavant, Photius (*epist.* 2, p. 49, édit. Montacul) s'était glorifié de la conversion des Arméniens, Λατρευει σημερον ορθοδοξως.

industrie, et la doctrine d'Eutychès se prêche aux congrégations qu'ils ont formées depuis peu dans la Barbarie et dans la Pologne (1).

Les Cophtes ou les Égyptiens.

V. Dans le reste de l'empire, le prince pouvait anéantir ou réduire au silence les sectaires d'une doctrine regardée comme dangereuse; mais les opiniâtres Égyptiens s'opposèrent toujours au concile de Chalcédoine, et la politique de Justinien daigna se plier à attendre le moment où il pourrait profiter de leur discorde. La dispute des *corruptibles* et des *incorruptibles* déchirait l'Église monophysite d'Alexandrie (2), et, à la mort du patriarche, chacune des deux factions présenta un candidat (3). Gaian était disciple de Julien, et Théodose avait reçu les leçons de Sévère : les moines et les sénateurs, la capitale et la province, portaient le premier; le second comptait sur l'antériorité de son ordination, sur la faveur de l'impératrice Théodora et sur les armes de

Le patriarche Théodose. A. D. 537 - 568.

---

(1) Tous les voyageurs rencontrent des Arméniens, dont la métropole se trouve placée sur le grand chemin entre Constantinople et Ispahan. *Voy.* sur leur état actuel Fabricius (*Lux Evangelii*, etc., c. 38, p. 40-51), Olearius (l. IV, c. 40), Chardin (vol. II, p. 232), Tournefort (*Lettre* XX, etc.), et surtout Tavernier (t. I, p. 28-37, 510-518), ce joaillier errant qui n'avait rien lu, mais qui avait vu tant de choses, et qui les avait si bien vues.

(2) L'histoire des patriarches d'Alexandrie, depuis Dioscore jusqu'à Benjamin, est tirée de Renaudot (p. 114-164) et du deuxième volume des Annales d'Eutychius.

(3) Liberatus, *Brev.*, c. 20, 23; Victor, *Chron.*, p. 329, 330; Procope, *Anecd.*, c. 26, 27.

l'eunuque Narsès, qui aurait pu les employer dans une guerre plus glorieuse. Le candidat du peuple fut exilé à Carthage et en Sardaigne ; cet exil augmenta la fermentation des esprits, et cent soixante-dix ans après le commencement du schisme, les gaianites révéraient encore la mémoire et la doctrine de leur fondateur. On vit dans un furieux et sanglant combat l'avantage du nombre opposé à celui de la discipline : les cadavres des citoyens et des soldats remplirent les rues de la métropole ; les dévotes montaient sur le toit des maisons, et lançaient sur la tête de l'ennemi tout ce qu'elles rencontraient de lourd ou de tranchant ; et Narsès ne triompha enfin qu'en mettant le feu à la troisième capitale du monde romain. Mais le lieutenant de Justinien ne voulut pas qu'un hérétique recueillît les fruits de sa victoire ; Théodose ne tarda pas à être déposé quoique avec douceur, et Paul de Tanis, moine orthodoxe, fut élevé sur le siége de saint Athanase. On l'arma, pour se soutenir, de toutes les forces du gouvernement : il pouvait nommer ou déplacer les ducs et les tribuns d'Égypte ; il supprima les distributions de pain ordonnées par Dioclétien ; il ferma les églises de ses rivaux ; et une peuplade schismatique fut privée tout à coup de la nourriture spirituelle et corporelle. De son côté, le peuple, entraîné par la vengeance et le fanatisme, excommunia ce tyran ; excepté ses serviles melchites, personne ne voulut le saluer en qualité d'homme, de chrétien ou d'évêque ; mais tel est l'aveuglement de l'ambition, qu'ayant été

Paul.
A. D. 538.

chassé sur une accusation de meurtre, il offrit quatorze cents marcs d'or pour remonter à cette place, où il ne recueillait que de la haine et des affronts.

<small>Apollinaire.
A. D. 551.</small>

Apollinaire, son successeur, entra dans Alexandrie avec un cortége militaire, et préparé également à la prière et au combat. Il distribua ses troupes en armes dans toutes les rues; des gardes furent placées aux portes de la cathédrale, et une bande d'élite fut postée au milieu du chœur pour défendre la personne de son chef. Apollinaire se tenait debout sur son siége; et, ôtant son habit de guerrier, il se montra tout à coup aux yeux de la multitude, avec la robe de patriarche d'Alexandrie. L'étonnement produisit un moment de silence; mais dès qu'Apollinaire eut commencé la lecture du *tome* de saint Léon, des imprécations, des invectives et des pierres, assaillirent cet odieux ministre de l'empereur et du synode. Le successeur des apôtres ordonna l'attaque sur-le-champ; on dit que les soldats marchaient dans le sang jusqu'aux genoux, et qu'il y eut deux cent mille chrétiens d'égorgés : calcul incroyable, quand on l'appliquerait non pas à une journée, mais aux dix-huit années du pontificat d'Apollinaire. Les deux patriarches qui lui succédèrent, Eulogius (1) et

<small>Eulogius.
A. D. 580.</small>

---

(1) Eulogius, qui avait été moine à Antioche, était plus remarquable par ses subtilités que par son éloquence. Il prouve qu'on ne doit pas chercher à réconcilier les ennemis de la foi, les gaianites et les théodosiens; que la même proposition peut être orthodoxe dans la bouche de saint

Jean (1), travaillèrent à la conversion des hérétiques avec des armes et des argumens plus dignes de leur ministère évangélique. Eulogius étala ses connaissances en théologie dans plusieurs volumes qui exagéraient les erreurs d'Eutychès et de Sévère, et qui essayaient de concilier les assertions équivoques de saint Cyrille, et le symbole orthodoxe du pape Léon et des pères du concile de Chalcédoine. Inspiré par la superstition, la bienfaisance ou la politique, Jean l'Aumônier se distingua par sa charitable munificence. Il nourrissait à ses frais sept mille cinq cents pauvres : il trouva à son installation seize mille marcs d'or dans le trésor de l'église ; il en tira vingt mille de la générosité des fidèles ; et cependant il put se vanter, dans son testament, qu'il ne laissait pas plus de la troisième partie de la plus petite pièce d'argent. Les églises d'Alexandrie furent livrées aux catholiques ; la religion des monophysites fut proscrite en Égypte, et on publia une loi qui excluait

Jean.
A. D. 606.

Cyrille, et hérétique dans celle de Sévère ; que les assertions opposées de Léon sont également vraies. Ses écrits n'existent plus que dans les extraits de Photius, qui les avait lus avec soin et avec plaisir. *Cod.* 208, 225, 226, 227, 230, 280.

(1) *Voy.* la Vie de Jean l'Aumônier, par Léontius, évêque de Naples en Chypre, son contemporain, dont le texte grec, ou perdu ou caché, se trouve en partie dans la version latine de Baronius (A. D. 610, n° 9; A. D. 620, n° 8). Pagi (*Critica*, t. II, p. 763) et Fabricius (l. v, c. 11, t. VII, p. 454) ont fait quelques observations critiques.

les naturels du pays des honneurs et des emplois lucratifs de l'État.

Séparation et décadence des Égyptiens. Il restait à faire une conquête plus importante, celle du patriarche, l'oracle et le chef de l'Église d'Égypte. Théodose avait résisté aux menaces et aux promesses de Justinien avec le courage d'un apôtre ou celui d'un enthousiaste. « Telles furent, répondit le patriarche, les offres du tentateur, lorsqu'il montrait les royaumes de la terre; mon âme m'est beaucoup plus chère que la vie ou l'autorité. Les Églises sont entre les mains d'un prince qui peut tuer le corps, mais ma conscience est à moi; et dans l'exil, dans la pauvreté ou dans les fers, je demeurerai constamment attaché à la foi de mes saints prédécesseurs Athanase, Cyrille et Dioscore. Anathême au tome de Léon et au concile de Chalcédoine! anathême à tous ceux qui admettent leur doctrine! que maintenant et à jamais ils soient chargés d'anathêmes! Je suis sorti nu du sein de ma mère, je descendrai nu dans le tombeau : que ceux qui aiment Dieu me suivent et cherchent leur salut. » Après avoir consolé et encouragé ses frères, il s'embarqua pour Constantinople, et, dans six entrevues successives, soutint, sans s'ébranler, le choc presque irrésistible de la présence du souverain. Ses opinions étaient favorisées dans le palais et dans la capitale; le crédit de Théodora le mettait en sûreté et lui promettait un renvoi honorable; il termina sa carrière, non sur le siége épiscopal, mais au sein de son pays natal. Apollinaire, instruit de sa mort, eut l'indécence de la célébrer dans une fête donnée à la noblesse et au clergé ; mais sa joie fut troublée par les nouvelles qu'il reçut bientôt de la domination du successeur de Théodose ; et tandis qu'il jouissait des richesses d'Alexandrie, ses rivaux donnaient des lois dans les monastères de la Thébaïde, où ils vivaient des oblations volontaires du peuple. Après la mort de Théodose, on vit sortir de ses cendres une succession non interrompue de patriarches, et les Églises monophysites de Syrie et d'Égypte furent unies par une même communion et par le nom de jacobites ; mais la doctrine qui avait été concentrée dans une secte peu étendue de Syriens, se répandit dans la nation égyptienne ou cophte, qui rejeta d'une voix presque unanime les décrets du concile de Chalcédoine. Dix siècles s'étaient écoulés depuis que l'Égypte avait cessé d'être un royaume, et que les vainqueurs de l'Asie et de l'Europe avaient mis sous le joug un peuple dont la sagesse et la puissance remontent au-delà des monumens de l'histoire. La lutte du fanatisme et de la persécution y ralluma quelques étincelles de l'intrépidité nationale. En abjurant une hérésie étrangère, les Égyptiens abjurèrent les mœurs et la langue des Grecs ; ils regardaient tout melchite comme un étranger, et tout jacobite comme un citoyen. Ils déclaraient péchés mortels les alliances du mariage avec leurs ennemis, et l'accomplissement envers eux des devoirs de l'humanité ; ils rompirent les liens de la fidélité jurée à l'empereur, et le prince, éloigné d'Alexandrie, ne pouvait y faire exécuter ses ordres qu'au moyen de la force militaire. Un généreux effort aurait rétabli la religion et la liberté de l'Égypte, et ses six cents monastères auraient versé des myriades de saints guerriers, qui craignaient d'autant moins la mort, que la vie n'avait pour eux ni consolations ni délices; mais l'expérience a prouvé la distinction du courage actif et du courage passif : le fanatique, qui, sans pousser un gémissement, souffre les plus cruelles tortures, tremblerait et prendrait la fuite devant un ennemi armé. La pusillanimité des Égyptiens bornait leur espoir à un changement de maître; les armes de Chosroès dépeuplèrent leur pays; mais sous son règne, les jacobites jouirent d'un répit précaire et de peu de durée. La victoire d'Héraclius renouvela et augmenta la persécution, et le patriarche abandonna de nouveau Alexandrie, pour se réfugier dans le désert. Benjamin, tandis qu'il fuyait, crut entendre une voix qui lui ordonnait d'attendre après dix ans le secours d'une nation étrangère, soumise, ainsi que les Égyptiens, à l'ancienne loi de la circoncision. On verra plus bas quelle était l'espèce de ces libérateurs et la nature de la délivrance; et je franchirai ici un intervalle de onze siècles, pour observer la misère actuelle des jacobites de l'Égypte. La populeuse ville du Caire est la résidence ou plutôt l'asile de leur indigent patriarche et des dix évêques qu'ils ont conservés : quarante monastères ont survécu aux incursions des Arabes, et le progrès de la servitude et de l'apostasie a réduit les cophtes au misérable

Benjamin, patriarche jacobite. A. D. 625-661.

nombre de vingt-cinq ou trente mille familles (1), race de mendians sans lumières, qui n'ont d'autres consolations que la misère encore plus grande du patriarche grec et de son petit troupeau (2).

VI. Le patriarche cophte, rebelle envers les Césars, ou esclave des califes, pouvait toujours s'enorgueillir de l'obéissance filiale des rois de la Nubie et de l'Éthiopie. Il exagérait leur grandeur pour les payer de leur hommage : ses partisans osaient assurer que ces princes pouvaient mettre en campagne

<small>Les Abyssins et les Nubiens.</small>

---

(1) Je tire ce nombre des *Recherches sur les Égyptiens et les Chinois* (t. II, p. 192, 193), et il est plus vraisemblable que les six cent mille Cophtes anciens et les quinze mille Cophtes modernes de Gemelli Carreri. Cyrille Lucar, patriarche protestant de Constantinople, se plaignit de ce que ces hérétiques étaient dix fois plus nombreux que les Grecs orthodoxes, leur appliquant ingénieusement le πολλαι κεν δεκαδες δευοιατο οινοχοιο d'Homère (*Iliade*, II, 128), expression parfaitement méprisante. Fabric., *Lux Evangelii*, 740.

(2) Ce qui a rapport à l'histoire, à la religion, aux mœurs, etc., des Cophtes, se trouve dans l'ouvrage bigarré de l'abbé Renaudot, qui n'est ni une traduction ni un original; dans le *Chronicon orientale* de Pierre le Jacobite, dans les deux versions d'Abraham Echellensis, *Paris*, 1651; et dans Jean-Simon Assemani, *Venise*, 1729 : ces annales ne descendent que jusqu'au treizième siècle. Il faut chercher des détails plus récens dans les auteurs qui ont écrit leurs voyages en Égypte, et dans les nouveaux Mémoires des Missions du Levant. Dans le dernier siècle, Joseph Abudacnus, né au Caire, publia à Oxford une courte *Historia Jacobitarum*, en trente pages; 147 *post* 150.

cent mille cavaliers et un nombre égal de chameaux (1), qu'ils étaient les maîtres de répandre ou d'arrêter les eaux du Nil (2), et que la paix et l'abondance de l'Égypte dépendaient, même auprès d'un souverain de ce monde, de l'intervention du patriarche. Théodose, durant son exil à Constantinople, recommanda à sa protectrice la conversion des peuplades noires de la Nubie (3), depuis le tro-

---

(1) Vers l'an 737. *Voy.* Renaudot, *Hist. patriarch. Alex.*, p. 211, 222; Elmacin, *Hist. Saracen.*, p. 99.

(2) Ludolphe, *Hist. Æthiop. et Comment.*, l. 1, c. 8; Renaudot, *Hist. patriarch. Alex.*, p. 480, etc. Cette opinion, introduite en Europe par l'artifice des Cophtes, par l'orgueil des Abyssins, la crainte et l'ignorance des Turcs et des Arabes, n'a pas même l'apparence de la vérité. Les pluies de l'Éthiopie ne consultent pas la volonté du monarque pour augmenter les eaux du Nil. Si le fleuve s'approche de Napata, à trois journées de la mer Rouge (*voyez* les Cartes de d'Anville), l'ouverture d'un canal capable de détourner son cours exigerait toute la puissance des Césars, et vraisemblablement la surpasserait.

(3) Les Abyssins, qui ont encore les traits et le teint olive des Arabes, prouvent assez que vingt siècles ne suffisent pas pour changer la couleur de la race humaine. Les Nubiens, dont l'extraction est africaine, sont de véritables nègres, aussi noirs que ceux du Sénégal ou du Congo; ils ont également le nez aplati, les lèvres épaisses, et leur tête est revêtue de laine. (Buffon, *Hist. nat.*, t. v, p. 117, 143, 144, 166, 219, édit. in-12; *Paris*, 1769). Les anciens voyaient sans beaucoup d'attention ce phénomène extraordinaire, qui a exercé les philosophes et les théologiens des temps modernes.

pique du Cancer jusqu'aux frontières de l'Abyssinie. L'empereur soupçonna le dessein de sa femme, et, plus attaché qu'elle à la foi orthodoxe, voulut en partager la gloire. Deux missionnaires rivaux, un melchite et un jacobite, partirent en même temps ; mais, soit crainte, soit amour, Théodora fut là mieux obéie, et le président de la Thébaïde retint le prêtre catholique, tandis que le roi de la Nubie et sa cour furent baptisés à la hâte dans la communion de Dioscore. L'envoyé de Justinien, arrivé trop tard, fut reçu et renvoyé avec honneur ; mais lorsqu'il dénonça l'hérésie et la trahison des Égyptiens, le néophyte nègre était déjà instruit à répondre qu'il n'abandonnerait jamais ses frères, les vrais croyans, aux ministres persécuteurs du concile de Chalcédoine (1). Durant plusieurs générations le patriarche d'Alexandrie nomma et ordonna les évêques de la Nubie : le christianisme y domina jusqu'au douzième siècle ; on aperçoit encore des cérémonies et des restes de cette religion dans les bourgades de Sennaar et de Dongola (2) ; mais les Nubiens effectuèrent à la longue leurs menaces de retourner au

---

(1) Assemani, *Bibl. orient.*, t. 1, p. 829.
(2) Le christianisme des peuples de la Nubie (A. D. 1153) est attesté par le schrif Al-Edrisi, et a été exposé d'une manière fausse sous le nom du géographe de Nubie (p. 18), qui les représente comme une peuplade de jacobites. Les rayons de lumière historique qu'on aperçoit dans l'histoire de Renaudot (p. 178, 220-224, 281-286, 405-434, 451-564), sont tous antérieurs à cette époque. *Voyez* l'état moderne de

culte des idoles; le climat exigeait une religion qui leur permît la polygamie, et ils ont enfin préféré le triomphe du Koran à l'humiliation de la croix. Une religion métaphysique est peut-être au-dessus de l'intelligence d'une peuplade nègre; cependant on peut instruire un noir tout aussi bien qu'un perroquet à répéter les *paroles* du symbole de Chalcédoine ou de celui des monophysites.

<small>Église d'Abyssinie. A. D. 530, etc.</small>

Le christianisme avait jeté des racines plus profondes dans l'empire d'Abyssinie; et quoique la correspondance ait souffert des interruptions de plus de soixante-dix ou cent ans, la métropole d'Alexandrie retient toujours cette Église sous sa tutelle. Sept évêques formaient jadis le synode d'Éthiopie; s'ils s'étaient trouvés au nombre de dix, ils auraient pu nommer un primat indépendant, et un de leurs rois eut le désir de donner cette primatie à son frère; mais on prévit la chose, et l'on se refusa à l'établissement de trois nouveaux évêchés : les fonctions épiscopales se sont insensiblement concentrées dans l'*abuna* (1) ou chef des prêtres de l'Abyssinie, qui reçoivent de lui les ordres sacrés : quand cette place

---

ce pays, dans les *Lettres édifiantes* (Recueil 4), et dans Busching (t. IX, p. 152-159, par Berenger).

(1) Les Latins donnent improprement à l'abuna le titre de patriarche; les Abyssins ne reconnaissent que les quatre patriarches, et leur chef n'est qu'un métropolitain ou un primat national. (Ludolphe, *Hist. Æthiop. et Comment.*, l. III; c. 7.) Cet historien ne connaissait pas les sept évêques de Renaudot (p. 511), qui existaient A. D. 1131.

vient à vaquer, le patriarche d'Alexandrie y nomme un moine égyptien; un étranger revêtu de cette dignité paraît plus respectable aux yeux du peuple et moins dangereux à ceux du monarque. Lorsqu'au sixième siècle le schisme de l'Égypte fut tout-à-fait déclaré, les chefs rivaux, aidés de leurs protecteurs respectifs, Justinien et Théodora, s'efforcèrent de s'enlever l'un à l'autre la conquête de cette province éloignée et indépendante. Ce fut encore l'habileté de l'impératrice qui l'emporta, et la pieuse Théodora établit dans cette Église reculée la foi et la discipline des jacobites (1). Les Éthiopiens, environnés de tous côtés des ennemis de leur religion, sommeillèrent près de dix siècles sans songer au reste du monde qui ne songeait point à eux. Ils furent réveillés par les Portugais, qui, après avoir doublé le promontoire méridional de l'Afrique, apparurent dans l'Inde et la mer Rouge, comme s'ils étaient descendus d'une planète éloignée. Au premier abord, les sujets de Rome et ceux d'Alexandrie furent frappés mutuellement de la conformité plutôt que des différences de leur foi; et chacune des deux nations espéra

Les Portugais en Abyssinie. A. D. 1525, 1550, etc.

---

(1) Je ne sais pourquoi Assemani révoque en doute (*Bibl. orient.*, t. II, p. 384) ces missions assez vraisemblables de Théodora dans la Nubie et l'Éthiopie. Renaudot (p. 336-341, 381, 382, 405-443, etc., 452-456, 463, 475-480, 511-525, 559-564) nous a fourni, d'après les écrivains cophtes, le peu que nous savons sur l'Abyssinie jusqu'à l'année 1500. Ludolphe est absolument dépourvu d'idées sur ce pays.

tirer les plus grands avantages d'une alliance avec des chrétiens. Les Éthiopiens, séparés des autres peuples de la terre, étaient presque retombés dans la vie sauvage. Leurs navires, qu'on avait vus jadis à Ceylan, osaient à peine se hasarder sur les rivières de l'Afrique; les ruines d'Axum n'offraient plus d'habitans, la nation était dispersée dans les villages, et le grand personnage, pompeusement décoré du titre d'empereur, se contentait, soit en paix, soit en guerre, d'un camp rendu immobile. Les Abyssins, qui sentaient leur misère, avaient formé le raisonnable projet d'importer chez eux les arts et l'industrie de l'Europe (1); et les ambassadeurs qu'ils avaient à Rome et à Lisbonne, eurent ordre de solliciter une colonie de forgerons, de charpentiers, de tuiliers, de maçons, d'imprimeurs, de chirurgiens et de médecins : mais le danger public les détermina bientôt à solliciter un secours immédiat d'armes et de soldats pour la défense d'un peuple paisible, contre les Barbares qui ravageaient l'intérieur du pays, et contre les Turcs et les Arabes, qui, avec un appareil effrayant, s'avançaient des rives de la mer. L'Éthiopie fut sauvée par quatre cent cinquante Portugais, qui montrèrent dans les combats la valeur naturelle aux

---

(1) Ludolphe, *Hist. Æthiop.*, liv. iv, chap. 5. Les Juifs y exercent maintenant les arts de première nécessité, et les Arméniens font le commerce étranger. L'industrie de l'Europe (*artes et opificia*) était ce que Grégoire admirait et enviait le plus.

Européens, et la puissance artificielle du fusil et du canon. Dans un moment de terreur, l'empereur avait promis de se réunir, ainsi que ses sujets, à la foi catholique ; un patriarche latin représenta la suprématie du pape (1); on supposait que cet empire, auquel on donnait dix fois plus d'étendue qu'il n'en avait, renfermait plus d'or que les mines d'Amérique ; et la cupidité ainsi que le zèle religieux se formèrent les espérances les plus extravagantes sur la soumission volontaire des chrétiens de l'Afrique.

Mais au retour de la santé, on ne se souvint plus des sermens qu'avait arrachés la douleur. Les Abyssins défendirent la doctrine des monophysites avec une fidélité inébranlable ; l'exercice de la dispute réchauffa leur foi un peu refroidie ; ils flétrirent les Latins des noms d'ariens et de nestoriens, et reprochèrent à ceux qui séparaient les deux natures de Jésus-Christ d'adorer *quatre* dieux. On assigna aux missionnaires jésuites la bourgade de Fremona pour y exercer leur culte, ou plutôt y vivre en exil : leur savoir dans les arts libéraux et mécaniques, leurs lumières sur la théologie, et la décence de leurs mœurs, inspiraient une vaine estime ; ils n'avaient

<small>Mission des jésuites. A. D. 1557.</small>

---

(1) Jean Bermudez, dont la relation, imprimée à Lisbonne en 1469, a été traduite en anglais par Purchas (Pilgrims, l. VII, c. 7, p. 1149, etc.), et de l'anglais en français par La Croze (*Christian. d'Éthiop.*, p. 92-265); ce morceau est curieux, mais on peut soupçonner l'auteur d'avoir voulu tromper l'Abyssinie, Rome et le Portugal. Son titre au rang

pas le don des miracles (1), et ce fut inutilement
qu'ils sollicitèrent un renfort de troupes européennes. Après quarante années de patience et de dextérité, on leur prêta une oreille plus favorable, et
deux empereurs d'Abyssinie se laissèrent persuader
que Rome pouvait faire en ce monde et en l'autre le
bonheur de ses adhérens. Le premier de ces néophytes
rois perdit la couronne et la vie, et l'armée rebelle
fut sanctifiée par l'*Abuna*, qui chargea l'apostat
d'anathêmes, et délia ses sujets de leur serment de
fidélité. Zadengher fut vengé par le courage et la
fortune de Susnée, qui monta sur le trône avec le
nom de Segued, et qui suivit avec plus de vigueur
la dévote entreprise de son parent. L'empereur,
après s'être donné le plaisir d'une lutte d'argumentation entre les jésuites et ses prêtres malhabiles, se
déclara prosélyte du concile de Chalcédoine, croyant
que son clergé et son peuple embrasseraient sans délai la religion de leur prince. Bientôt après il ordonna,
sous peine de mort, de croire aux deux natures de
Jésus-Christ ; il enjoignit aux Abyssins de se livrer
le jour du sabbat au travail ou aux plaisirs ; et Se-

---

de patriarche est obscur et incertain. Ludolphe, *Comment.*,
n° 101, p. 473.

(1) *Religio romana... nec precibus patrum, nec miraculis
ab ipsis editis suffulciebatur*, est l'assertion non contredite
du dévot empereur Susnée, à Mendez son patriarche (Ludolphe, *Comment.*, n° 126, p. 529), et on doit conserver
précieusement de pareilles assertions comme un antidote
contre toutes les légendes merveilleuses.

gued, à la face de l'Europe et de l'Afrique, renonça à ses rapports avec l'Église d'Alexandrie. Un jésuite, Alphonse Mendez, patriarche catholique de l'Éthiopie, reçut au nom d'Urbain VIII l'hommage et l'abjuration de son pénitent. « Je confesse, dit l'empereur à genoux, je confesse que le pape est le vicaire de Jésus-Christ, le successeur de saint Pierre et le souverain du monde ; je lui jure une véritable obéissance, et je dépose à ses pieds ma personne et mon royaume. » Son fils, son frère, le clergé, les nobles et même les femmes de la cour, répétèrent le même serment ; le patriarche latin fut comblé d'honneurs et de richesses, et ses missionnaires élevèrent leurs églises ou citadelles dans les situations les plus favorables de l'empire. Les jésuites eux-mêmes déplorent la fatale indiscrétion de leur chef, qui, oubliant la douceur de l'Évangile et la politique de son ordre, établit avec une violence précipitée la liturgie de Rome et l'inquisition du Portugal. Il condamna l'ancienne pratique de la circoncision, que des motifs de santé plutôt que de superstition avaient introduite dans le climat de l'Éthiopie (1). Il assujettit les na-

Conversion de l'empereur. A. D. 1626.

---

(1) Je sais avec quelle réserve il faut traiter cet article de la circoncision ; toutefois j'affirmerai, 1° que les Éthiopiens avaient une raison physique de circoncire les mâles, et même les femmes (*Recherches philosophiques sur les Américains*, t. II) ; 2° que la circoncision était usitée en Éthiopie long-temps avant l'introduction du judaïsme ou du christianisme (Hérodote, l. II, c. 104 ; Marsham, *Canon chron.*, p. 72, 73). *Infantes circumcidunt ob consuetudinem, non*

turels à un nouveau baptême et à une nouvelle ordination; ils frémirent d'horreur en voyant un prêtre étranger arracher de leurs tombeaux les plus saints d'entre leurs morts, et excommunier les plus illustres d'entre les vivans. Les Abyssins s'armèrent pour défendre leur religion et leur liberté; ils montrèrent une valeur désespérée, mais infructueuse. Cinq rebellions furent étouffées dans le sang des rebelles; deux abunas furent tués dans les combats; des légions entières furent massacrées sur le champ de bataille ou étouffées dans leurs cavernes; et le mérite, le rang et le sexe, ne purent soustraire les ennemis de Rome à une mort ignominieuse. Mais le monarque vainqueur se laissa vaincre à la fin par la constance de sa nation, par celle de sa mère, de son fils et de ses plus fidèles amis. Segued écouta la voix de la pitié, de la raison, peut-être de la crainte, et l'édit par lequel il accordait la liberté de conscience, révéla à la fois la tyrannie et la faiblesse des jésuites. Basilides, après la mort de son père, chassa le patriarche latin, et rendit aux vœux de la nation la foi et la discipline de l'Égypte. Les Églises monophysites répétèrent en triomphe, « que le troupeau de l'Éthiopie était enfin délivré des hyènes de l'Occident; »

Expulsion finale des jésuites. A. D. 1632.

---

ob judaïsmum, dit Grégoire, prêtre abyssin (*apud* Fabric., *Lux christiana*, p. 720). Cependant, dans la chaleur de la dispute, on donne quelquefois aux Portugais le nom injurieux d'incirconcis. La Croze, p. 80; Ludolphe, *Hist. ad Comment.*, l. III, c. 1.

et les portes de ce royaume solitaire furent à jamais fermées aux arts, aux sciences et au fanatisme de l'Europe (1).

---

(1) Les trois historiens protestans, Ludolphe (*Hist. Æth.*, Francfort, 1681; *Commentarius*, 1691; *Relatio nova*, etc., 1693, *in-fol.*), Geddes (*Church-History of Æthiopia*, Lond., 1696, *in-*8º) et La Croze (*Hist. du Christian. d'Éthiopie et d'Arménie;* la Haye, 1739, *in-*12), ont tiré leurs matériaux les plus importans des jésuites, et en particulier de l'histoire générale de Tellez, publiée en portugais à Coimbre, 1660. Leur franchise peut étonner; mais le plus odieux de leurs vices, l'esprit de persécution, était à leurs yeux une vertu très-méritoire. Ludolphe a tiré quelques avantages, mais assez minces, de la langue éthiopienne qu'il savait, ou de ses conversations avec Grégoire, prêtre abyssin, d'un esprit courageux, et qu'il appela de Rome, où il était, à la cour de Saxe-Gotha. *Voy.* la *Theologia Æthiopica* de Grégoire, dans Fabricius, *Lux Evangelii*, p. 716-734.

CHAPITRE XLVIII.

Plan du reste de l'ouvrage. Succession et caractère des empereurs grecs de Constantinople, depuis le temps d'Héraclius jusqu'à la conquête des Latins.

Défauts de l'histoire de Byzance.

J'AI maintenant fait connaître la suite de tous les empereurs romains depuis Trajan jusqu'à Constantin, depuis Constantin jusqu'à Héraclius, et j'ai fidèlement exposé les succès ou les désastres de leurs règnes. J'ai traversé les cinq premiers siècles de la décadence de l'empire romain ; mais il me reste encore plus de huit siècles à parcourir avant d'arriver au terme de mes travaux, c'est-à-dire à la prise de Constantinople par les Turcs. Si je suivais le même plan et la même marche, je ne ferais qu'étendre avec prolixité, dans un grand nombre de volumes, une matière sans consistance, et qui ne récompenserait certainement pas les lecteurs par une somme d'instruction et d'amusement égale à la patience qu'elle exigerait d'eux. A mesure que j'avancerais dans le récit du déclin et de la chute de l'empire d'Orient, les annales de chaque règne rendraient ma tâche plus ingrate et plus affligeante : cette dernière période de leurs annales offrirait partout la même faiblesse et la même misère ; des transitions brusques et précipitées rompraient la liaison natu-

relle des causes et des événemens, et une foule de
détails trop minutieux, détruiraient la clarté et l'effet
de ces grands tableaux, qui donnent de l'éclat et
du prix à l'histoire d'un temps éloigné. Après Héraclius, le théâtre de Byzance se resserre et devient
plus sombre ; les bornes de l'empire, fixées par les
lois de Justinien et les armes de Bélisaire, échappent
de tous côtés à notre vue ; le nom romain, véritable
objet de nos recherches, est réduit à un coin étroit
de l'Europe, aux environs solitaires de Constantinople ; et on a comparé l'empire grec au fleuve du
Rhin, qui se perd dans les sables avant que ses eaux
aillent se confondre dans celles de l'Océan. L'éloignement des temps et des lieux diminue à nos yeux
l'appareil de la domination, et le défaut de la splendeur extérieure n'est pas compensé par les dons plus
nobles de la vertu ou du génie. Dans les derniers
momens de l'empire, Constantinople possédait sans
doute plus de richesses et de population que n'en eut
Athènes à l'époque la plus florissante de ses annales,
lorsqu'une modique somme de six mille talens ou
de douze cent mille livres sterling composait la to-
talité des richesses partagées entre vingt-un mille
citoyens d'un âge adulte : mais chacun de ces citoyens était un homme libre et osait user de la liberté
dans ses pensées, ses paroles et ses actions ; des
lois impartiales défendaient sa personne, sa propriété, et il avait une voix indépendante dans l'administration de la république. Les nuances si variées
et si fortement prononcées des caractères semblaient

augmenter le nombre des individus ; couverts de l'égide de la liberté, portés sur les ailes de l'émulation et de la vanité, ils voulaient tous s'élever à la hauteur de la dignité nationale : de cette élévation, quelques esprits distingués entre tous les autres s'élançaient au-delà des bornes que peut atteindre un œil vulgaire, et en suivant le calcul des chances d'un mérite supérieur, telles que l'expérience les indique pour un grand royaume très-peuplé, on serait tenté de croire, d'après la foule de ses grands hommes, que la république d'Athènes eut des millions d'habitans. Toutefois son territoire, celui de Sparte et de leurs alliés, n'excèdent pas le territoire d'une province de France ou d'Angleterre d'une médiocre étendue ; mais après les victoires de Salamine et de Platée, ces petites républiques prennent dans notre imagination la gigantesque étendue de l'Asie, que les Grecs venaient de fouler de leurs pieds victorieux. Les sujets, au contraire, de l'empire de Byzance, qui prenaient et déshonoraient les noms de Grecs et de Romains, présentent une morne uniformité de vices abjects, qui n'offrent ni l'excuse des douces faiblesses de l'humanité ni la vigueur et l'énergie des crimes mémorables. Les hommes libres de l'antiquité pouvaient répéter, avec un généreux enthousiasme, cette maxime d'Homère : « que le premier jour de son esclavage un captif perd la moitié des vertus de l'homme. » Cependant le poëte ne connaissait que l'esclavage civil et domestique, et il ne pouvait prévoir que l'autre moitié des qualités du genre humain serait un jour anéantie par ce despotisme spirituel qui enchaîne les actions et même les pensées du dévot prosterné dans la poussière. Les successeurs d'Héraclius écrasèrent les Grecs sous ce double joug ; les vices des sujets, d'après une loi d'éternelle justice, dégradèrent le tyran, et à peine les plus exactes recherches sur le trône, dans les camps et dans les écoles, conduisent à quelques noms qui méritent d'échapper à l'oubli. La pauvreté du sujet n'est pas compensée par l'habileté ou la variété des couleurs que présentent les peintres. Les quatre premiers siècles d'un intervalle de huit cents années sont demeurés pour nous dans les ténèbres qu'interrompent rarement de faibles rayons de lumière historique : de Maurice à Alexis, Basile le Macédonien est le seul prince dont la vie ait fourni le sujet d'un ouvrage séparé, et l'autorité incertaine de compilateurs plus modernes supplée mal au défaut, à la perte ou à l'imperfection des auteurs contemporains. On n'a pas à se plaindre de la disette des quatre derniers siècles ; la muse de l'histoire se ranima à Constantinople avec la famille des Comnènes ; mais elle se présente chargée d'enluminures, elle marche sans élégance et sans grâce. Une multitude de prêtres et de courtisans se traînent sur les pas les uns des autres dans le sentier que leur ont tracé la servitude et la superstition : leurs vues sont étroites, leur jugement est faible ou corrompu, et on achève un volume plein d'une stérile abondance, sans connaître les causes des événemens, le caractère des acteurs, ni les mœurs du siècle qu'ils célèbrent ou dont ils se plaignent. On a observé qu'un guerrier donnait à sa plume l'énergie de son épée : cette remarque peut s'appliquer à une nation, et l'on verra que le ton de l'histoire s'élève ou s'abaisse avec le courage du temps où on l'écrit.

Sa liaison avec les révolutions du monde politique. D'après ces considérations, j'aurais abandonné sans regret les esclaves grecs et leurs serviles historiens, si le sort de la monarchie de Byzance ne se trouvait lié d'une manière passive aux révolutions les plus éclatantes et les plus importantes qui aient changé la face du monde. Au moment où elle perdait des provinces, de nouvelles colonies et de nouveaux royaumes s'y établissaient : les nations victorieuses prenaient ces vertus actives de la guerre ou de la paix qu'avaient délaissées les vaincus ; et c'est dans l'origine et les conquêtes, dans la religion et le gouvernement de ces peuples nouveaux, que nous devons chercher les causes et les effets de la décadence et de la chute de l'empire d'Orient. Au reste, ce nouveau plan, la richesse et la variété des matériaux, ne s'opposent point à l'unité du dessein et de la composition : semblable au musulman de Fez ou de Delhi, qui dans ses prières regarde toujours le temple de la Mecque, l'œil de l'historien ne perdra jamais Constantinople de vue. La ligne qu'il va parcourir doit nécessairement embrasser les déserts de l'Arabie et de la Tartarie ; mais le cercle qu'elle formera d'abord se resserrera définitivement aux limites toujours décroissantes de l'empire romain.

Voici donc le plan que j'ai adopté pour les derniers volumes de cet ouvrage. Le premier des chapitres suivans contiendra la suite régulière des empereurs qui ont régné à Constantinople durant une période de six siècles, depuis les jours d'Héraclius jusqu'à la conquête des Latins; ce récit sera peu étendu, mais je déclare ici *généralement* qu'il ne s'écartera ni de l'ordre ni du texte des historiens originaux. Je me bornerai, dans cette Introduction, à indiquer les révolutions du trône, la succession des familles, le caractère personnel des princes grecs, leur manière de vivre et leur mort, les maximes et l'influence de leur administration, et à quel point leur règne a tendu à précipiter ou à suspendre la chute de l'empire d'Orient. Ce tableau chronologique jettera du jour sur les chapitres qui viendront ensuite; et chacun des détails de l'importante histoire des Barbares se placera de lui-même au lieu qu'il doit occuper dans les annales de Byzance. L'intérieur de l'empire et la dangereuse hérésie des pauliciens, qui ébranla l'Orient et éclaira l'Occident, seront la matière de deux chapitres séparés; mais je différerai ces recherches jusqu'au moment où j'aurai mis sous les yeux du lecteur l'état des différens peuples du monde au neuvième et au dixième siècle de l'ère chrétienne. Après avoir établi ces fondemens de l'histoire byzantine, je passerai en revue plusieurs nations, et en traitant ce qui les regarde, je proportionnerai l'étendue de mon récit à leur grandeur, à leur mérite ou à leurs liaisons avec le monde romain.

Plan du reste de l'ouvrage.

et le siècle actuel. Voici les noms de ces peuples :
1° Les Francs, dénomination générale qui comprend tous ceux des Barbares de la France, de l'Italie et de l'Allemagne, que réunirent le glaive et le sceptre de Charlemagne. La persécution des images et de leurs adorateurs sépara Rome et l'Italie du trône de Byzance, et prépara le rétablissement de l'empire romain en Occident. 2° Les Arabes ou Sarrasins, sujet intéressant et curieux, occuperont trois longs chapitres. Après avoir décrit l'Arabie et ses habitans, j'examinerai dans le premier quels furent le caractère, la religion et les succès de Mahomet : dans le second, je conduirai les Arabes à la conquête de la Syrie, de l'Égypte et de l'Afrique, provinces de l'empire romain, et je les suivrai dans leur carrière triomphante, jusqu'à ce qu'ils aient renversé le trône de la Perse et de l'Espagne : je rechercherai dans le troisième comment Constantinople et l'Europe furent sauvées par le luxe et les arts, la discorde et l'affaiblissement de l'empire des califes. Un seul chapitre indiquera ce qui regarde, 3° les Bulgares, 4° les Hongrois, et 5° les Russes, qui attaquèrent par mer ou par terre les provinces et la capitale ; mais l'origine et l'enfance de ce dernier peuple, dont la grandeur est aujourd'hui si imposante, mériteront quelque curiosité ; 6° les Normands ou plutôt quelques aventuriers de cette peuplade guerrière, qui fondèrent un royaume puissant dans la Pouille et la Sicile, ébranlèrent le trône de Constantinople, déployèrent toute la valeur des che-

valiers, et réalisèrent presque les merveilles des romans; 7° les Latins ou les nations de l'Occident soumises au pape, qui s'enrôlèrent sous la bannière de la croix pour reprendre ou délivrer le saint-sépulcre. Les empereurs grecs furent d'abord épouvantés et ensuite affermis sur leur trône par des myriades de pélerins qui se rendirent à Jérusalem avec Godefroy de Bouillon et les pairs de la chrétienté. La seconde et la troisième croisade marchèrent sur les pas de la première; l'Europe et l'Asie se mêlèrent dans une guerre sainte qui dura deux siècles; et Saladin et les Mamelucks d'Égypte, après avoir opposé une vigoureuse résistance aux puissances chrétiennes, finirent par les chasser tout-à-fait. Au milieu de ces guerres mémorables, une escadre et une armée de Français et de Vénitiens s'écartèrent de leur route de Syrie vers le Bosphore de Thrace; ils prirent d'assaut la capitale de l'empire, ils renversèrent la monarchie des Grecs, et une dynastie de princes latins régna plus de soixante ans à Constantinople. 8° Durant cette époque de captivité et d'exil, il faut regarder les Grecs eux-mêmes comme un peuple étranger, comme les ennemis et ensuite les souverains de Constantinople. Leur malheur leur avait rendu une étincelle de valeur nationale; et du moment où ils eurent repris la couronne jusqu'à la conquête des Turcs, les empereurs montrèrent quelque dignité. 9° Les Mogols et les Tartares: les armes de Gengis et de ses descendans ébranlèrent le globe depuis la Chine jusqu'à la Pologne et à la Grèce; les sultans furent renversés; les califes tombèrent du trône; les Césars tremblèrent au milieu de leur cour, et les victoires de Timour suspendirent plus d'un demi-siècle la ruine finale de l'empire de Byzance. 10° J'ai déjà indiqué la première apparition des Turcs, et les deux dynasties successives des princes de cette nation qu'on vit sortir au onzième siècle des déserts de la Scythie, se distinguent par les noms de leurs chefs *Seljuk* et *Othman*. Le premier établit un illustre et puissant royaume qui se prolongeait des bords de l'Oxus jusqu'à Antioche et Nicée : la profanation des saints lieux conquis par ses armes et le danger où il mit Constantinople, donnèrent lieu à la première croisade. Les *Ottomans*, sortis d'une origine obscure, devinrent la terreur et le fléau de la chrétienté. Mahomet II assiégea et prit Constantinople, et son triomphe anéantit le reste du titre de l'empire romain en Orient. L'histoire du schisme des Grecs se trouvera liée à celle de leurs derniers malheurs et du rétablissement des arts en Occident. Après avoir montré la nouvelle Rome captive, je retournerai aux ruines de l'ancienne, et un grand nom, un sujet intéressant, jetteront un rayon de gloire sur la fin de mes travaux.

Second mariage et mort d'Héraclius.

L'empereur Héraclius avait puni un tyran; il s'était emparé de son trône, et avait rendu son règne mémorable par la conquête passagère et la perte irréparable des provinces de l'Orient. Après la mort d'Eudoxie, sa première femme, il désobéit au patriarche; il viola les lois en épousant sa nièce Martina; et la superstition des Grecs vit un jugement du ciel dans les maladies du père et la difformité de ses enfans. Mais le bruit d'une naissance illégitime pouvant écarter le choix ou affaiblir l'obéissance du peuple, la tendresse maternelle, et peut-être la jalousie d'une belle-mère, donnèrent plus d'activité à l'ambition de Martina; et son mari, déjà avancé en âge, était trop faible pour résister aux séductions et aux caresses d'une épouse. Constantin, son fils aîné, obtint dans un âge mûr le titre d'Auguste; mais la faiblesse de sa constitution exigeait un collègue et un surveillant, et il consentit, avec une secrète répugnance, au partage de l'empire. Le sénat fut rassemblé au palais pour ratifier ou attester l'association d'Héracléonas, fils de Martina : l'imposition du diadème fut consacrée par les prières et la bénédiction du patriarche : les sénateurs et les patriciens adorèrent la majesté de l'empereur et celle de ses collègues, et dès qu'on ouvrit les portes, la voix tumultueuse mais importante des soldats salua les trois princes. Après un intervalle de cinq mois, les pompeuses cérémonies qui semblaient seules former la constitution de l'État, eurent lieu dans la cathédrale et l'hippodrome : afin de montrer la bonne intelligence des deux frères, le plus jeune se présenta appuyé sur le bras de l'aîné, et les acclamations d'un peuple vendu, ou séduit par la crainte, joignirent le nom de Martina à ceux de Constantin et d'Héracléo-

A. D. 638, juillet 4.

A. D. 639, janvier.

nas. Héraclius ne survécut que deux ans à cette association : son testament déclara ses deux fils héritiers de l'empire d'Orient avec un pouvoir égal, et il leur ordonna d'honorer Martina comme leur mère et leur souveraine.

Lorsque Martina se montra pour la première fois sur le trône, avec le titre et les attributs de la royauté, elle rencontra une opposition ferme, quoique respectueuse, et des préjugés superstitieux ranimèrent les dernières étincelles de la liberté. « Nous respectons la mère de nos princes, s'écria un citoyen ; mais ces princes sont les seuls à qui nous devions de l'obéissance, et Constantin, l'aîné de nos deux empereurs, est en âge de soutenir le poids de la couronne. La nature a exclu votre sexe des travaux du gouvernement. Si les Barbares approchaient de la ville royale, soit en ennemis, soit avec de pacifiques intentions, pourriez-vous les combattre ? sauriez-vous leur répondre ? Les Persans, esclaves eux-mêmes, ne pourraient supporter le gouvernement d'une femme. Que le ciel préserve à jamais la république romaine d'un événement qui déshonorerait la nation ! » Martina descendit du trône avec indignation, et se réfugia dans la partie du palais habitée par les femmes. Le règne de Constantin III ne fut que de cent trois jours, il mourut à l'âge de trente ans : sa vie entière avait été une longue maladie ; on attribua cependant sa mort prématurée à sa belle-mère, et on crut qu'elle avait employé le poison. Elle recueillit en effet les fruits de cette mort, et s'empara du gouvernement au nom d'Héracléonas. Mais tout le monde abhorrait l'incestueuse veuve d'Héraclius ; elle excitait les soupçons du peuple, et les deux orphelins qu'avait laissés Constantin devinrent les objets de la sollicitude publique. En vain le fils de Martina, âgé seulement de quinze ans, instruit par sa mère, déclara qu'il servirait de tuteur à ses neveux, dont l'un avait été tenu par lui sur les fonts de baptême ; en vain il jura sur la vraie croix de les défendre contre tous leurs ennemis. Peu de momens avant sa mort, le dernier empereur avait fait partir un serviteur fidèle pour armer les troupes et les provinces de l'Orient en faveur des orphelins qu'il laissait en des mains si suspectes : l'éloquence et la libéralité de Valentin lui avaient assuré un plein succès ; de son camp de Chalcédoine, il osa demander qu'on punît les assassins, et qu'on rétablît sur le trône l'héritier légitime. La licence des soldats qui saccageaient les vignes et buvaient le vin des domaines d'Asie appartenant aux habitans de Constantinople, excita ceux-ci contre les auteurs de leurs maux, et on entendit retentir l'église de Sainte-Sophie, non pas d'hymnes et de prières, mais des clameurs et des imprécations d'une multitude furieuse. Héracléonas, appelé par des cris impérieux, se montra en chaire avec l'aîné des deux orphelins : Constans seul fut proclamé empereur des Romains, et on plaça sur sa tête, avec la bénédiction solennelle du patriarche, une couronne d'or qu'on avait prise sur le tombeau d'Héraclius ; mais, dans le tumulte de la

Héracléonas.
A. D. 641,
mai 25.

joie et de l'indignation, l'église fut pillée, les Juifs et les Barbares souillèrent le sanctuaire, et Pyrrhus, sectateur de l'hérésie des monothélites, et créature de l'impératrice, pour se soustraire à la violence des catholiques, prit fort sagement le parti de s'enfuir après avoir laissé une protestation sur l'autel. Le sénat, momentanément revêtu de quelque force par l'assentiment des soldats et du peuple, avait à remplir des fonctions plus sérieuses et plus sanglantes. Animé de l'esprit de la liberté romaine, il renouvela l'antique et imposant spectacle d'un tyran jugé par son peuple : Martina et son fils furent déposés et condamnés comme les auteurs de la mort de Constantin ; mais la sévère justice des pères conscrits fut souillée par la cruauté qui confondit l'innocent avec le coupable. Martina et Héracléonas furent condamnés à avoir l'une la langue, l'autre le nez coupés, et, après cette cruelle exécution, l'un et l'autre passèrent le reste de leurs jours dans l'exil et dans l'oubli ; et ceux des Grecs qui se trouvaient capables de quelque réflexion durent, jusqu'à un certain point, se consoler de leur servitude, en observant où peut aller l'abus du pouvoir remis pour un moment entre les mains de l'aristocratie.

Châtiment de Martina et d'Héracléonas. A. D. 641, septemb.

Quand on lit le discours que Constans II prononça devant le sénat de Byzance, à l'âge de douze ans, on se croit reporté à cinq siècles en arrière, dans le temps des Antonins. Après l'avoir remercié du juste châtiment infligé aux assassins, qui venaient d'enlever à la nation les heureuses espérances que donnait le

Constans II. A. D. 641, septemb.

règne de son père, le jeune prince ajouta : « La providence divine et votre équitable décret ont précipité du trône Martina et son incestueuse progéniture. Votre majesté et votre sagesse ont empêché l'empire romain de dégénérer en une tyrannie qui ne connaît plus de lois; mes exhortations et mes prières vous demandent de consacrer au bien public vos conseils et votre prudence. » Ces paroles respectueuses, jointes à de grandes largesses, satisfirent les sénateurs; mais les serviles Grecs étaient indignes d'une liberté dont ils faisaient peu de cas, et les préjugés du temps, l'habitude du despotisme, effacèrent bientôt dans l'esprit du nouvel empereur une leçon dont on ne l'avait occupé que quelques instans. Il n'en conserva qu'une crainte inquiète de voir quelque jour le sénat ou le peuple entreprendre sur le droit de primogéniture, et placer son frère Théodose sur le trône, en le revêtant d'un pouvoir égal au sien. Le petit-fils d'Héraclius, promu aux ordres sacrés, devint ainsi inhabile à la pourpre; mais cette cérémonie, qui semblait profaner les sacremens de l'Église, ne suffit pas pour apaiser les soupçons du tyran, et la mort du diacre Théodose put seule expier le crime de son extraction royale. Sa mort fut vengée par les imprécations du peuple; et le meurtrier, alors dans toute la plénitude de sa puissance, fut forcé de se condamner de lui-même à un exil perpétuel. Constans s'embarqua pour la Grèce, et, comme s'il avait voulu rendre à sa patrie les sentimens d'horreur qu'il méritait d'elle, on dit que de sa galère impériale il cracha sur les murs de Constantinople. Après avoir passé l'hiver à Athènes, il se rendit à Tarente en Italie; il alla voir Rome, et termina à Syracuse, où il fixa sa résidence, ce honteux voyage marqué dans tout son cours par des rapines sacriléges. Mais s'il pouvait échapper aux regards de son peuple, il ne pouvait se fuir lui-même : les remords de sa conscience créèrent un fantôme qui le poursuivit par terre et par mer, la nuit et le jour; sans cesse il croyait apercevoir devant lui la figure de Théodose qui, lui présentant une coupe remplie de sang, et l'approchant de ses lèvres, lui disait ou semblait lui dire : « Bois, mon frère, bois; » allusion à la circonstance qui aggravait son crime, pour avoir reçu des mains du diacre la coupe mystérieuse du sang de Jésus-Christ. Odieux à lui-même et odieux au genre humain, il mourut dans la capitale de la Sicile par une trahison domestique, et peut-être par une conspiration des évêques. Un domestique qui le servait au bain, après lui avoir versé de l'eau chaude sur la tête, le frappa avec violence du vase qu'il tenait : le prince tomba étourdi du coup, et suffoqué par la chaleur de l'eau; sa suite, étonnée de ne point le voir paraître, s'approcha de lui, et reconnut avec indifférence qu'il était mort. Les troupes de la Sicile revêtirent de la pourpre un jeune homme obscur, dont l'inimitable beauté échappait, comme il est facile de le concevoir, à l'habileté des peintres et des sculpteurs de son temps.

Constantin IV, surnommé Pogonat. A. D. 668, sept.

Constans avait laissé trois fils dans le palais de Byzance : l'aîné avait été revêtu de la pourpre dès son enfance. Lorsqu'il leur ordonna de venir le trouver en Sicile, les Grecs, voulant garder ces ôtages précieux, répondirent que c'étaient les enfans de l'État, et qu'on ne les laisserait pas partir. La nouvelle de sa mort arriva avec une rapidité extraordinaire de Syracuse à Constantinople, et Constantin, l'aîné de ses fils, hérita de son trône sans hériter de la haine publique. Ses sujets concoururent avec zèle et avec ardeur au châtiment de la province qui avait usurpé les droits du sénat et du peuple; le jeune empereur sortit de l'Hellespont à la tête d'une escadre nombreuse, et réunit sous ses drapeaux, dans le havre de Syracuse, les légions de Rome et celles de Carthage. La défaite de l'empereur proclamé par les Siciliens était facile, et sa mort était juste; sa belle tête fut exposée dans l'hippodrome; mais je ne puis applaudir à la clémence d'un prince qui, dans la foule de ses victimes, comprit le fils d'un patricien, coupable seulement d'avoir déploré avec amertume l'exécution d'un père vertueux. Ce jeune homme, qu'on appelait Germanus, subit une mutilation déshonorante : il survécut à cette cruelle opération, et son élévation subséquente au rang de patriarche et de saint a conservé le souvenir de l'indécente cruauté de l'empereur. Constantin, après de si sanglans sacrifices offerts aux mânes de son père, revint dans sa capitale; et sa barbe ayant paru durant son voyage de Sicile, cette circonstance fut annoncée à l'univers par le surnom familier de Pogonat. La dis-

corde fraternelle souilla son règne ainsi que celui de
son prédécesseur. Il avait accordé le titre d'Auguste
à Héraclius et à Tibère, ses deux frères; mais ce n'é-
tait pour eux qu'un vain titre, car ils continuaient
à languir dans la solitude du palais, sans exercer aucun pouvoir et sans être chargés d'aucune fonction.
A leurs secrètes instigations, les troupes du *thême*
ou province d'Anatolie s'approchèrent de Constantinople du côté de l'Asie : elles demandèrent en
faveur des deux frères de Constantin le partage ou
l'exercice de la souveraineté, et soutinrent cette
demande séditieuse d'un argument théologique. Les
soldats s'écriaient qu'ils étaient chrétiens et catholiques, et sincères adorateurs de la sainte et indivi-
sible Trinité; que puisqu'il y avait trois personnes
égales dans le ciel, il était raisonnable qu'il y eût
trois personnes égales sur la terre. L'empereur in-
vita ces habiles docteurs à une conférence amicale,
dans laquelle ils pourraient proposer leurs raisons au
sénat : ils s'y rendirent, et bientôt la vue de leurs
corps, suspendus à un gibet dans le faubourg de
Galata, réconcilia leurs camarades avec l'unité du
règne de Constantin. Il pardonna à ses frères; on
continua à les nommer dans les acclamations publiques : mais s'étant rendus de nouveau coupables, ou
ayant été de nouveau soupçonnés, ils perdirent le
titre d'Auguste, et on leur coupa le nez en présence
des évêques catholiques qui formaient à Constantinople le sixième concile général. A la fin de sa vie,
Pogonat se montra soigneux d'établir le droit de

primogéniture. Les cheveux de ses deux fils, Justinien et Héraclius, furent offerts sur la châsse de saint Pierre comme un symbole de leur adoption spirituelle par le pape ; mais l'aîné fut seul élevé au rang d'Auguste, et obtint seul l'assurance de la couronne.

Justinien II hérita de l'empire après la mort de son père, et le nom d'un législateur triomphant fut déshonoré par les vices d'un jeune homme qui n'imita le réformateur des lois que dans le luxe des bâtimens. Ses passions étaient fortes, mais son jugement faible : il exaltait, avec l'enivrement d'un sot orgueil, le droit de naissance qui lui soumettait des millions d'hommes, tandis que la plus petite communauté ne l'aurait pas choisi pour son magistrat particulier. Ses ministres favoris étaient un eunuque et un moine, c'est-à-dire les deux êtres par leur état les moins susceptibles des affections humaines : à l'un il abandonnait le palais, et à l'autre les finances ; le premier châtiait à coups de fouet la mère de l'empereur ; le second faisait suspendre les débiteurs insolvables, la tête en bas, sur un feu lent et exhalant une épaisse fumée. Depuis les jours de Commode et de Caracalla, la crainte avait été le mobile ordinaire de la cruauté des souverains de Rome ; mais Justinien, doué de quelque vigueur de caractère, se plaisait à voir les tourmens de ses sujets, et brava leur vengeance l'espace d'environ dix ans, jusqu'au moment où il eut comblé la mesure de ses crimes et celle de leur patience. Léontius, général renommé, avait gémi plus de trois ans dans un cachot avec quelques patriciens des plus nobles familles et

Justinien II. A. D. 685, sept.

du nombre de ceux qui avaient le plus de mérite ; le souverain l'en tira tout à coup pour lui donner le gouvernement de la Grèce : cette grâce, accordée à un homme outragé, annonçait le mépris plutôt que la confiance. Ses amis l'accompagnant jusqu'au port où il devait s'embarquer, il leur dit en soupirant qu'on ornait la victime pour le sacrifice, et que la mort le suivrait de près. Ils osèrent lui répondre que la gloire et l'empire seraient peut-être la récompense d'une résolution généreuse ; que toutes les classes de l'État abhorraient le règne d'un monstre, et que deux cent mille patriotes n'attendaient que la voix d'un chef. Ils choisirent la nuit pour le moment de leur délivrance ; et, dans les premiers efforts des conspirateurs, le préfet de la capitale fut égorgé, et on força les prisons : les émissaires de Léontius crièrent dans toutes les rues : « Chrétiens, à Sainte-Sophie ! » Le texte choisi par le patriarche, « Voici le jour du Seigneur, » fut l'annonce d'un sermon qui acheva d'enflammer tous les esprits ; et, quittant l'église, le peuple indiqua une autre assemblée dans l'hippodrome. Justinien, en faveur duquel on n'avait pas tiré un seul glaive, fut traîné devant ces juges furieux, qui demandèrent qu'on le punît de mort au même instant. Léontius, déjà revêtu de la pourpre, vit d'un œil de compassion le fils de son bienfaiteur, et le rejeton d'un si grand nombre d'empereurs, prosterné devant lui. Il épargna la vie de Justinien ; on lui coupa, d'une manière imparfaite, le nez et peut-être la langue : l'heureuse flexibilité de l'idiome grec lui donna sur-le-champ le nom de Rhinotmète; et le tyran, ainsi mutilé, fut relégué à Cherson, bourgade solitaire de la Tartarie-Crimée, qui tirait des blés, des vins et de l'huile des pays voisins, comme des objets de luxe.

Justinien, banni sur la frontière des déserts de la Scythie, nourrissait toujours l'orgueil de sa naissance et l'espoir de remonter sur le trône. Après trois ans d'exil, il apprit avec joie qu'une seconde révolution l'avait vengé, et que Léontius avait été détrôné et mutilé à son tour par le rebelle Apsimar, qui avait pris le nom plus respectable de Tibère. Mais les prétentions de la ligne directe devaient être redoutables à un usurpateur de la classe du peuple; et ses inquiétudes étaient augmentées par les plaintes et les accusations des habitans de Cherson, qui retrouvaient les vices du tyran dans la conduite du prince exilé. Justinien, suivi d'une troupe de gens attachés à sa personne par une même espérance ou un même désespoir, s'éloigna de cette terre inhospitalière, et se réfugia chez les Chozares, qui campaient entre le Tanaïs et le Borysthène. Le khan, ému de compassion, traita avec respect un tel suppliant: il l'établit à Phanagoria, ville jadis opulente, située sur la rive du lac Mæotis, du côté de l'Asie. Justinien, oubliant alors tous les préjugés romains, épousa une sœur du Barbare, qui cependant, d'après son nom de Théodora, semble avoir reçu le baptême; mais l'infidèle khan fut bientôt séduit par l'or de Constantinople, et sans la tendresse de sa femme, qui lui révéla les projets qu'on formait contre lui, Justinien aurait péri

Son exil.
A. D.
695-705.

sous le glaive des assassins, ou bien eût été livré au pouvoir de ses ennemis. Après avoir étranglé de sa main les deux émissaires du khan, il renvoya Théodora à son frère, et s'embarqua sur l'Euxin pour chercher des alliés plus fidèles. Une tempête assaillit le vaisseau qu'il montait, et l'un des hommes de sa suite lui conseilla d'obtenir la miséricorde du ciel, en faisant le vœu d'un pardon général si jamais il remontait sur le trône. «Pardonner! s'écria l'intrépide tyran, plutôt mourir à l'instant même! que le Tout-Puissant m'engloutisse dans les vagues de la mer si je consens à épargner la tête d'un seul de mes ennemis!» Il survécut à cette menace impie; il arriva à l'embouchure du Danube, et osa se hasarder dans le village habité par le roi des Bulgares, Terbelis, prince guerrier et païen, dont il obtint des secours en lui promettant sa fille et le partage des trésors de l'empire. Le royaume des Bulgares se prolongeait jusqu'aux frontières de la Thrace, et les deux princes se portèrent sous les murs de Constantinople avec quinze mille cavaliers. Apsimar fut déconcerté par cette brusque apparition de son rival, dont la tête lui avait été promise par le Chozare, et dont il ignorait l'évasion. Dix années d'absence avaient presque effacé le souvenir des crimes de Justinien; sa naissance et ses malheurs excitaient la pitié de la multitude, toujours indisposée contre les princes qui la gouvernent, et les soins actifs de ses partisans l'introduisirent dans la ville et le palais de Constantin.

Son rétablissement sur le trône, et sa mort. A. D. 705-711.

Justinien, en récompensant ses alliés, en rappelant

sa femme, prouva qu'il n'était pas tout-à-fait étranger à des sentimens d'honneur et de reconnaissance. Terbelis se retira avec un monceau d'or dont l'étendue fut déterminée par la portée de son fouet ; mais jamais vœu ne fut si religieusement accompli que le serment de vengeance prononcé au milieu des orages de l'Euxin. Les deux usurpateurs (car c'est pour le vainqueur que doit être réservé le nom de tyran) furent amenés dans l'hippodrome, l'un de sa prison et l'autre de son palais. Léontius et Apsimar, avant d'être livrés aux bourreaux, furent étendus chargés de chaînes sous le trône de l'empereur, et Justinien, établissant l'un de ses pieds sur le cou de chacun d'eux, regarda plus d'une heure la course des chars, tandis que le peuple inconstant répétait ces paroles du Psalmiste : « Tu marcheras sur l'aspic et sur le basilic, et tu fouleras aux pieds le lion et le dragon. » La défection universelle qu'il avait jadis éprouvée, put le porter à désirer, comme Caligula, que le peuple romain n'eût eu qu'une tête. J'observerai toutefois que ce désir ne convenait pas à un tyran ingénieux, puisqu'au lieu des tourmens variés dont il accablait les victimes de sa colère, un seul coup aurait terminé les plaisirs de sa vengeance et de sa cruauté. Ces plaisirs furent en effet inépuisables : ni vertus privées ni services publics ne purent expier le crime d'une obéissance active ou même passive à un gouvernement établi, et, dans les six années de son nouveau règne, la hache, la corde et la torture, lui parurent les seuls instrumens de la royauté. Mais ce fut surtout contre les habitans de Cherson, qui avaient insulté à son exil et enfreint les lois de l'hospitalité, que se dirigèrent les efforts de son implacable haine. Comme leur position éloignée leur laissait quelques moyens de défense, ou du moins d'évasion, Constantinople fut chargée d'un impôt qui devait payer les frais d'une escadre et d'une armée levée contre eux : « Ils sont tous coupables et ils doivent tous périr, » tel fut l'ordre de Justinien ; il chargea de l'exécution de ce sanguinaire arrêt Étienne, son favori, recommandé près de lui par son surnom de Sauvage. Cependant le sauvage Étienne ne remplit qu'imparfaitement les intentions de son souverain. La lenteur de ses attaques permit à la plus grande partie des habitans de se retirer dans l'intérieur du pays, et le ministre des vengeances du prince se contenta de réduire en servitude les jeunes gens des deux sexes, de brûler vifs sept des principaux citoyens, d'en jeter vingt dans la mer, et d'en réserver quarante-deux qui devaient recevoir leur condamnation de la bouche de Justinien. Au retour d'Étienne, son escadre échoua sur les rochers qui hérissent les côtes de l'Anatolie, et Justinien applaudit à l'obéissance de l'Euxin, qui avait enveloppé dans un même naufrage tant de milliers de ses sujets et de ses ennemis. Cependant, altéré de sang, le tyran ordonna une seconde expédition pour anéantir les restes de la colonie qu'il avait proscrite. Dans ce court intervalle, les Chersonites étaient revenus dans leur ville et se préparaient à mourir les armes à la main : le khan des

Chozares avait abandonné la cause de son détestable beau-frère; les exilés de toutes les provinces se réunirent à Tauris, et Bardanes fut revêtu de la pourpre sous le nom de Philippicus. Les troupes impériales ne voulant ni ne pouvant exécuter les projets vindicatifs de Justinien, échappèrent à sa fureur en renonçant à son obéissance; l'escadre conduite par Philippicus arriva heureusement aux havres de Sinope et de Constantinople; toutes les bouches prononcèrent la mort du tyran, tous les bras s'empressèrent d'y concourir : il était dénué d'amis, il fut abandonné des Barbares qui le gardaient, et le coup qui termina sa vie fut célébré comme un acte de patriotisme et l'effet d'une vertu romaine. Tibère, son fils, s'était réfugié dans une église; sa grand'mère, fort avancée en âge, en défendait la porte; l'innocent jeune homme suspendit à son cou toutes les reliques les plus respectées; il s'appuya d'une main sur l'autel et de l'autre sur la vraie croix ; mais la fureur populaire, lorsqu'elle ose fouler aux pieds la superstition, est sourde aux cris de l'humanité, et la race d'Héraclius s'éteignit après avoir porté la couronne durant un siècle.

Entre la chute de la race des Héraclides et l'avénement de la dynastie isaurienne, se trouve un intervalle de six années seulement divisé en trois règnes. Bardanes ou Philippicus fut reçu à Constantinople comme un héros qui avait délivré son pays d'un tyran; et les premiers transports d'une joie aussi sincère qu'universelle, purent lui faire goûter quelques

<small>Philippicus.
A. D. 711,
décembre.</small>

momens de bonheur. Justinien avait laissé un grand trésor, fruit de ses cruautés et de ses rapines ; mais son successeur ne tarda pas à le dissiper par de vaines profusions. Le jour de l'anniversaire de sa naissance, Philippicus donna au peuple les jeux de l'hippodrome ; il se montra ensuite dans toutes les rues, précédé de mille bannières et de mille trompettes, alla se rafraîchir dans les bains de Zeuxippe, et, de retour à son palais, il y donna un festin somptueux à sa noblesse. A l'heure de la méridienne, il se retira au fond de son appartement, enivré d'orgueil et de vin, et oubliant que ses succès avaient rendu ambitieux chacun de ses sujets, et que chaque ambitieux était secrètement son ennemi. Au milieu du désordre de la fête, de hardis conspirateurs pénétrèrent jusqu'à lui, surprirent le monarque endormi, le garottèrent, lui crevèrent les yeux et le déposèrent avant même qu'il eût eu le loisir de sentir toute l'étendue de son danger. Mais les traîtres ne profitèrent pas de leur crime ; le choix du sénat et du peuple revêtit de la pourpre Artémius, qui exerçait auprès de l'empereur déposé les fonctions de secrétaire. Artémius prit le nom d'Anastase II, et, durant un règne court et rempli d'agitations, déploya, soit dans la paix, soit dans la guerre, les vertus qui conviennent à un souverain. Mais, par l'extinction de la ligne impériale, le frein de l'obéissance avait été rompu, et chaque avénement au trône répandait les germes d'une nouvelle révolution. Dans un soulèvement de la flotte, un obscur officier du fisc fut revêtu malgré lui de la

*Anastase II.
A. D. 713,
juin 4.*

pourpre ; après quelques mois d'une guerre navale, Anastase abdiqua la couronne, et Théodose III, son vainqueur, se soumit à son tour à l'ascendant supérieur de Léon, général des troupes de l'Orient. On permit à Anastase et à Théodose d'embrasser l'état ecclésiastique : l'ardeur impatiente du premier le conduisit à risquer et à perdre la vie dans une conspiration; les derniers jours du second furent honorables et tranquilles. On ne grava sur sa tombe que ce mot : « santé, » dont la simplicité sublime exprime la confiance de la philosophie ou celle de la religion, et le peuple d'Éphèse garda long-temps le souvenir de ses miracles. Les ressources qu'offrait l'Église purent ainsi quelquefois rendre aux princes la clémence plus facile ; mais il n'est pas sûr qu'en diminuant les périls d'une ambition malheureuse, on ait travaillé pour l'intérêt public. Théodose III. A. D. 716, janv.

Après m'être arrêté sur la chute d'un tyran, je vais indiquer en peu de mots le fondateur d'une nouvelle dynastie, connu de la postérité par les invectives de ses ennemis, et dont la vie publique et la vie privée sont mêlées à l'histoire des iconoclastes. En dépit des clameurs de la superstition, l'obscurité de la naissance et la durée du règne de Léon l'Isaurien inspirent une prévention favorable au caractère de ce prince. Dans un siècle de force, l'appât de la couronne impériale aurait été propre à mettre en jeu toute l'énergie de l'esprit humain, et à produire une foule de compétiteurs aussi dignes du trône qu'ardens à y parvenir. Au milieu même de la corruption Léon III, l'Isaurien. A. D. 718, mars 25.

et de la faiblesse des Grecs à cette époque, la fortune d'un plébéien, qui s'éleva du dernier au premier rang de la société, suppose des qualités au-dessus du niveau de la multitude. Il y a lieu de penser que ce plébéien ignorait et dédaignait les sciences, et que, dans sa carrière ambitieuse, il se dispensa des devoirs de la bienveillance et de la justice; mais on peut croire qu'il possédait les vertus utiles, telles que la prudence et la force, qu'il connaissait les hommes et l'art important de gagner leur confiance et de diriger leurs passions. On convient généralement que Léon était né dans l'Isaurie, et qu'il porta d'abord le nom de Conon. Des écrivains, dont la satire maladroite peut lui servir d'éloge, le représentent comme courant les foires du pays à pied, suivi d'un âne chargé de quelques marchandises de peu de valeur. Ils racontent ridiculement qu'il trouva sur sa route quelques Juifs, diseurs de bonne aventure, et qui lui promirent l'empire romain, sous la condition d'abolir le culte des idoles. D'après une version plus vraisemblable, son père quitta l'Asie-Mineure pour aller s'établir dans la Thrace, où il exerça l'utile profession de nourrisseur de bestiaux, et où il devait avoir acquis des richesses considérables, puisque ce fut au moyen d'une fourniture de cinq cents moutons qu'il obtint de faire entrer son fils au service de l'empereur. Léon fut d'abord placé dans les gardes de Justinien; il attira bientôt l'attention du tyran, et devint ensuite l'objet de ses soupçons. Sa valeur et sa dextérité se firent remarquer dans la guerre de

Colchide. Anastase lui donna le commandement des légions de l'Anatolie, et les soldats l'ayant revêtu de la pourpre, l'empire romain applaudit à ce choix. Léon III, élevé à ce poste dangereux, s'y soutint malgré l'envie de ses égaux, le mécontentement d'une faction redoutable, et les attaques de ses ennemis étrangers et domestiques. Les catholiques, tout en s'élevant contre ses innovations en matière de religion, sont obligés de convenir qu'il les entreprit avec modération et qu'il les exécuta avec fermeté. Leur silence a respecté la sagesse de son administration et la pureté de ses mœurs. Après un règne de vingt-quatre ans, il mourut tranquillement dans le palais de Constantinople, et ses descendans héritèrent, jusqu'à la troisième génération, de la pourpre qu'il avait acquise.

Le règne de Constantin V, surnommé Copronyme, fils et successeur de Léon, fut de trente-quatre ans; il attaqua avec un zèle moins modéré le culte des images. Tout le fiel de la haine religieuse s'est épuisé dans la peinture que les partisans des images nous ont laissée de la personne et du règne de ce prince, de cette panthère tachetée, de cet antechrist, ce dragon volant, ce rejeton du serpent qui séduisit la première femme : selon eux, il surpassa les vices d'Élagabale et de Néron ; son règne fut une longue boucherie des personnages les plus nobles, les plus saints et les plus innocens de l'empire : il assistait au supplice de ses victimes ; il examinait les convulsions de leur agonie, écoutait avec plaisir leurs gémisse-

Constantin V, Copronyme.
A. D. 741, juin 18.

mens, et ne pouvait se désaltérer du sang qu'il se plaisait à répandre; souvent il battait de verges ou mutilait ses domestiques de sa main royale. Son surnom de Copronyme lui venait de ce qu'il avait souillé les fonts baptismaux; son âge, à la vérité, pouvait lui servir d'excuse; mais les plaisirs de sa virilité le rabaissèrent au-dessous du niveau de la brute : il confondit dans ses débauches tous les sexes et toutes les espèces, et sembla tirer quelque plaisir des objets les plus faits pour révolter les sens; l'iconoclaste fut hérétique, juif, mahométan, païen, athée; et ses cérémonies magiques, les victimes humaines qu'il immola, ses sacrifices nocturnes à Vénus et aux démons de l'antiquité, sont les seules preuves que nous ayons de sa croyance en Dieu. Sa vie fut souillée des vices les plus contradictoires, et enfin les ulcères qui couvrirent son corps anticipèrent pour lui les tourmens de l'enfer. L'absurdité d'une partie de ces accusations, que j'ai eu la patience de copier, se réfute d'elle-même; et, dans tout ce qui regarde les anecdotes privées de la vie des princes, rien n'est plus aisé que le mensonge, rien n'est plus difficile que de le repousser. Je n'adopte point la pernicieuse maxime, que celui à qui on reproche beaucoup est nécessairement coupable de quelque chose; cependant je puis clairement démêler que Constantin v. fut dissolu et cruel. Le propre de la calomnie est d'exagérer plutôt que d'inventer; et sa langue audacieuse est contenue, à quelques égards, par la notoriété établie dans le siècle et dans le pays dont elle invoque le témoignage. On désigne le nombre des évêques, des moines et des généraux, victimes de sa cruauté; leurs noms étaient illustres, leur exécution fut publique et leur mutilation visible et permanente. Les catholiques détestaient la personne et le gouvernement de Copronyme, mais leur haine elle-même est un indice de leur oppression. Ils dissimulent les fautes ou les insultes qui purent excuser ou justifier sa rigueur; mais ces insultes durent échauffer peu à peu sa colère et l'endurcir à l'habitude et à l'abus du despotisme. Toutefois Constantin v n'était pas dénué de mérite, et son gouvernement ne fut pas toujours digne de l'exécration ou du mépris des Grecs. Ses ennemis avouent qu'il répara un ancien aqueduc, qu'il racheta deux mille cinq cents captifs; que les peuples jouirent sous son règne d'une abondance peu commune, qu'il repeupla par de nouvelles colonies Constantinople et les villes de la Thrace : ils louent malgré eux son activité et son courage. A l'armée on le voyait à cheval à la tête de ses légions; et, quoique ses armes n'aient pas toujours été également heureuses, il triompha par terre et par mer, sur l'Euphrate et sur le Danube; dans la guerre civile et dans la guerre contre les Barbares. Il faut d'ailleurs, pour servir de contre-poids aux invectives des orthodoxes, mettre aussi dans la balance les louanges des hérétiques. Les iconoclastes révérèrent ses vertus; ils le regardèrent comme un saint, et quarante ans après sa mort, ils priaient sur son tombeau. Le fanatisme ou la supercherie propagèrent une vision miraculeuse. On publia que le héros chrétien s'était montré sur un cheval blanc, agitant sa lance contre les païens de la Bulgarie. « Fable absurde, dit l'historien catholique, puisque Copronyme est enchaîné avec les démons dans les abîmes de l'enfer. »

<small>Léon IV.
A. D. 775,
sept. 14.</small>

Léon IV, fils de Constantin V et père de Constantin VI, fut faible de corps et d'esprit, et durant tout son règne, il s'occupa principalement du choix de son successeur. Le zèle officieux de ses sujets le pressa d'associer à l'empire le jeune Constantin : l'empereur, qui s'apercevait de son dépérissement, se rendit à leurs vœux unanimes après avoir examiné cette grande affaire avec toute l'attention qu'elle méritait. Constantin, qui n'avait que cinq ans, fut couronné ainsi que sa mère Irène, et le consentement national fut consacré par toutes les cérémonies dont la pompe et l'appareil étaient le plus capables d'éblouir les yeux des Grecs ou d'enchaîner leur conscience. Les différens ordres de l'État prêtèrent serment de fidélité dans le palais, dans l'église et dans l'hippodrome ; ils adjurèrent les saints noms du fils et de la mère de Dieu : « Nous en attestons Jésus-Christ, s'écrièrent-ils ; nous veillerons sur la sûreté de Constantin, fils de Léon ; nous exposerons nos jours à son service, et nous demeurerons fidèles à sa personne et à sa postérité. » Ils répétèrent ce serment sur le bois de la vraie croix, et l'acte de leur soumission fut déposé sur l'autel de Sainte-Sophie. Les premiers à faire ce serment, les premiers à le violer, furent les cinq fils qu'avait eus Copronyme d'un second mariage; et l'histoire de ces princes est aussi singulière que tragique. Le droit de primogéniture les excluait du trône; l'injustice de leur frère aîné les avait privés d'un legs d'environ deux millions sterling; ils ne crurent pas que de vains titres pussent être regardés comme une compensation de la richesse et du pouvoir; et ils conspirèrent à diverses reprises contre leur neveu, soit avant, soit depuis la mort de son père. On leur pardonna la première fois; à la seconde, on les condamna à embrasser l'état ecclésiastique; à la troisième trahison, Nicéphore, l'aîné et le plus coupable, eut les yeux crevés; et, ce qu'on regardait comme un châtiment plus doux, on coupa la langue à Christophe, à Nicétas, à Anthemeus et à Eudoxas, ses quatre frères. Après cinq ans de prison, ils s'échappèrent, se réfugièrent dans l'église de Sainte-Sophie, et y offrirent au peuple un spectacle touchant. « Chrétiens, mes compatriotes, s'écria Nicéphore en son nom et en celui de ses frères privés de la parole, voyez les fils de votre empereur, si toutefois vous pouvez les reconnaître dans cet affreux état. La vie, et quelle vie! voilà tout ce que la cruauté de nos ennemis nous a laissé : on la menace aujourd'hui cette misérable vie, et nous venons implorer votre compassion. » Le murmure qui commençait à s'élever dans l'assemblée se serait terminé par une révolution, si ces premiers mouvemens n'eussent été contenus par la présence d'un ministre qui, par des flatteries et des promesses, vint à bout d'adoucir ces princes infortunés et de les conduire de l'église au palais. On ne tarda pas à les embarquer pour la Grèce; et on leur donna pour exil la ville d'Athènes. Dans cette retraite, et malgré leur état, Nicéphore et ses frères, encore tourmentés de la soif du pouvoir, se laissèrent séduire par un chef esclavon, qui promit de les remettre en liberté et de les conduire en armes et revêtus de la pourpre aux portes de Constantinople; mais le peuple d'Athènes, toujours zélé en faveur d'Irène, prévint sa justice ou sa cruauté, et ensevelit enfin dans l'éternel silence jusqu'au souvenir des cinq fils de Copronyme.

Constantin VI et Irène. A. D. 708, 8 sept. Cet empereur avait choisi pour lui une Barbare, fille du khan des Chozares; mais lorsqu'il s'était agi de marier son héritier, il avait préféré une orpheline athénienne, âgée de dix-sept ans, qui paraît n'avoir eu d'autre fortune que sa beauté. Les noces de Léon et d'Irène se célébrèrent avec une pompe royale; elle gagna bientôt l'amour et la confiance d'un faible époux; il la déclara dans son testament impératrice, et remit sous sa garde le monde romain et leur fils Constantin VI, alors âgé seulement de dix ans. Durant la minorité du jeune prince, Irène, dans son administration publique, se montra, avec autant de talens que d'assiduité, exactement fidèle à ses devoirs de mère; et son zèle pour le rétablissement des images lui a mérité le rang et les honneurs d'une sainte, qu'elle occupe encore dans le calendrier des Grecs. Mais l'empereur, lorsqu'il fut sorti de l'adolescence, trouva le joug maternel trop pénible ; il écouta de jeunes favoris qui, du même âge que lui, et partageant ses plaisirs, auraient voulu partager son pouvoir. Convaincu par leurs discours et de ses droits à l'autorité et de ses talens pour régner, il consentit à ce qu'en récompense de ses services, Irène fût exilée pour sa vie dans l'île de Sicile. La vigilance et la pénétration de l'impératrice déconcertèrent aisément leurs projets mal combinés. Ces jeunes gens et leurs instigateurs furent punis par l'exil qu'ils avaient voulu lui imposer, ou par des châtimens plus sévères encore. Celui d'un fils ingrat fut la punition infligée d'ordinaire aux enfans. La mère et le fils furent dès-lors à la tête de deux factions domestiques, et au lieu de régner sur lui par la douceur, et de l'assujettir à l'obéissance sans qu'il s'en aperçût, elle tint dans les chaînes un captif et un ennemi. Elle se perdit par l'abus de la victoire : le serment de fidélité, qu'elle exigea pour elle seule, fut prononcé avec répugnance et avec des murmures ; et les gardes arméniennes ayant osé le refuser, le peuple, encouragé par cette hardiesse, reconnut librement et unanimement Constantin VI pour légitime empereur des Romains. Il prit le sceptre en cette qualité, et il condamna sa mère à l'inaction et à la solitude. Alors la fierté d'Irène descendit à la dissimulation ; elle flatta les évêques et les eunuques, elle ranima la tendresse filiale du prince, regagna sa confiance et trompa sa crédulité. Constantin ne manquait ni de sens ni de courage : mais on avait à dessein négligé son éducation, et son ambitieuse mère dénonçait à la censure publique les vices qu'elle avait nourris et les actions qu'elle avait secrètement conseillées. Le divorce et le second mariage de Constantin blessèrent les préjugés des ecclésiastiques, et il perdit par sa rigueur imprudente l'affection des gardes arméniennes. Il se forma une puissante conspiration pour le rétablissement d'Irène; et ce secret, bien que confié à un grand nombre de personnes, fut fidèlement gardé plus de huit mois. L'empereur, à la fin, commençant à soupçonner le danger qu'il courait, se sauva de Constantinople avec le dessein de réclamer le secours des provinces et des armées. Cette brusque évasion laissa Irène sur le bord du précipice : toutefois, avant d'implorer la clémence de son fils, elle adressa une lettre particulière aux amis qu'elle avait placés autour de la personne du prince, et les menaça, s'ils manquaient à la parole qu'ils lui avaient donnée, de révéler à l'empereur leur trahison. La crainte les rendit intrépides; ils saisirent l'empereur sur la côte d'Asie, et l'amenèrent au palais dans l'appartement de porphyre, celui où il avait reçu le jour. L'ambition avait étouffé dans le cœur d'Irène tous les sentimens de l'humanité et ceux de la nature ; il fut décidé, dans son conseil sanguinaire, qu'on mettrait Constantin hors d'état de régner : ses émissaires se jetèrent sur le prince au moment où il dormait ; ils enfoncèrent leurs poignards dans ses yeux avec une telle violence et une telle précipitation, qu'on eût dit qu'ils voulaient lui donner la mort. Un passage équivoque de Théophane a persuadé à l'auteur des Annales de l'Église qu'en effet l'empereur expira sous leurs coups. L'autorité de Baronius a trompé ou subjugué les catholiques, et le fanatisme des protestans n'a pas voulu, sur ce point, douter de l'assertion d'un cardinal disposé à favoriser la protectrice des images; mais le fils d'Irène vécut encore plusieurs années, opprimé par la cour et oublié du monde. La dynastie isaurienne s'éteignit dans le silence, et le souvenir de Constantin ne fut rappelé que par le mariage de sa fille Euphrosyne avec l'empereur Michel II.

Les plus fanatiques d'entre les catholiques ont justement détesté une mère si dénaturée, qu'elle ne trouve guère d'égale dans l'histoire des forfaits. Une obscurité de dix-sept jours, durant laquelle plusieurs vaisseaux perdirent leur route en plein midi, fut regardée, par la superstition, comme un effet de son crime; comme si le soleil, ce globe de feu si éloigné et d'une si grande dimension, sympathisait dans ses mouvemens avec les atomes d'une planète qui fait sa révolution autour de lui. Le crime d'Irène demeura cinq ans impuni; l'éclat environnait son règne, et à moins que sa conscience ne prît le soin de l'avertir, elle pouvait ignorer ou mépriser l'opinion des hommes. Le monde romain se soumit au gouvernement d'une femme; et lorsqu'elle traversait les rues de Constantinople, quatre patriciens, marchant à pied, tenaient les rênes de quatre chevaux

Irène.
A. D. 792,
août 19.

blancs attelés au char brillant d'or sur lequel se faisait porter leur reine; mais ces patriciens étaient communément des eunuques, et leur noire ingratitude justifia en cette occasion la haine et le mépris qu'ils inspiraient. Tirés de la poussière, enrichis et revêtus des premières dignités de l'État, ils conspirèrent lâchement contre leur bienfaitrice : le grand trésorier, nommé Nicéphore, fut secrètement revêtu de la pourpre; le successeur d'Irène fut établi dans le palais, et couronné à Sainte-Sophie par un patriarche qu'ils avaient eu soin d'acheter. Dans la première entrevue avec le nouvel empereur, Irène récapitula avec dignité les révolutions qui avaient agité sa vie ; elle reprocha doucement à Nicéphore sa perfidie, laissa entrevoir qu'il devait la vie à sa clémence peu soupçonneuse, et, pour la dédommager du trône et des trésors qu'elle abandonnait, elle sollicita une retraite honorable. L'avare Nicéphore refusa cette modeste compensation, et l'impératrice, exilée dans l'île de Lesbos, n'eut pour subsister que le produit de sa quenouille.

Nicéphore 1er. A. D. 802, oct. 31. Sans doute il y a eu des tyrans plus criminels que Nicéphore, mais il n'en est peut-être aucun qui ait excité plus universellement la haine de son peuple. Trois vices méprisables, l'hypocrisie, l'ingratitude et l'avarice, souillèrent son caractère : des talens ne suppléaient pas à son défaut de vertu, et il n'avait point de qualités agréables qui rachetassent son défaut de talent. Malhabile et malheureux à la guerre, il fut vaincu par les Sarrasins et tué par les Bulgares;

et sa mort fut regardée comme un bonheur qui, dans l'opinion publique, compensa la perte d'une armée romaine. Stauracius, son fils et son héritier, n'échappa du combat qu'avec une blessure mortelle; mais six mois d'une vie qui ne fut qu'une agonie prolongée suffirent pour démentir la promesse agréable au peuple, mais indécente en elle-même, qu'il avait faite d'éviter en tout l'exemple de son père. Lorsqu'on vit qu'il lui restait peu de jours à vivre, toutes les voix, soit dans le palais, soit dans la ville, se réunirent en faveur de Michel, grand-maître du palais, et mari de Procopia, sa sœur. Il ne manqua à Michel que celle de son envieux beau-frère. Obstinément attaché à retenir un sceptre qui s'échappait de ses mains, celui-ci conspira contre la vie du successeur qu'on lui désignait, et se laissa séduire à l'idée de faire de l'empire romain une démocratie; mais ces desseins irréfléchis ne servirent qu'à enflammer le zèle du peuple et à dissiper les scrupules de Michel. Il accepta la pourpre, et avant de descendre dans la tombe, le fils de Nicéphore implora la clémence de son nouveau souverain. Si Michel fût monté dans un temps de paix sur un trône héréditaire, il aurait pu être chéri et regretté comme le père de son peuple; mais ses paisibles vertus convenaient surtout à l'obscurité de la vie privée, et il ne fut pas en état de réprimer l'ambition de ses égaux, ou de résister aux armes des Bulgares victorieux. Tandis que son défaut de talens et de succès l'exposait au mépris des soldats, le mâle courage de sa femme Procopia excita

Stauracius.
A. D. 811,
juillet 25.

*Michel II,
Rhangabe.*
A. D. 811,
octobre 2.

leur indignation. Les Grecs même du neuvième siècle furent blessés de l'insolence d'une femme qui, placée devant les étendards, osait se charger de diriger leurs mouvemens et d'animer leur valeur; et leurs clameurs tumultueuses avertirent la nouvelle Sémiramis de respecter la majesté d'un camp romain. Après une campagne malheureuse, l'empereur laissa dans les quartiers d'hiver de la Thrace une armée mal affectionnée et commandée par ses ennemis : leur éloquence artificieuse persuada aux soldats de s'affranchir de l'empire des eunuques, de dégrader le mari de Procopia, et de rétablir le droit de l'élection militaire. Ils marchèrent vers la capitale; cependant le clergé, le sénat et le peuple de Constantinople, soutenaient la cause de Michel, et les troupes et les trésors de l'Asie pouvaient l'aider à prolonger les calamités d'une guerre civile; mais Michel, par un sentiment d'humanité que les ambitieux nommeront faiblesse, protesta qu'il ne laisserait pas verser pour sa querelle une goutte de sang chrétien, et ses députés offrirent aux troupes arrivées de la Thrace les clefs de la ville et du palais. Son innocence et sa soumission les désarmèrent, on n'attenta point à sa vie, on ne lui creva point les yeux ; Michel entra dans un monastère, où, après avoir été dépouillé de la pourpre et séparé de sa femme, il jouit plus de trente-deux ans des consolations de la solitude et de la religion.

Léon v, l'Arménien. A. D. 813, juillet 11.

On a dit que, sous le règne de Nicéphore, un rebelle, le célèbre et infortuné Bardanes, avait eu la curiosité de consulter un prophète d'Asie, qui, après lui avoir annoncé la chute du tyran, l'avertit de la fortune que feraient un jour Léon l'Arménien, Michel de Phrygie et Thomas de Cappadoce, ses trois principaux officiers. La prophétie lui apprit de plus, à ce qu'on assure, que les deux premiers règneraient l'un après l'autre, et que le troisième formerait une entreprise infructueuse qui lui deviendrait fatale. L'événement vérifia cette prédiction ou plus probablement y donna lieu. Dix années après, à l'époque où les troupes de la Thrace déposèrent le mari de Procopia, on offrit la couronne à Léon, le premier en grade dans l'armée et l'auteur secret de la révolte. Comme il feignait d'hésiter, Michel, son camarade, lui dit : « Ce glaive ouvrira les portes de Constantinople et mettra la capitale sous votre empire, ou je le plongerai dans votre sein si vous vous refusez aux justes désirs de vos frères d'armes. » L'Arménien consentit à accepter la pourpre, et régna sept ans et demi sous le nom de Léon v. Élevé dans les camps, et ne connaissant ni les lois ni les lettres, il introduisit dans le gouvernement civil la rigueur et même la cruauté de la discipline militaire ; mais si sa sévérité fut quelquefois dangereuse pour les innocens, elle fut du moins toujours terrible aux coupables. Son inconstance en matière de religion lui a mérité l'épithète de caméléon ; mais les catholiques, en la personne d'un saint confesseur, ont avoué que la vie de l'iconoclaste avait été utile à l'État. Le zèle de Michel fut payé par des richesses, des honneurs et des commandemens militaires; et l'empereur sut employer d'une manière avantageuse, pour le service public, des talens faits seulement pour le second rang. Mais le Phrygien ne fut pas satisfait de recevoir comme une faveur une mince portion de l'empire qu'il avait donné à son égal; et son mécontentement, après s'être exhalé quelque temps en paroles indiscrètes, se prononça enfin d'une manière plus menaçante contre un prince qu'il représentait comme un tyran cruel. Toutefois ce tyran découvrit à diverses reprises les projets de son ancien compagnon d'armes, l'avertit, lui pardonna, jusqu'à ce qu'enfin la crainte et le ressentiment l'emportèrent sur la reconnaissance. Après un examen approfondi des actions et des desseins de Michel, il fut convaincu du crime de lèse-majesté, et condamné à être brûlé vif dans le fourneau des bains privés. La pieuse humanité de l'impératrice Théophano devint fatale à son mari et à sa famille: l'exécution avait été fixée au 25 décembre; elle représenta que ce spectacle inhumain souillerait l'anniversaire de la naissance de Jésus-Christ, et Léon accorda, avec répugnance, un sursis qui lui paraissait convenable. Mais la veille de Noël, les inquiétudes de l'empereur le déterminèrent à aller, au milieu du silence de la nuit, dans la chambre où Michel était détenu: il le trouva débarrassé de ses chaînes, et dormant d'un profond sommeil sur le lit de son geôlier; cet indice de sécurité et d'intelligence avec les hommes qui répondaient de sa personne, alarma Léon: il se retira sans faire de bruit; mais un esclave, caché dans un coin de la prison, le vit entrer et sortir. Sous le prétexte de demander un confesseur, Michel informa les conjurés que leurs jours dépendaient désormais de sa discrétion, et qu'ils n'avaient qu'un petit nombre d'heures pour se sauver et délivrer leur ami et l'empire. Aux grandes fêtes de l'Église, une troupe choisie de prêtres et de musiciens se rendait au palais par une petite porte, afin de chanter les matines dans la chapelle; et Léon, qui faisait observer dans ses chœurs une discipline aussi exacte que dans son camp, assistait presque toujours à cet office du matin. Les conjurés, revêtus d'habits ecclésiastiques et ayant des glaives sous leurs robes, entrèrent mêlés à ceux qui devaient officier; ils se glissèrent dans les angles de la chapelle, et attendirent que l'empereur entonnât le premier psaume, signal dont ils étaient convenus. Ils fondirent d'abord sur un malheureux qu'ils prenaient pour Léon; l'obscurité du jour et l'uniformité des vêtemens auraient pu favoriser l'évasion de celui-ci; mais ils découvrirent bientôt leur méprise, et environnèrent de tous côtés la victime royale. L'empereur, qui se trouvait sans armes et sans défenseur, saisit une lourde croix et imposa quelques momens aux assassins; il demanda grâce, et on lui répondit d'une voix terrible « que c'était le moment non pas de la miséricorde, mais de la vengeance. » Un coup de sabre abattit d'abord son bras droit et la croix, et il fut ensuite massacré au pied de l'autel.

La destinée de Michel II, qu'on surnomma le Bègue, à cause d'un défaut dans l'organe de la parole,

<small>Michel II, surnommé Le Bègue. A. D. 820, déc. 25.</small>

présenta une révolution mémorable. Il échappa de la fournaise à laquelle il était destiné, pour monter sur le trône de l'empire ; et comme au milieu du tumulte on ne put sur-le-champ trouver un serrurier, les fers demeurèrent sur ses jambes plusieurs heures après qu'on l'eut assis sur le trône des Césars. Ce fut sans profit pour le peuple que fut versé le sang royal qui avait été le prix de l'élévation de Michel. Il conserva sous la pourpre les vices ignobles de son origine, et on le vit perdre ses provinces avec la même indifférence que s'il les eût reçues de l'héritage de ses aïeux. Le trône lui fut disputé par Thomas de Cappadoce, le dernier des trois officiers, objets de la prédiction faite à Bardanes. Des bords du Tigre et des rives de la mer Caspienne, Thomas transporta en Europe quatre-vingt mille Barbares, avec lesquels il forma le siége de Constantinople ; mais tous les moyens temporels et spirituels furent employés à la défense de la capitale. Un roi bulgare ayant attaqué le camp des Orientaux, Thomas eut le malheur ou la faiblesse de se laisser tomber vivant au pouvoir du vainqueur. On lui coupa les pieds et les mains ; on le mit sur un âne, et, au travers des insultes de la populace, on le promena dans les rues qu'il arrosait de son sang : l'empereur assista à ce spectacle ; et d'après ce trait on peut juger jusqu'à quel point les mœurs étaient farouches et corrompues. Michel, sourd aux lamentations de son frère d'armes, s'obstinait à vouloir découvrir les complices de la rebellion ; mais un ministre vertueux ou coupable l'arrêta en lui demandant

« s'il ajouterait foi aux dépositions d'un ennemi contre ses amis les plus fidèles. » Lorsque l'empereur eut perdu sa femme, le sénat l'engagea à épouser Euphrosyne, fille de Constantin VI, enfermée dans un monastère, et il se rendit à cette prière. Par égard sans doute pour l'auguste naissance d'Euphrosyne, le contrat de mariage déclara que ses enfans partageraient l'empire avec leur frère aîné; mais ce second mariage fut stérile, et Euphrosyne se contenta du titre de mère de Théophile, fils et successeur de Michel.

Théophile nous offre l'exemple bien rare d'un hérétique et d'un persécuteur dont le zèle religieux a avoué, peut-être exagéré les vertus. Ses ennemis éprouvèrent souvent sa valeur, et il fit sentir sa justice à ses sujets; mais sa valeur fut téméraire et infructueuse, et sa justice arbitraire et cruelle. Il déploya l'étendard de la croix contre les Sarrasins; mais ses cinq expéditions se terminèrent par un revers signalé. Amorium, patrie de ses ancêtres, fut rasée, et ses travaux militaires ne lui procurèrent que le surnom de *malheureux*. Un souverain montre sa sagesse dans l'institution des lois et le choix des magistrats; et tandis qu'il paraît inactif, le gouvernement civil fait sa révolution autour de son centre, avec le silence et le bon ordre du système planétaire. Théophile fut juste comme le sont les despotes de l'Orient, qui, lorsqu'ils exercent eux-mêmes l'autorité, suivent la raison ou la passion du moment, sans s'occuper des lois, ou sans mesurer la peine sur le délit. Une pauvre femme vint se jeter à ses pieds et se plaindre du

*Théophile.
A. D. 829,
octob. 2.*

frère de l'impératrice, dont le palais avait été élevé à une telle hauteur, qu'il privait d'air et de jour son humble habitation. La chose prouvée, au lieu de lui accorder, comme l'eût fait un juge ordinaire, des dommages suffisans ou même des dommages considérables, il lui adjugea le palais et le terrain. Il ne fut pas même satisfait de cet arrêt extravagant ; il fit d'une affaire civile une action criminelle, et l'infortuné patricien fut battu de verges dans la place publique de Constantinople. Pour des fautes légères, pour un défaut d'équité ou de vigilance, ses principaux ministres, un préfet, un questeur, un capitaine des gardes, étaient bannis, mutilés, échaudés avec de la poix bouillante ou brûlés vifs dans l'hippodrome. Ces terribles décrets, dictés vraisemblablement par l'erreur et le caprice, durent aliéner l'affection des meilleurs et des plus sages citoyens ; mais l'orgueil du monarque se complaisait dans ces actes de pouvoir qu'il regardait comme des actes de vertu, et le peuple, tranquille dans son obscurité, applaudissait au danger et à l'humiliation de ses supérieurs. Cette rigueur extrême fut à la vérité justifiée, à quelques égards, par des effets bien salutaires, puisque, après une recherche de dix-sept jours, on ne trouva pas, soit à la cour ou dans la capitale, un seul sujet de plainte, ni un abus à dénoncer. On doit peut-être avouer que les Grecs avaient besoin d'être menés avec un sceptre de fer, et que l'intérêt public est le motif et la loi du suprême magistrat ; mais dans le jugement du crime de lèse-majesté, ce juge est plus qu'un autre crédule ou partial. Théophile infligea des peines tardives aux assassins de Léon et aux libérateurs de son père, sans cesser de jouir du fruit de leur crime, et sa tyrannie jalouse immola le mari de sa sœur à sa propre sûreté. Un Persan de la race des Sassanides était mort à Constantinople dans la pauvreté et l'exil, laissant un fils unique qu'il avait eu de son mariage avec une plébéienne. Ce fils, nommé Théophobe, était âgé de douze ans lorsqu'on connut le secret de sa naissance, et son mérite n'était pas indigne de son extraction. Il fut élevé dans le palais de Byzance, et y reçut l'éducation d'un chrétien et d'un soldat; il fit des progrès rapides dans la carrière de la fortune et de la gloire; il épousa la sœur de l'empereur, et obtint le commandement de trente mille Perses qui, ainsi que son père, avaient quitté leur pays pour échapper aux musulmans. Ces trente mille guerriers, unissant les vices des fanatiques à ceux des troupes mercenaires, voulurent se révolter contre leur bienfaiteur, et arborer l'étendard du prince leur compatriote; mais le fidèle Théophobe rejeta leur proposition, déconcerta leurs projets, et se réfugia dans le camp ou dans le palais de son beau-frère. L'empereur, en lui accordant une généreuse confiance, se serait ménagé un habile et fidèle tuteur pour sa femme et pour le fils, encore enfant, que Théophile à la fleur de l'âge laissa pour héritier de son empire. Ses maux corporels et son caractère envieux augmentèrent ses inquiétudes; il craignit des vertus qui pouvaient devenir dangereuses à leur faiblesse, et au lit de la mort il demanda la tête du prince persan. Il montra un plaisir barbare en reconnaissant les traits de son frère : « Tu n'es plus Théophobe, » dit-il ; et retombant sur sa couche, il ajouta d'une voix défaillante : « Et moi, bientôt, trop tôt, hélas ! je ne serai plus Théophile ! »

Les Russes, qui ont pris chez les Grecs le plus grand nombre de leurs lois civiles et ecclésiastiques, ont observé jusqu'au dernier siècle, au mariage du czar, un singulier usage : ils rassemblaient les jeunes filles, non pas de tous les rangs et de toutes les provinces, ce qui eût été ridicule et impossible, mais toutes celles de la principale noblesse, et elles attendaient au palais le choix de leur souverain. On assure qu'on suivit cet usage lors des noces de Théophile. Il se promena, tenant une pomme d'or à la main, au milieu de toutes ces beautés rangées sur deux files : les charmes d'Icasia arrêtèrent ses yeux, et ce prince maladroit, pour commencer l'entretien, ne trouva autre chose à lui dire sinon que les femmes avaient fait beaucoup de mal : « Oui, sire, répondit-elle avec vivacité, mais aussi elles ont été l'occasion de beaucoup de bien. » Cette affectation d'esprit déplacée mécontenta l'empereur ; il tourna le dos. Icasia alla cacher son humiliation dans un couvent, et Théodora, qui avait gardé un modeste silence, reçut la pomme d'or. Elle mérita l'amour de son maître, mais ne put se soustraire à sa sévérité. Il vit du jardin du palais un vaisseau très-chargé qui entrait dans le port : ayant découvert qu'il était rempli de marchandises de la Syrie, qui appartenaient à sa femme, il condamna le navire au feu, et reprocha avec aigreur à Théodora de dégrader sa qualité d'impératrice pour prendre celle d'une marchande. Toutefois, au lit de la mort, il lui confia la tutelle de l'empire et celle de son fils Michel, âgé alors de cinq ans. Le rétablissement des images et l'entière expulsion des iconoclastes ont rendu le nom de Théodora cher aux Grecs ; mais, dans la ferveur de son zèle religieux, elle n'oublia point les soins que lui prescrivait la reconnaissance pour la mémoire et le salut de son mari. Après treize ans d'une administration sage et modérée, elle s'aperçut du déclin de son crédit ; mais cette seconde Irène n'imita que les vertus de la première : au lieu d'attenter à la vie ou à l'autorité de son fils, elle se dévoua sans résistance, mais non pas sans murmure, à la solitude de la vie privée, en déplorant l'ingratitude, les vices et la ruine inévitable de son indigne fils.

Michel III.
A. D. 842,
janv. 20.

Parmi ceux des successeurs de Néron et d'Élagabale qui se montrèrent les imitateurs de leurs vices, nous n'avions pas encore trouvé un prince qui regardât le plaisir comme l'objet important de la vie, et la vertu comme l'ennemie du plaisir. Quels qu'eussent été les soins de Théodora pour l'éducation de son fils, le malheur de ce prince fut d'être souverain avant d'être homme ; mais si cette mère ambitieuse s'efforça d'arrêter le développement de sa raison, elle ne put calmer l'effervescence de ses passions, et sa conduite intéressée fut justement punie par le mépris et l'ingratitude de cet opiniâtre jeune homme. A l'âge de dix-huit ans, il s'affranchit de l'autorité de Théodora, sans s'apercevoir qu'il était hors d'état de gouverner l'empire et de se gouverner lui-même. Avec Théodora s'éloignèrent de la cour la sagesse et la gravité; on ne vit plus que le vice et la folie y régner tour à tour, et il fut impossible d'acquérir ou de conserver la faveur du prince sans perdre l'estime publique. Les millions amassés pour le service de l'État furent prodigués aux plus vils des hommes, qui flattaient ses passions et partageaient ses plaisirs ; et dans un règne de treize ans, le plus riche des monarques fut réduit à vendre les ornemens les plus précieux de son palais et ceux des églises. Semblable à Néron, les amusemens du théâtre le charmaient, et, comme lui, il voyait avec dépit qu'on le surpassât dans les avantages qu'il aurait dû rougir de posséder. Mais l'étude qu'avait faite Néron de la musique et de la poésie, annonçait une sorte de goût pour les occupations libérales ; les inclinations plus ignobles du fils de Théophile se bornaient aux courses de chars de l'hippodrome. Les quatre factions qui avaient troublé la paix de la capitale amusaient encore ses oisifs habitans : l'empereur prit la livrée des Bleus ; il distribua à ses favoris les trois couleurs rivales, et, dans l'ardeur de ces vils exercices, il oublia la dignité de sa personne et la sûreté de ses États. Il fit taire un courrier qui, pour lui apprendre que l'ennemi venait d'envahir une des provinces de l'empire, s'avisa de l'aborder au moment le plus intéressant de la course : il ordonna d'éteindre les feux importuns qui, destinés à avertir du danger, répandaient trop souvent l'alarme dans le pays situé entre Tarse et Constantinople. Les plus habiles conducteurs de chars obtenaient les premières places dans sa confiance et dans son estime ; il leur permettait de lui donner des festins, et il tenait leurs enfans sur les fonts de baptême : il s'applaudissait alors de sa popularité, et affectait de blâmer la froide et imposante réserve de ses prédécesseurs. L'univers ne connaissait plus ces débauches contraires à la nature qui ont déshonoré même l'âge viril de Néron ; mais Michel consumait ses forces en se livrant à l'amour et à l'intempérance. Échauffé par le vin, dans ses orgies nocturnes, il donnait les ordres les plus sanguinaires ; et lorsqu'au retour de sa raison l'humanité parvenait à se faire entendre, il en était réduit à approuver la salutaire désobéissance de ses serviteurs. Mais le trait le plus extraordinaire du caractère de Michel est la profane liberté avec laquelle il tournait en ridicule la religion de son pays. La superstition des Grecs pouvait à la vérité exciter le sourire d'un philosophe ; mais le sourire du sage eût été raisonnable et modéré, et il aurait désapprouvé la sottise ignorante d'un jeune homme qui insultait aux objets de la vénération publique. Un bouffon de la cour prenait une robe de patriarche ; ses douze métropolitains, au nombre desquels se trouvait l'empereur, se couvraient d'habits ecclésiastiques ; ils maniaient et profanaient les vases sacrés, et, pour égayer leurs bacchanales, ils administraient la sainte communion avec un dégoûtant composé de vinaigre et de moutarde. On ne dérobait pas ces impiétés aux regards de la ville : un jour de grande fête, l'empereur, ses évêques et ses bouffons, courant les rues, montés sur des ânes, rencontrèrent le véritable patriarche à la tête de son clergé, et, par leurs acclamations licencieuses et leurs gestes obscènes, déconcertèrent la gravité de cette procession chrétienne. Michel ne se conforma jamais aux pratiques de la dévotion que pour outrager la raison et la véritable piété; il recevait d'une statue de la Vierge les couronnes du théâtre, et il viola la tombe impériale de Constantin l'iconoclaste pour le plaisir de brûler ses ossemens. Cette conduite extravagante le rendit aussi méprisable qu'il était odieux. Chaque citoyen désirait avec ardeur la délivrance de son pays, et ses favoris eux-mêmes craignaient qu'un caprice ne leur ôtât ce qu'un caprice leur avait donné. A l'âge de trente ans, et au milieu de l'ivresse et du sommeil, Michel III fut assassiné dans son lit par le fondateur d'une nouvelle dynastie, qu'il avait revêtu d'un rang et d'un pouvoir égal au sien.

Basile 1er, ou le Macédonien. A. D. 867, sept. 24.

La généalogie de Basile le Macédonien, si elle n'a pas été fabriquée par l'orgueil et la flatterie, montre bien à quelles révolutions se trouvent exposées les plus illustres familles. Les Arsacides, rivaux de Rome, avaient donné des lois en Orient durant près de quatre siècles; une branche cadette de ces rois parthes continua de régner en Arménie, et survécut ensuite au partage et à l'asservissement de cette ancienne monarchie. Deux de ces princes, Artaban et Chlienes, se réfugièrent ou se retirèrent à la cour de Léon Ier, qui les accueillit avec générosité et les établit honorablement dans la province de Macédoine : Andrinople devint ensuite le lieu de leur résidence. Ils y soutinrent durant plusieurs générations la dignité de leur naissance, et, pleins de zèle pour l'empire romain, rejetèrent les offres séduisantes des Persans et des Arabes, qui les rappelaient dans leur patrie : mais le temps et la pauvreté obscurcirent peu à peu leur éclat, et le père de Basile fut réduit à une petite ferme qu'il cultivait de ses mains ; cependant, trop fier pour avilir le sang des Arsacides en s'alliant à des plébéiens, il épousa une veuve d'Andrinople, qui se plaisait à compter Constantin parmi ses aïeux, et leur fils put se vanter de quelques rapports de parenté, ou du moins de nation, avec Alexandre de Macédoine. Ce fils, nommé Basile, avait à peine vu le jour, lorsqu'il fut enlevé avec sa famille et les habitans de la ville où il avait pris naissance, par les Bulgares, qui vinrent ravager Andrinople : il fut élevé dans la servitude, sous un climat étranger ; et cette sévère discipline lui donna une force de corps et une flexibilité d'esprit qui, par la suite, devinrent la source de son élévation. Encore dans la première jeunesse, ou à peine parvenu à l'âge d'homme, il fut du nombre de ces captifs romains qui brisèrent courageusement leurs fers, et, après avoir traversé la Bulgarie, gagné les côtes de l'Euxin et défait deux armées de Barbares, s'embarquèrent sur les vaisseaux qui les attendaient, et revinrent à Constantinople, d'où chacun d'eux se rendit dans sa famille. Basile, redevenu libre, se trouvait dans la misère. Les dévastations de la guerre avaient ruiné sa ferme : après la mort de son père, le travail de ses mains, ou ce qu'il gagnait au service, ne pouvait plus soutenir une famille d'orphelins, et il résolut de chercher un théâtre plus éclatant, où chacune de ses vertus et chacun de ses vices pussent le mener à la grandeur. Arrivé à Constantinople, sans amis et sans argent, accablé de fatigue, il passa la première nuit sur les marches de l'église de Saint-Diomède; un moine charitable lui donna quelque nourriture. Il entra ensuite au service d'un parent de l'empereur Théophile, et du même nom, qui, bien que très-petit de sa personne, se faisait toujours suivre d'une foule de domestiques d'une grande taille et d'une belle figure. Basile suivit son maître qui allait commander dans le Péloponèse. Il éclipsa par son mérite personnel la naissance et la dignité de Théophile, et forma une liaison utile avec une riche et charitable matrone de Patras. Soit amour, soit affection spirituelle, cette femme, qu'on nommait Danielis, s'attacha à lui et l'adopta pour son fils. Danielis lui donna trente esclaves; il en reçut d'autres largesses, avec lesquelles il fournit à la subsistance de ses frères, et acheta des biens dans la Macédoine. La reconnaissance ou l'ambition le retenait au service de Théophile, et un heureux hasard le fit connaître à la cour. Un fameux lutteur, qui était à la suite des ambassadeurs de la Bulgarie, avait défié, au milieu du banquet royal, le plus courageux et le plus robuste des Grecs. On vanta la force de Basile ; il accepta le défi, et le Barbare fut renversé dès le premier choc. Il avait été décidé qu'on couperait les jarrets d'un très-beau cheval que rien ne pouvait dompter ; Basile l'ayant subjugué par son intrépidité et son adresse, obtint une place honorable dans les écuries de l'empereur. Mais il était impossible d'obtenir la confiance de Michel sans s'accommoder à ses vices : ce nouveau favori devint grand chambellan du palais, et se soutint à ce poste par un mariage déshonorant avec une des concubines du prince, et par le déshonneur de sa sœur, qui prit la place de celle-ci. Les soins de l'administration avaient été abandonnés au César Bardas, frère et ennemi de Théodora. Les maîtresses de Michel lui peignirent son oncle comme un homme odieux et redoutable ; on écrivit à Bardas qu'on avait besoin de ses services pour l'expédition de Crète ; il sortit de Constantinople, et le chambellan le poignarda sous les yeux de l'empereur, dans la tente où on lui donnait audience. Un mois après cette action, Basile obtint le titre d'Auguste et le gouvernement de l'empire. Il supporta cette association inégale jusqu'au moment où il se crut assuré de l'estime du peuple. Un caprice de l'empereur mit ses jours en danger, et Michel avilit sa dignité en lui donnant un second collègue qui avait servi de rameur dans les galères. Toutefois le meurtre de son bienfaiteur ne peut être regardé que comme un acte d'ingratitude et de trahison, et les églises qu'il dédia à saint Michel ne furent qu'une misérable et puérile expiation de son crime.

La vie de Basile 1er peut, dans ses différentes époques, être comparée à celle d'Auguste. La situation du Grec ne lui permit pas, dans sa première jeunesse, d'attaquer sa patrie à la tête d'une armée, ou de proscrire les plus nobles de ses concitoyens; mais son génie ambitieux se soumit à tous les artifices d'un esclave : il cacha son ambition et même ses vertus, et se rendit maître, par un assassinat, de cet empire qu'il gouverna ensuite avec la prudence et la tendresse d'un père. Les intérêts d'un individu peuvent se trouver en contradiction avec ses devoirs; mais un monarque absolu est dénué de sens ou de courage lorsqu'il sépare son bonheur de sa gloire, ou sa gloire du bonheur public. La vie ou le panégyrique de Basile a été composée et publiée sous la longue domination de ses descendans; mais on peut attribuer à son mérite supérieur leur stabilité sur le trône. L'empereur Constantin, son petit-fils, a essayé de nous donner dans la peinture de son caractère la parfaite image d'un véritable monarque; et si ce faible prince n'eût pas copié un modèle, il ne se serait pas élevé si aisément au-dessus du niveau de ses propres idées et de sa propre conduite. Mais le plus sûr éloge de Basile se trouve dans la comparaison du misérable état de la monarchie qu'il enleva à Michel, avec la situation florissante de cette même monarchie, telle qu'il la transmit à la dynastie macédonienne. Il réprima d'une main habile des abus con-

sacrés par le temps et par des exemples. S'il ne fit
pas renaître la valeur nationale, du moins rendit-il
à l'empire romain de l'ordre et de la majesté. Son
application était infatigable, son caractère froid, sa
tête forte, ses décisions rapides; et il pratiquait cette
rare et utile modération qui tient chacune des vertus
à une égale distance des vices auxquels elles sont
opposées. Son service militaire s'était borné à l'intérieur du palais, et il manqua du courage ou des talens d'un guerrier. Cependant sous son règne les
armes romaines se montrèrent encore redoutables
aux Barbares. Dès que, par le rétablissement de la
discipline et des exercices militaires, il eut créé une
nouvelle armée, il se montra en personne sur les
bords de l'Euphrate; il humilia l'orgueil des Sarrasins, et étouffa la révolte dangereuse, quoique juste,
des manichéens. Dans son indignation contre un rebelle qui lui avait long-temps échappé, il demanda à
Dieu la grâce d'enfoncer trois traits dans la tête de
Chrysochir, c'était le nom de son ennemi. Cette tête
odieuse qu'il avait obtenue par trahison, plutôt que
par son courage, fut attachée à un arbre et exposée
trois fois à l'adresse de l'archer impérial; lâche vengeance, et plus digne du siècle que du caractère de
Basile. Mais son principal mérite se montra dans
l'administration des finances et celle des lois. Afin de
remplir le trésor épuisé, on lui proposa de revenir
sur les dons mal placés de son prédécesseur: il eut
la sagesse de n'en reprendre que la moitié; il se procura de cette manière une somme de douze cent

mille livres sterling, avec laquelle il pourvut aux besoins les plus urgens, et gagna du temps pour l'exécution de ses réformes économiques. Parmi les plans divers qu'on forma pour accroître son revenu, on lui proposa un nouveau mode de tribut, qui aurait mis les contribuables beaucoup trop à la discrétion des employés du fisc. Le ministre lui présenta sur-le-champ une liste d'agens honnêtes et en état de remplir cette fonction. Basile, les ayant examinés lui-même, n'en trouva que deux à qui l'on pût confier des pouvoirs si dangereux, et ils justifièrent son estime en refusant cette marque de confiance. Mais les soins assidus de l'empereur établirent insensiblement l'équilibre entre les propriétés et les contributions, entre la recette et la dépense : on assigna un fonds particulier à chaque service, et une méthode publique assura les intérêts du prince et les propriétés du peuple. Après avoir réformé le luxe de sa table, il décida que deux domaines patrimoniaux pourvoiraient à cette espèce de dépense : les impôts payés par ses sujets servaient à leur défense, et il employait le reste à embellir la capitale et les provinces. Le goût des bâtimens, quoique dispendieux en lui-même, peut être excusé et mérite quelquefois des éloges ; il alimente l'industrie, il excite les progrès des arts, et concourt à l'utilité ou aux plaisirs du public. On sent aisément les avantages qui résultent d'un chemin, d'un aqueduc ou d'un hôpital ; et les cent églises que fit élever Basile furent un tribut payé à la dévotion de son temps. Il se montra assidu et impartial en qualité de juge ; il désirait sauver les accusés, mais il ne craignait pas de les condamner : il punissait sévèrement les oppresseurs du peuple ; quant à ceux de ses ennemis personnels auxquels il eût été dangereux de pardonner, après leur avoir fait crever les yeux, il les condamnait à une vie de solitude et de repentir. Les altérations survenues dans la langue et les mœurs exigeaient une révision de la jurisprudence de Justinien : on rédigea en quarante titres et en langue grecque le corps volumineux des Institutes, des Pandectes, du Code et des Novelles; et si les *Basiliques* furent perfectionnées et achevées par le fils et le petit-fils de Basile, c'est cependant à lui qu'il faut originairement les attribuer. Un accident de chasse termina ce règne glorieux. Un cerf furieux embarrassa son bois dans le ceinturon de Basile, qu'il enleva de dessus son cheval. L'empereur fut dégagé par un homme de sa suite, qui coupa le ceinturon et tua la bête ; mais la chute ou la fièvre qui en fut la suite épuisa la force du vieux monarque, et il mourut dans son palais, au milieu des larmes de sa famille et de son peuple. Si, comme on l'a dit, il fit tomber la tête du fidèle serviteur qui avait osé faire usage de son épée sur la personne de son souverain, il faut supposer que l'orgueil du despotisme, endormi durant sa vie, se ranima dans ses derniers momens, lorsque désormais, sans espérance de vivre, il n'eut plus besoin ou ne fit plus de cas de l'opinion des hommes.

Léon VI, le Philosophe.
A. D. 886,
mars 1er.

Des quatre fils de l'empereur, Constantin mourut avant lui. Il permit en cette occasion à sa douleur et à sa crédulité de se laisser amuser par les flatteries d'un imposteur et une apparition fantastique. Étienne, le plus jeune, se contenta des honneurs de patriarche et de saint ; Léon et Alexandre furent l'un et l'autre revêtus de la pourpre ; mais l'aîné exerça seul les pouvoirs du gouvernement. Léon VI a obtenu le glorieux surnom de *Philosophe;* la réunion des qualités du prince et de celles du sage, des vertus actives et des vertus spéculatives, ont sans doute contribué à la perfection de la nature humaine ; mais Léon fut bien loin de pouvoir prétendre à cette perfection idéale. En effet, vint-il à bout de soumettre ses passions et ses désirs à l'empire de la raison ? Il passa sa vie au milieu de la pompe du palais, dans la société de ses femmes et de ses concubines ; et on ne peut même attribuer qu'à la douceur et à l'indolence de son caractère la clémence qu'il montra et la paix qu'il s'efforça de maintenir. Oserait-on assurer qu'il triompha de ses préjugés et de ceux de ses sujets ? La superstition la plus puérile souilla son esprit ; il consacra par ses lois l'influence du clergé et les erreurs du peuple ; et ces oracles où il révéla en style prophétique les destinées de l'empire, ne sont fondés que sur l'astrologie et la divination. Si on examine d'où lui vient ce surnom de Philosophe ; on trouve qu'il fut moins ignorant que la plus grande partie de ses contemporains, soit de l'ordre ecclésiastique, soit de l'ordre civil ; que le savant Photius avait dirigé son éducation, et que cet empereur composa ou publia, sous son propre nom, plusieurs ouvrages sur des matières sacrées ou profanes : mais un tort de conduite domestique, la multiplicité de ses mariages, nuisit à sa réputation de philosophe et d'homme religieux. Les moines prêchaient toujours les anciennes maximes sur le mérite et la sainteté du célibat, et elles étaient avouées par la nation. On permettait le mariage comme un moyen nécessaire de propager le genre humain. Après la mort de l'un des époux, la faiblesse ou la puissance de la chair pouvait conduire le survivant à un *second* mariage; mais un troisième passait pour une espèce de fornication légale, et la célébration des *quatrièmes noces* était un péché et un scandale encore inconnu aux chrétiens de l'Orient. L'empereur Léon lui-même, au commencement de son règne, avait aboli l'état civil des concubines, et avait condamné les troisièmes mariages sans les annuler : le patriotisme et l'amour le déterminèrent bientôt à violer ses propres lois, et à encourir la peine qu'en pareil cas il imposait à ses sujets. Il n'avait point eu d'enfans de ses trois premiers mariages; l'empereur avait besoin d'une compagne, et l'empire demandait un héritier légitime. La belle Zoé fut introduite dans le palais en qualité de concubine, et lorsque par la naissance de Constantin elle eut donné des preuves de sa fécondité, l'empereur déclara son intention de légitimer la mère et l'enfant, et de célébrer ses quatrièmes noces. Le patriarche Nicolas lui refusa sa bénédiction : Léon ne put le déterminer à donner le baptême au jeune prince qu'après avoir promis de renvoyer sa maîtresse; mais l'ayant au contraire épousée, il fut exclu de la communion des fidèles. Ni la menace de l'exil, ni la désertion de ses confrères, ni l'autorité de l'Église latine, ni le danger qu'il pouvait y avoir à interrompre la succession au trône ou à la laisser incertaine, rien ne put faire plier l'inflexible moine. Après la mort de Léon il fut rappelé de son exil; il rentra dans les charges ecclésiastiques et civiles : et Constantin, fils de Léon, par l'édit d'union promulgué en son nom, qui condamne à l'avenir comme scandaleuses les quatrièmes noces, a tacitement imprimé une tache sur sa propre naissance.

<small>Alexandre, Constantin VII, Porphyrogénète. A. D. 911, mai 11.</small>

Dans la langue grecque, le même mot signifie *pourpre* et *porphyre*; et les couleurs de la nature étant invariables, nous en pouvons conclure que la pourpre tyrienne des anciens était un rouge brun et foncé. Un appartement du palais de Byzance était revêtu de porphyre; les impératrices l'occupaient lorsqu'elles devenaient enceintes, et afin de désigner l'extraction royale de leurs enfans, on les appelait *Porphyrogénètes*, ou nés dans la pourpre. Un grand nombre d'empereurs romains avaient eu des enfans; mais Constantin VII prit pour la première fois ce surnom particulier. La durée de son règne titulaire égala celle de sa vie; cependant six de ses cinquante-quatre années s'écoulèrent avant la mort de son père : le fils de Léon fut toujours soumis volontairement, ou malgré lui, à ceux qui prenaient autorité sur sa faiblesse ou abusaient de sa confiance. Alexandre, son oncle, revêtu depuis long-temps du titre d'Auguste, fut le premier collègue et le premier maître du jeune prince; mais, parcourant rapidement la carrière du vice et de la folie, le frère de Léon égala bientôt en ce genre la réputation de l'empereur Michel; et quand la mort le surprit, il avait dessein de mettre son neveu hors d'état d'avoir des enfans, et de laisser l'empire à un indigne favori. Le reste de la minorité de Constantin fut soumis à sa mère Zoé, successivement conseillée par sept régens qui ne s'occupaient que de leurs intérêts, et qui, satisfaisant leurs passions, abandonnaient la république, se supplantaient les uns les autres, et disparurent enfin devant un guerrier qui se rendit maître de l'empire. Romain Lecapenus, d'une extraction obscure, était parvenu au commandement des armées navales, et, au milieu de l'anarchie de l'empire, avait mérité ou du moins obtenu l'estime de la nation. Il sortit de l'embouchure du Danube avec une escadre victorieuse et affectionnée; il arriva dans le port de Constantinople, et fut salué comme le libérateur du peuple et le tuteur du prince. Une dénomination nouvelle, celle de père de l'empereur, exprima ses importantes fonctions; mais Romain dédaigna bientôt le pouvoir subordonné d'un ministre, et, prenant les titres de César et d'Auguste, il s'arrogea toute l'indépendance de la royauté, et régna près de vingt-cinq ans. Ses trois fils, Christophe, Étienne et Constantin, furent successivement

*Romain I*ᵉʳ, *Lecapenus.*
A. D. 919, déc. 24.

Christophe, Étienne, Constantin VIII.

revêtus des mêmes honneurs, et le légitime empereur tomba du premier au cinquième rang dans ce collége de princes. Toutefois il dut s'applaudir de sa fortune et de la clémence des usurpateurs, puisqu'il conserva la vie et la couronne. Des exemples tirés de l'histoire ancienne et de l'histoire moderne auraient excusé l'ambition de Romain; il tenait en ses mains les pouvoirs et les lois de l'empire; la naissance illégitime de Constantin eût justifié son exclusion, et le tombeau ou un monastère se serait facilement ouvert au fils de la concubine; mais il ne paraît pas que Lecapenus ait possédé les vertus ni les vices d'un tyran. On vit s'évanouir dans l'éclat du trône le courage et l'activité de sa vie privée; plongé dans des plaisirs licencieux, il oublia la sûreté de la république et celle de sa famille; mais, doux et religieux par caractère, il respecta la sainteté des sermens, l'innocence du jeune Constantin, la mémoire de Léon et l'attachement du peuple. Le goût de Constantin pour l'étude et la retraite désarma la jalousie du pouvoir: les livres et la musique, sa plume et son pinceau, lui offraient des plaisirs continuels; et si réellement il accrut son mince revenu par la vente de ses tableaux, sans que le nom de l'artiste en ait augmenté la valeur, il eut des talens dont peu de princes pourraient, comme lui, se faire une ressource dans l'adversité.

Constantin VII.
A. D. 945,
janv. 27.

Les vices de Romain et ceux de ses enfans causèrent sa perte. Après la mort de Christophe, son fils aîné, ses deux autres enfans, désunis entre eux, conspirèrent contre leur père. Vers l'heure de midi, moment de la journée où l'on faisait sortir du palais tous les étrangers, ils entrèrent dans son appartement accompagnés de gens armés, et le conduisirent, en habit de moine, à une petite île de la Propontide, qu'habitait une communauté religieuse. Le bruit de cette révolution domestique remplit la ville de désordre ; mais Porphyrogénète, l'empereur légitime, fut seul l'objet des soins du public ; et une tardive expérience apprit aux fils de Lécapenus qu'ils avaient exécuté pour leur rival un dessein coupable et hasardeux. Hélène, leur sœur, femme de Constantin, leur imputa le projet véritable ou faux d'assassiner son mari au milieu d'un festin ; ses partisans prirent l'alarme : les deux usurpateurs furent prévenus dans leur dessein, saisis, dépouillés de la pourpre, et embarqués pour l'île et le monastère où ils venaient d'emprisonner leur père. Le vieux Romain les reçut au rivage avec un sourire moqueur, et, après leur avoir justement reproché leur ingratitude et leur folie, offrit à chacun de ses deux collègues à l'empire une portion de l'eau et des nourritures végétales qui composaient ses repas. Constantin VII était âgé de quarante ans lorsqu'il fut mis en possession de l'empire d'Orient, sur lequel il régna ou parut régner près de quinze ans. Il manquait de cette énergie qui eût pu le pousser à une vie active et glorieuse ; les études qui avaient amusé et honoré ses loisirs, n'étaient plus compatibles avec les devoirs sérieux d'un souverain. L'empereur, au lieu de régir ses États, s'amusa à enseigner à son fils la théorie du gouvernement : livré à l'intempérance et à la paresse, il laissa tomber les rênes de l'administration dans les mains d'Hélène, sa femme, dont la faveur capricieuse faisait toujours regretter le ministre qu'elle éloignait par le choix d'un plus indigne successeur. Toutefois la naissance et les malheurs de Constantin l'avaient rendu cher aux Grecs : ils excusèrent ses fautes, ils respectèrent son savoir, son innocence, sa charité et son amour de la justice ; et la cérémonie de ses funérailles fut honorée des larmes sincères de ses sujets. Suivant un ancien usage, son corps fut exposé en grand appareil dans le vestibule du palais, et les officiers de l'ordre civil et de l'ordre militaire, les patriciens, le sénat et le clergé, s'approchèrent chacun à leur tour pour adorer et baiser la dépouille inanimée de leur souverain. Avant que le convoi se mît en marche vers le lieu qui servait de sépulture aux empereurs, un héraut faisait entendre cet effrayant avertissement : « Levez-vous, roi de la terre, et obéissez aux ordres du roi des rois. »

Romain II, Junior.
A. D. 959, nov. 15.

On crut que Constantin était mort empoisonné, et Romain, son fils, qui avait pris le nom de son grand-père maternel, monta sur le trône de Constantinople. Un prince qu'à vingt ans on soupçonnait d'avoir hâté le moment où il devait hériter de son père, était sans doute déjà perdu dans l'estime publique ; mais il était plus faible que méchant, et on attribuait la plus grande part de ce crime à sa femme Théophano, d'une basse origine, d'un esprit audacieux, et de mœurs très-corrompues. Le sentiment de la gloire personnelle et du bonheur public, ces vrais plaisirs de la royauté, étaient inconnus au fils de Constantin; et tandis que les deux frères, Nicéphore et Léon, triomphaient des Sarrasins, il consumait dans une infatigable oisiveté ces journées qu'il devait à son peuple. Le matin, il se rendait au cirque; à midi, il recevait à sa table les sénateurs; il passait la plus grande partie de son après-dînée dans le *Sphœristerium,* ou jeu de paume, le seul théâtre de ses victoires. Passant ensuite sur la rive asiatique du Bosphore, il y poursuivait et tuait quatre sangliers de la plus forte taille; puis revenait dans son palais, fier et content de ses travaux de la journée. Sa force et sa beauté le faisaient remarquer parmi les hommes de son âge : sa taille était droite et élevée comme un jeune cyprès, son teint blanc et animé, ses yeux très-vifs, ses épaules larges, et son nez long et aquilin. Tant d'avantages ne purent cependant fixer l'amour de Théophano, et, après un règne de quatre ans, elle donna à son mari un breuvage pareil à celui qu'elle avait préparé pour son père.

De son mariage avec cette femme impié, Romain avait eu deux fils, qui parvinrent au trône sous le nom de Basile II et de Constantin IX, et deux filles qui portèrent les noms d'Anne et de Théophano. Celle-ci épousa Othon II, empereur d'Occident; Anne fut mariée à Wolodimir, grand-duc et apôtre de Russie; et sa petite-fille ayant épousé Henri Ier, roi de France, le sang des Macédoniens et peut-être celui des Arsacides coule encore dans les veines de la fa-

Nicéphore II, Phocas A. D. 963, août 6.

mille des Bourbons. Après la mort de son mari, l'impératrice voulut régner sous le nom de ses fils, l'un âgé de cinq ans et l'autre de deux. Elle s'aperçut bientôt de l'instabilité d'un trône qui n'avait d'appui qu'une femme qu'on ne pouvait estimer, et deux enfans qu'on ne pouvait craindre. Alors elle porta les yeux autour d'elle pour trouver un protecteur, et se jeta dans les bras du guerrier le plus brave : elle était facile et peu délicate, mais la difformité de son nouvel amant fit croire que l'intérêt pouvait bien être le motif et l'excuse de cette liaison. Nicéphore Phocas avait, aux yeux du peuple, le double mérite d'un héros et d'un saint. Sous le premier rapport, il était doué de qualités réelles et brillantes : descendant d'une race illustre par des exploits guerriers, il avait montré, dans tous les grades et dans toutes les provinces, la valeur d'un soldat et les talens d'un général, et il venait d'ajouter à sa gloire par l'importante conquête de l'île de Crète. Sa religion était plus équivoque, et son cilice, ses jeûnes, son langage dévot, le désir qu'il montrait de se retirer du monde, n'étaient que le masque d'une profonde et dangereuse ambition. Cependant il sut en imposer à un saint patriarche par l'influence duquel il obtint un décret du sénat qui lui donnait, durant la minorité des jeunes princes, le commandement absolu des armées de l'Orient. Aussitôt qu'il se fut assuré des chefs et des soldats, il marcha hardiment à Constantinople, écrasa ses ennemis, publia son intelligence avec l'impératrice, et, sans dégrader les enfans de Théophano, il prit, avec le titre d'Auguste, la prééminence du rang et la plénitude du pouvoir; mais le patriarche qui l'avait porté sur le trône ne voulut point lui permettre d'épouser Théophano. Ce second mariage l'assujettit à une peine canonique d'une année : on lui opposa une affinité spirituelle, et il fallut recourir à des subterfuges et à des parjures pour réduire au silence les scrupules du clergé et ceux du peuple. L'empereur perdit sous la pourpre l'attachement de la nation ; et, dans un règne de six années, il s'attira la haine des étrangers et celle de ses sujets, qui retrouvèrent en lui l'hypocrisie et l'avarice du premier Nicéphore. Je n'essaierai jamais de justifier ou de pallier l'hypocrisie ; mais je ne craindrai pas d'observer que l'avarice est, de tous les vices, celui dont on admet la réalité avec le plus de précipitation et que l'on condamne avec le plus de sévérité. Lorsqu'il s'agit d'un citoyen, on se donne rarement la peine d'examiner sa fortune et ses dépenses ; pour le dépositaire de la fortune publique, l'économie est toujours une vertu, et l'augmentation des impôts trop souvent un devoir indispensable. Nicéphore, qui avait montré son caractère généreux dans l'usage de son patrimoine, employa scrupuleusement les revenus publics au service de l'État. Au retour de chaque printemps, il marchait en personne contre les Sarrasins ; et les Romains pouvaient aisément calculer l'emploi qui avait été fait de leurs contributions pour des triomphes, des conquêtes, et pour la sûreté de la barrière de l'Orient.

*Jean Zimiscès, Basile II, Constantin IX.
A. D. 969, déc. 25.*

Parmi les guerriers qui l'avaient conduit au trône et servaient sous ses drapeaux, Jean Zimiscès, brave Arménien d'une noble famille, était celui qui avait mérité et obtenu les récompenses les plus distinguées. Il était au-dessous de la taille ordinaire; mais dans cette petite stature, où se réunissaient les dons de la force et de la beauté, était renfermée l'âme d'un héros. Le frère de l'empereur, qui enviait sa fortune, le fit tomber du rang de général de l'Orient à celui de directeur des postes, et les murmures qu'il se permit à cette occasion furent punis de la disgrâce et de l'exil. Mais Zimiscès était compté parmi les nombreux amans de l'impératrice : il obtint par son crédit qu'on lui permît de demeurer à Chalcédoine, aux environs de la capitale : il eut soin, dans des visites amoureuses et clandestines, de la payer de cette preuve de ses bontés, et Théophano consentit avec joie à la mort d'un mari avare et difforme. Des conspirateurs audacieux et fidèles furent cachés dans les chambres les plus secrètes du palais : au milieu des ténèbres d'une nuit d'hiver, Zimiscès et les chefs du complot s'embarquèrent sur une chaloupe, traversèrent le Bosphore, débarquèrent aux environs du palais, et montèrent sans bruit par une échelle de corde que leur jetèrent les femmes de l'impératrice. Ni la défiance de Nicéphore, ni les avertissemens de ses amis, ni les secours tardifs de son frère Léon, ni l'espèce de forteresse qu'il s'était formée dans son palais, ne purent le défendre contre un ennemi domestique à la voix duquel toutes les portes s'ouvraient aux assassins. Il dormait sur une peau d'ours étendue par terre ; éveillé par le bruit des conjurés, il aperçut trente poignards levés sur lui. Il n'est pas sûr que Zimiscès ait trempé ses mains dans le sang de son souverain, mais il se donna du moins le barbare plaisir de jouir du spectacle de sa vengeance. L'insultante cruauté des meurtriers retarda de quelques instans la mort de l'empereur ; et du moment où, des fenêtres du palais, la multitude aperçut la tête de Nicéphore, le tumulte se calma ; et l'Arménien fut proclamé empereur d'Orient. Au jour fixé pour son couronnement, l'intrépide patriarche, l'arrêtant sur la porte de l'église de Sainte-Sophie, lui déclara que, coupable du crime de meurtre et de trahison, il devait au moins, en signe de repentir, se séparer d'une complice encore plus criminelle que lui. Cette saillie de zèle apostolique ne dut pas déplaire beaucoup au nouvel empereur, incapable de conserver ni amour ni confiance pour une femme qui avait tant de fois violé les obligations les plus sacrées : ainsi donc, au lieu de partager le trône, Théophano fut ignominieusement chassée de son lit et de son palais. Elle se livra, dans leur dernière entrevue, à une rage aussi impuissante que forcenée ; elle accusa son amant d'ingratitude, s'emporta aux injures et aux coups contre son fils Basile, qui demeurait dans le silence et la soumission en présence d'un collègue supérieur à lui ; et, avouant ses prostitutions, elle déclara qu'il était le fruit d'un adultère. L'exil de cette femme audacieuse, la punition de quelques-uns de ses plus obscurs complices, satisfirent à l'indignation publique. On pardonna à Zimiscès la mort d'un prince détesté du peuple, et l'éclat de ses vertus fit oublier son crime. Sa profusion fut peut-être moins utile à l'État que l'avarice de Nicéphore; mais la douceur et la générosité de son caractère charmèrent tous ceux qui l'approchaient, et il ne marcha sur les traces de son prédécesseur que dans le chemin de la victoire. Il passa dans les camps la plus grande partie de son règne; il signala sa valeur personnelle et son activité sur le Danube et sur le Tigre, jadis les limites de l'empire romain; et, en triomphant des Russes et des Sarrasins, il mérita les noms de sauveur de l'empire et de vainqueur de l'Orient. Lorsqu'il revint de la Syrie pour la dernière fois, il observa que les eunuques possédaient les terres les plus fertiles de ses nouvelles provinces. « Est-ce donc pour eux, s'écriat-il avec une vertueuse indignation, que nous avons livré des batailles et fait des conquêtes ? Est-ce pour eux que nous versons notre sang et que nous épuisons les trésors du peuple ? » Ces plaintes retentirent jusqu'au fond du palais, et la mort de Zimiscès offrit de forts indices de poison.

Basile II et Constantin IX.
A. D. 976, janv. 10.

Durant cette usurpation, ou si l'on veut durant cette régence de douze années, les deux empereurs légitimes, Basile et Constantin, étaient parvenus sans éclat à l'âge de virilité. Leur jeunesse n'avait pas permis de laisser le pouvoir entre leurs mains; ils s'étaient conduits envers leur tuteur, avec la respectueuse modestie due à son âge et à son mérite : celui-ci, qui n'avait point d'enfans, ne songea point à les priver de la couronne ; il administra leur patrimoine fidèlement et avec habileté, et la mort prématurée de Zimiscès fut pour les fils de Romain une perte plutôt qu'un avantage. Leur défaut d'expérience les réduisit encore durant douze années à végéter dans l'obscurité, sous la tutelle d'un ministre qui prolongea sa domination en leur persuadant de se livrer aux plaisirs de la jeunesse, et leur inspirant du dédain pour les travaux du gouvernement. Le faible Constantin demeura pour toujours arrêté dans les filets de soie tendus autour de lui ; mais son frère aîné, qui sentait l'impulsion du génie et le besoin d'agir, fronça le sourcil, et le ministre disparut. Basile fut reconnu souverain de Constantinople et des provinces de l'Europe ; mais l'Asie était opprimée par Phocas et Sclerus, qui, tour à tour amis ou ennemis, sujets et rebelles, maintenaient leur indépendance, et s'efforçaient d'atteindre aux succès de tant d'usurpateurs qui les avaient précédés. Ce fut contre ces ennemis domestiques que le fils de Romain fit d'abord briller son épée ; ils tremblèrent devant un prince rempli de courage et armé par les lois. Phocas, au moment de combattre, atteint d'un trait ou par l'effet du poison, tomba de son cheval à la tête de son armée. Sclerus, qui avait été chargé de chaînes deux fois, et deux fois revêtu de la pourpre, désirait passer tranquillement le peu de jours qui lui restaient. Lorsque ce vieillard, les yeux humides de larmes, la démarche mal assurée, et s'appuyant sur deux hommes de sa suite, s'approcha du trône, l'empereur, avec toute l'insolence de la jeunesse et du pouvoir, s'écria : « Est-ce donc là l'homme que nous avons craint si long-temps? » Basile avait affermi son autorité et rétabli la tranquillité dans l'empire ; mais la gloire militaire de Nicéphore et de Zimiscès ne lui permettait pas de reposer tranquille dans son palais. Ses longues et fréquentes expéditions contre les Sarrasins furent plus glorieuses qu'utiles à l'État ; mais il anéantit le royaume des Bulgares, et il paraît que c'est le triomphe le plus important des armes romaines depuis l'époque de Bélisaire. Toutefois ses sujets, au lieu de célébrer leur prince victorieux, détestèrent son avide et parcimonieuse avarice ; et dans le récit imparfait qui nous est resté de ses exploits, on n'aperçoit que le courage, la patience et la férocité d'un soldat. Son esprit avait été gâté par une éducation vicieuse, qui cependant ne put triompher de son énergie ; il était étranger à toutes les sciences, et le souvenir de son grand-père, si savant et si faible, semblait autoriser son mépris réel ou simulé des lois et des jurisconsultes, des artistes et des arts. Un tel caractère, dans un tel siècle, laissa prendre à la superstition le plus sûr et le plus solide empire : passé les premiers désordres de sa jeunesse, Basile II se soumit, soit dans son palais, soit dans son camp, à toutes les mortifications d'un ermite : il portait un habit de moine sous sa robe et son armure; il fit le vœu de continence, et le garda; il s'interdit pour jamais l'usage du vin et de la viande. A l'âge de soixante-huit ans, poussé par son humeur martiale, il était prêt à s'embarquer pour une sainte expédition contre les Sarrasins de la Sicile; la mort le prévint, et Basile, surnommé la terreur des Bulgares, quitta ce monde au milieu des bénédictions du clergé et des imprécations du peuple. Après sa mort, Constantin son frère jouit environ trois ans du pouvoir ou plutôt des plaisirs de la royauté, et ne prit pour son empire d'autre soin que celui de se choisir un successeur; il avait eu soixante-six ans le titre d'Auguste, et le règne de ces deux frères est le plus long et le plus obscur de la monarchie de Byzance. Constantin IX. A. D. 1025, déc.

Cette succession en droite ligne de cinq empereurs de la même famille qui avaient occupé le trône l'espace de cent soixante ans, avait attaché les Grecs à la dynastie macédonienne, trois fois respectée par les usurpateurs du pouvoir. Après la mort de Constantin IX., le dernier mâle de cette maison commence une scène nouvelle et moins régulière, où la durée du règne de douze empereurs n'égale pas celle du règne de Constantin IX. Son frère aîné avait préféré à l'intérêt public le mérite particulier de la chasteté, et Constantin n'avait eu que trois filles; Eudoxie, qui se fit religieuse, Zoé et Théodora : elles étaient parvenues à la maturité de leur âge dans l'ignorance et la virginité, lorsque, dans le conseil, Romain III, Argyrus. A. D. 1028, nov. 12.

de leur père mourant, on s'occupa du soin de les marier. Théodora, trop dévote ou trop froide, refusa de donner un héritier à l'empire ; mais Zoé, victime volontaire, consentit à se présenter à l'autel. On choisit pour son époux Romain Argyrus, patricien d'une figure agréable et d'une bonne réputation ; sur le refus qu'il fit de cet honneur, on lui signifia que s'il n'obéissait pas, il n'avait qu'à choisir entre la mort et la perte de la vue. Il était marié, et l'affection qu'il avait pour sa femme était cause de sa résistance ; mais cette femme généreuse sacrifia son bonheur à la sûreté et à la grandeur de son mari, et, en se retirant dans un monastère, leva le seul obstacle qui l'empêchât de s'unir à la famille impériale. Après la mort de Constantin, le sceptre passa dans les mains de Romain III ; mais son administration intérieure et ses opérations au dehors furent également faibles et infructueuses. L'âge de Zoé, parvenue alors à sa quarante-huitième année, la rendit peu propre à fonder de grandes espérances de postérité ; cependant il permettait encore les plaisirs, et l'impératrice honorait de sa faveur un de ses chambellans, le beau Michel, Paphlagonien, dont le premier métier avait été celui de changeur de monnaie. Romain, par reconnaissance ou par esprit de justice, favorisait ce coupable amour ou se rendait facile sur les preuves de leur innocence ; mais Zoé justifia bientôt cette maxime romaine, que toute femme adultère est capable d'empoisonner son mari : la mort de Romain fut, au grand scandale de l'empire, suivie immédiatement du mariage de Zoé et de l'élévation de son amant au trône sous le nom de Michel IV. Les espérances de Zoé furent cependant trompées ; au lieu d'un amant plein de vigueur et de reconnaissance, elle n'avait placé dans son lit qu'un misérable valétudinaire dont la santé et la raison étaient affaiblies par des accès d'épilepsie, et dont la conscience était déchirée par le désespoir et le remords. On appela au secours de Michel les plus habiles médecins du corps et de l'âme. On amusa son inquiétude par de fréquens voyages aux eaux et sur les tombeaux des saints les plus en vogue. Les moines applaudissaient à ses mortifications, et, la restitution exceptée (mais à qui aurait-il restitué?), il employa tous les moyens qu'il croyait alors propres à expier son crime. Tandis qu'il gémissait et priait sous le sac et la cendre, son frère, l'eunuque Jean, s'amusait de ses remords, et recueillait les suites d'un forfait dont il avait été en secret le plus coupable auteur. Il n'eut dans son administration d'autre objet que de satisfaire son avarice, et Zoé fut traitée en captive dans le palais de ses pères et par ses esclaves. L'eunuque, s'apercevant que la maladie de son frère était sans remède, s'occupa de la fortune de son neveu, qui portait aussi le nom de Michel et qu'on surnomma *Calaphate*, d'après le métier de son père, qui travaillait à la carène des vaisseaux. Zoé suivit les volontés de l'eunuque ; elle adopta pour son fils le fils d'un ouvrier, et cet héritier étranger fut, en présence du sénat et du clergé,

Michel IV, le Paphlagonien. A. D. 1034, avril 11.

revêtu du titre et de la pourpre des Césars. La faible Zoé fut accablée de la liberté et du pouvoir qu'elle recouvra à la mort du Paphlagonien; quatre jours après elle plaça la couronne sur la tête de Michel v, qui lui avait promis, par des larmes et des sermens, d'être toujours le plus empressé et le plus obéissant de ses sujets. Son règne dura peu, et ne présente d'autre fait qu'une odieuse ingratitude envers l'eunuque et l'impératrice, ses bienfaiteurs. On vit avec joie la disgrâce de l'eunuque; mais Constantinople murmura, et enfin se plaignit hautement de l'exil de Zoé, fille d'un si grand nombre d'empereurs. On avait oublié ses vices, et Michel apprit qu'il survient une époque où la patience des plus vils esclaves fait place à la fureur et à la vengeance. Les citoyens de toutes les classes s'attroupèrent en tumulte, et cette redoutable sédition dura trois jours; ils assiégèrent le palais, forcèrent les portes, tirèrent *leur mère* Zoé de sa prison, Théodora de son monastère, et condamnèrent le fils de Calaphate à perdre les yeux ou la vie. Les Grecs virent avec surprise deux femmes, pour la première fois, s'asseoir sur le même trône, présider au sénat et donner audience aux ambassadeurs des nations. Un partage si singulier ne dura que deux mois. Les deux souveraines se détestaient secrètement; elles avaient des caractères, des intérêts et des partisans opposés. Théodora montrant toujours de l'aversion pour le mariage, l'infatigable Zoé, âgée alors de soixante ans, consentit encore, pour le bien public, à subir les caresses d'un troisième mari et les censures de l'Église grecque. Ce troisième mari prit le nom de Constantin x et le surnom de *Monomaque, seul combattant*, nom relatif sans doute à la valeur qu'il avait montrée et à la victoire qu'il avait remportée dans quelque querelle publique ou particulière. Mais les douleurs de la goutte venaient souvent le tourmenter, et ce règne dissolu n'offrit qu'une alternative de maladie et de plaisirs. Sclerena, belle veuve d'une noble famille, qui avait accompagné Constantin lors de son exil dans l'île de Lesbos, s'enorgueillissait du nom de sa maîtresse. Après le mariage de Constantin et son avénement au trône, elle fut revêtue du titre d'*Augusta;* la pompe de sa maison fut proportionnée à cette dignité, et elle occupa au palais un appartement contigu à celui de l'empereur. Zoé (telle fut sa délicatesse ou sa corruption) permit ce scandaleux partage, et Constantin se montra en public entre sa femme et sa concubine. Il survécut à l'une et à l'autre; mais la vigilance des amis de Théodora prévint les projets de Constantin, qui, sur la fin de sa carrière, voulait changer l'ordre de la succession; après sa mort, elle rentra, de l'aveu de la nation, en possession de son héritage. Quatre eunuques gouvernèrent en paix l'empire d'Orient sous son nom; et voulant prolonger leur domination, ils persuadèrent à l'impératrice, alors très-avancée en âge, de nommer Michel vi son successeur. Le surnom de *Stratioticus* nous apprend qu'il avait suivi la profession militaire; mais ce vétéran infirme et décrépit ne pouvait

Marginalia:
Constantin x, ou Monomaque. A. D. 1042, juin 11.

Théodora. A. D. 1054, nov. 30.

Michel vi, ou Stratioticus. A. D. 1056, août 22.

voir que par les yeux de ses ministres et agir que par leurs mains. Tandis qu'il s'élevait sur le trône, Théodora, dernier rejeton de la dynastie macédonienne ou basiléenne, descendait au tombeau. J'ai parcouru à la hâte et je finis avec plaisir cette honteuse et destructive période de vingt-huit ans, durant laquelle les Grecs tombèrent au-dessous du niveau commun de la servitude, et furent, comme un vil troupeau, transférés de maître en maître, selon le caprice de deux vieilles femmes.

<small>Isaac 1er, Comnène. A. D. 1057, août 31.</small> Du milieu de cette nuit de servitude, on voit commencer à s'élever un rayon de liberté, ou du moins une étincelle de courage. Les Grecs avaient conservé ou rétabli l'usage des surnoms, qui perpétuent le souvenir des vertus héréditaires; et nous pouvons désormais distinguer le commencement, la succession et les alliances des dernières dynasties de Constantinople et de Trébisonde. Les Comnène, qui soutinrent quelque temps l'empire prêt à s'écrouler, se disaient originaires de Rome; mais leur famille était établie dès long-temps en Asie. Leurs domaines patrimoniaux se trouvaient situés dans le district de Castamona, aux environs de l'Euxin; et un de leurs chefs, déjà lancé dans la carrière de l'ambition, revoyait avec tendresse, et peut-être avec regret, l'habitation modeste mais honorable de ses pères. Le premier personnage connu de cette branche fut l'illustre Manuel, qui, sous le règne de Basile II, contribua, par ses batailles et ses négociations, à apaiser les troubles de l'Orient. Il laissa deux fils en bas

âge, Isaac et Jean, qu'avec la confiance du mérite il légua à la reconnaissance et à la faveur du souverain. Ces nobles jeunes gens furent instruits avec soin dans tout ce qu'enseignaient les moines, dans les arts du palais et les exercices de la guerre; et, après avoir servi dans les gardes, ils parvinrent bientôt au commandement des armées et des provinces. Leur union fraternelle doubla la force et la réputation des Comnène. Ils ajoutèrent à l'éclat de leur ancienne famille, en épousant, l'un une princesse de Bulgarie qui se trouvait captive, et l'autre la fille d'un patricien surnommé *Caron,* à cause du grand nombre d'ennemis qu'il avait envoyés aux enfers. Les troupes avaient servi malgré elles, bien qu'avec fidélité, une suite d'empereurs efféminés. L'élévation de Michel VI était un outrage pour des généraux plus habiles que lui; la parcimonie de ce prince et l'insolence des eunuques augmentaient leur mécontentement. Ils s'assemblèrent en secret dans l'église de Sainte-Sophie; et les suffrages de ce synode militaire se seraient réunis en faveur de Catacalon, vieux et vaillant guerrier, si, par un sentiment de patriotisme ou de modestie, ce respectable vétéran ne leur avait rappelé que la naissance doit accompagner le mérite de celui qu'on veut placer sur le trône. Isaac Comnène réunit toutes les voix. Les conjurés se séparèrent sans délai, et se rendirent dans les plaines de la Phrygie, à la tête de leurs escadrons et de leurs détachemens respectifs. Michel ne put soutenir qu'une bataille; il n'avait sous ses drapeaux que les mercenaires de la garde impériale, étrangers à l'intérêt public, et animés seulement par un principe d'honneur et de reconnaissance. Après leur défaite, l'empereur, plein d'effroi, demanda un traité ; et telle était la modération d'Isaac Comnène, qu'il allait y consentir ; mais Michel fut trahi par ses ambassadeurs, et Comnène averti par ses amis. Le premier, abandonné de tout le monde, se soumit à la voix du peuple ; le patriarche affranchit la nation de son serment de fidélité ; et, au moment où il rasa la tête de l'empereur, qu'on reléguait dans un monastère, il le félicita d'échanger une couronne terrestre contre le royaume du ciel ; échange toutefois que ce prêtre n'aurait probablement pas agréé pour son propre compte. Le même patriarche couronna solennellement Isaac Comnène : l'épée qu'il fit graver sur les monnaies put être regardée comme un symbole insultant, si elle désignait le droit de conquête qui avait assuré le trône à Comnène ; toutefois cette épée avait été tirée contre les ennemis de l'État, étrangers ou domestiques. L'affaiblissement de sa santé et de sa force diminuèrent son activité ; et, se voyant près de la mort, il résolut de mettre quelque intervalle entre le trône et l'éternité. Mais au lieu de laisser l'empire pour dot à sa fille, sa raison et son inclination se réunissaient pour l'engager à remettre le sceptre dans les mains de son frère Jean, prince guerrier et patriote, et père de cinq fils qui devaient maintenir la couronne dans sa famille. On put voir d'abord, dans les modestes refus de celui-ci, un effet naturel de sa réserve et de son attachement pour son frère et sa nièce ; mais, dans son inflexible obstination à refuser l'empire, bien qu'elle semble revêtir les couleurs de la vertu, on doit condamner un criminel oubli de son devoir, et un tort réel et peu commun envers sa famille et son pays. La pourpre qu'il refusa constamment fut acceptée par Constantin Ducas, ami de la maison des Comnène, et qui à une extraction noble joignait l'habitude des fonctions civiles et de la réputation en ce genre. Isaac se retira dans un couvent, où il recouvra la santé et survécut deux ans à son abdication, soumis aux ordres de son abbé. Il suivit la règle de saint Basile, et remplit les fonctions les plus serviles du monastère ; mais le reste de vanité qu'il conservait sous son habit de moine, fut satisfait des visites fréquentes et respectueuses qu'il reçut de l'empereur régnant, dont il était révéré comme un bienfaiteur et comme un saint.

Si Constantin XI fut en effet l'homme qui mérita le mieux de monter sur le trône, il faut plaindre la dégénération de son siècle et de sa nation. Occupé à composer les déclamations puériles qui ne lui purent obtenir la couronne de l'éloquence, à ses yeux plus précieuse que celle de Rome, livré aux fonctions subalternes de juge, il oublia les devoirs d'un souverain et d'un guerrier. Loin d'imiter l'indifférence patriotique des auteurs de son élévation, Ducas ne parut occupé que du soin d'assurer aux dépens de la république le pouvoir et la fortune de ses enfans. Michel VII, Andronic Iᵉʳ et Constantin XII, ses trois

<small>Constantin XI, Ducas. A. D. 1059, déc. 25.</small>

fils, obtinrent en bas âge le titre d'Auguste ; la mort de leur père, qui arriva bientôt après, leur laissa l'empire à partager. En mourant, il confia l'administration de l'État à Eudoxie sa femme ; mais l'expérience lui avait appris qu'il devait protéger ses fils contre les dangers d'un second mariage : Eudoxie promit de ne point se remarier ; et cet engagement solennel, attesté par les principaux sénateurs, fut déposé entre les mains du patriarche. Sept mois n'étaient pas écoulés, lorsque les besoins d'Eudoxie ou ceux de l'État parlèrent fortement en faveur des mâles vertus d'un soldat : son cœur avait déjà choisi Romain Diogène, qu'elle fit passer de l'échafaud sur le trône. La découverte d'un complot criminel l'exposait à toute la rigueur des lois : sa beauté et sa valeur le justifièrent aux yeux de l'impératrice ; elle le condamna d'abord à un exil peu fâcheux, et le second jour elle le rappela pour le mettre à la tête des armées de l'Orient. Le public ne savait pas alors qu'elle lui destinait la couronne ; et un de ses émissaires sut profiter de l'ambition du patriarche Xiphilin, pour tirer de ses mains l'écrit qui aurait dévoilé à tous les yeux la mauvaise foi et la légèreté de l'impératrice. Xiphilin réclama d'abord la sainteté des sermens et le respect sacré qu'on doit aux dépôts ; mais on lui fit entendre que c'était son frère dont Eudoxie voulait faire un empereur ; alors ses scrupules se relâchèrent, et il avoua que la sûreté publique était la suprême loi : il rendit l'écrit important ; et quand la nomination de Romain eut renversé ses espérances, il ne pouvait plus ni rentrer en possession du papier qui le mettait en sûreté, ni rétracter ce qu'il avait dit, ni s'opposer au second mariage de l'impératrice. Toutefois des murmures se faisaient entendre dans le palais ; les Barbares qui le gardaient agitaient leurs haches en faveur de la maison de Ducas, et ils ne se montrèrent paisibles qu'au moment où les jeunes princes furent apaisés par les larmes d'Eudoxie, et les assurances solennelles qu'ils reçurent de la fidélité de leur tuteur, qui soutint avec honneur et dignité le titre d'empereur. Je raconterai plus bas l'infructueuse valeur qu'il opposa aux progrès des Turcs. Sa défaite et sa captivité causèrent une blessure mortelle à la monarchie de Byzance ; et, remis en liberté par le sultan, il ne retrouva ni sa femme ni ses sujets. Eudoxie avait été reléguée dans un monastère, et les sujets de Romain avaient adopté cette rigoureuse maxime de loi civile, qu'un homme au pouvoir de l'ennemi est privé des droits publics et particuliers de citoyen, comme s'il était frappé de mort. Au milieu de la consternation générale, le César Jean fit valoir l'inviolable droit de ses trois neveux : Constantinople l'écouta, et Romain, alors entre les mains des Turcs, fut déclaré ennemi de la république, et reçu comme tel aux frontières. Il ne fut pas plus heureux contre ses sujets qu'il ne l'avait été contre les étrangers : la perte de deux batailles le détermina à céder le trône, sur la promesse d'un traitement honorable ; mais ses ennemis, dépourvus de bonne foi et d'humanité, le privèrent de la vue ; et, ne daignant pas même étan-

Romain III, Diogène. A. D. 1067, août.

Michel VII, Parapinace. Andronic I, Constantin XII. A. D. 1071, août.

cher le sang qui coulait de ses plaies, ils le laissèrent s'y corrompre, en sorte qu'il fut bientôt délivré des misères de la vie. Sous le triple règne de la maison de Ducas, les deux frères cadets furent réduits aux vains honneurs de la pourpre : l'aîné, le pusillanime Michel, était incapable de soutenir le sceptre de l'empire ; et son surnom de *Parapinace* annonça le reproche qu'on lui faisait, et qu'il partageait avec un de ses avides favoris, d'avoir augmenté le prix du blé et d'en avoir diminué la mesure. Le fils d'Eudoxie fit dans l'école de Psellus, et d'après l'exemple de sa mère, quelques progrès dans l'étude de la philosophie et de la rhétorique ; mais son caractère fut dégradé plutôt qu'ennobli par les vertus d'un moine et le savoir d'un sophiste. Deux généraux, encouragés par le mépris que leur inspirait l'empereur et la bonne opinion qu'ils avaient d'eux-mêmes, se trouvant à la tête des légions de l'Europe et de l'Asie, prirent la pourpre à Andrinople et à Nicée ; ils se révoltèrent dans le même mois ; ils portaient le même nom de Nicéphore, mais on les distinguait par les surnoms de Bryennius et de Botaniate. Le premier était alors dans toute la maturité de la sagesse et du courage ; le second n'était recommandable que par des exploits passés. Tandis que Botaniate s'avançait avec circonspection et avec lenteur, son compétiteur, plus actif, était en armes devant les murs de Constantinople. Bryennius avait de la réputation et la faveur du peuple ; mais il ne put empêcher ses troupes de piller et de brûler un faubourg ; et le peuple, qui aurait accueilli le rebelle, repoussa l'incendiaire de son pays. Cette révolution dans l'opinion publique fut favorable à Botaniate, qui enfin, à la tête d'une armée de Turcs, s'approcha des rivages de Chalcédoine. Le patriarche, le synode et le sénat firent publier, dans les rues de Constantinople, une invitation à tous les citoyens de la capitale de se réunir dans l'église de Sainte-Sophie; et, dans cette assemblée générale, on délibéra tranquillement et sans désordre sur le choix d'un empereur. Les gardes de Michel auraient pu disperser cette multitude désarmée ; mais ce faible prince, s'applaudissant de sa modération et de sa clémence, déposa les signes de la royauté, en dédommagement desquels on lui donna l'habit de moine et le titre d'archevêque d'Éphèse. Constantin, son fils, naquit et fut élevé dans la pourpre; et une fille de la maison de Ducas illustra le sang et affermit le trône dans la famille des Comnène.

Jean Comnène, frère de l'empereur Isaac, après le refus généreux qu'il avait fait de la couronne, avait passé le reste de ses jours dans un honorable repos. Il laissait huit enfans d'Anne, son épouse, femme d'un courage et d'une habileté supérieure à son sexe. Trois filles multiplièrent les alliances des Comnène avec les plus nobles d'entre les Grecs. L'aîné de ses cinq fils, Manuel, fut enlevé par une mort prématurée; Isaac et Alexis parvinrent à l'empire, et rétablirent la grandeur impériale de leur maison; Adrien et Nicéphore, les plus jeunes, en jouirent sans peine et sans danger. Alexis, le troisième et le plus distin-

Nicéphore III, Botaniate. A. D. 1078, mars 25.

gué des cinq, avait été doué par la nature des plus précieuses qualités du corps et de l'esprit : développées par une éducation libérale, elles avaient été exercées ensuite dans l'école de l'obéissance et de l'adversité. L'empereur romain, par un soin paternel, ne voulut pas lui permettre de s'exposer dans la guerre des Turcs ; mais la mère des Comnène fut enveloppée avec toute son ambitieuse famille dans une accusation de crime de lèse-majesté, et reléguée par les fils de Ducas dans une île de la Propontide. Les deux frères en sortirent bientôt pour se distinguer et arriver à la faveur. Ils combattirent, sans se quitter, les rebelles et les Barbares, et demeurèrent attachés à l'empereur Michel, jusqu'à l'époque où il fut abandonné de tout le monde et de lui-même. Dans sa première entrevue avec Botaniate : « Prince, lui dit Alexis avec une noble candeur, mon devoir m'avait rendu votre ennemi, les décrets de Dieu et ceux du peuple m'ont fait votre sujet ; jugez de ma fidélité à venir par mon opposition passée. » Honoré de l'estime et de la confiance du successeur de Michel, il employa sa valeur contre trois rebelles qui troublaient la paix de l'empire, ou du moins celle des empereurs. Ursel, Bryennius et Basilacius, redoutables par leurs nombreuses troupes et leur réputation militaire, furent vaincus successivement, et amenés au pied du trône chargés de chaînes ; et quelle que soit la manière dont ils furent traités par une cour timide et cruelle, ils applaudirent à la clémence et au courage de leur vainqueur. Cependant la crainte et le soupçon s'attachèrent bientôt à la fidélité des Comnène, et il n'est pas facile de régler entre un sujet et un despote la dette de reconnaissance que le premier est prêt à réclamer par une révolte, et dont le second est tenté de se débarrasser au moyen d'un bourreau. Alexis ayant refusé de marcher contre un quatrième rebelle, mari de sa sœur, ce refus effaça le mérite ou même le souvenir de ses services. Les favoris de Botaniate provoquèrent par leurs accusations l'ambition qu'ils redoutaient, et la retraite des deux frères put avoir pour excuse la nécessité de défendre leur vie et leur liberté. Les femmes de cette famille furent placées dans un asile respecté par les tyrans; les hommes montèrent à cheval, sortirent de la ville et arborèrent l'étendard de la révolte. Les soldats, qui s'étaient rassemblés peu à peu dans la capitale et les environs, étaient dévoués à la cause d'un chef victorieux et outragé : des intérêts communs et des alliances lui attachaient la maison de Ducas. Les deux Comnène se renvoyaient mutuellement le trône, et cette dispute généreuse se termina par la résolution d'Isaac, qui revêtit son frère cadet du nom et des emblêmes de la royauté. Ils revinrent sous les murs de Constantinople, pour menacer plutôt que pour assiéger cette ville imprenable; mais ils corrompirent la fidélité des gardes, et surprirent une porte, tandis que la flotte était occupée à se défendre contre l'actif et courageux George Paléologue, qui dans cette occasion combattait son père, sans songer qu'il travaillait pour sa postérité. Alexis monta sur le trône, et son vieux compétiteur fut enseveli dans l'ombre d'un monastère. Une armée composée de soldats de diverses nations obtint le pillage de la ville ; mais ces désordres publics furent expiés par les larmes et les jeûnes des Comnène, qui se soumirent à toutes les pénitences compatibles avec la possession de l'empire.

Alexis Ier, Comnène. A. D. 1081, avril. La vie de l'empereur Alexis a été écrite par celle de ses filles qu'il aimait le plus. La princesse Anne Comnène, inspirée par sa tendresse et par l'estimable désir de perpétuer les vertus de son père, sentit bien que les lecteurs douteraient de sa véracité. Elle proteste à diverses reprises, qu'outre les faits parvenus à sa connaissance personnelle, elle a recherché les discours et les écrits de tous ceux qui ont vécu sous le règne de son père ; qu'après un intervalle de trente ans, oubliée du monde, qu'elle a elle-même oublié, sa triste solitude est inaccessible à l'espérance et à la crainte, et que la vérité, la simple et respectable vérité, est plus sacrée pour elle que la gloire de son père ; mais, au lieu de cette simplicité de style et de narration qui attire la confiance, un étalage recherché de savoir et de fausse rhétorique laisse voir à chaque page la vanité d'une femme auteur. Le véritable caractère d'Alexis se perd dans une vague accumulation de vertus ; un ton perpétuel de panégyrique et d'apologie éveille nos soupçons, nous fait douter de la véracité de l'historien et du mérite du héros. On ne peut toutefois se refuser à la vérité de cette importante remarque : que les désordres de cette époque furent le malheur et la gloire d'Alexis; et que les vices de ses prédécesseurs et la justice du ciel accumulèrent sur son règne toutes les calamités qui peuvent affliger un empire dans sa décadence. En Orient, les Turcs victorieux avaient établi, de la Perse à l'Hellespont, le règne du Koran et du croissant : la valeur chevaleresque des peuples de la Normandie envahissait l'Occident; et dans les intervalles de paix, le Danube apportait de nouveaux essaims de guerriers, qui avaient acquis dans l'art militaire ce qu'ils avaient perdu du côté de la férocité des mœurs. La mer n'était pas plus tranquille que le continent, et tandis qu'un ennemi déclaré attaquait les frontières, des traîtres et des conspirateurs alarmaient l'intérieur du palais. Tout à coup les Latins déployèrent l'étendard de la croix : l'Europe se précipita sur l'Asie, et cette inondation fut au moment d'engloutir Constantinople. Durant la tempête, Alexis gouverna le vaisseau de l'empire avec autant de dextérité que de courage. A la tête des armées, hardi, rusé, patient, infatigable, il savait profiter de ses avantages, et se relever d'une défaite avec une vigueur que rien ne pouvait abattre. Il rétablit la discipline parmi les troupes; et son exemple, ainsi que ses préceptes, créèrent une nouvelle génération d'hommes et de soldats. Il montra dans ses négociations avec les Latins toute sa patience et son habileté; son œil pénétrant saisit le nouveau système de ces peuples de l'Europe qu'il ne connaissait pas, et j'exposerai dans un autre endroit les vues supérieures avec lesquelles il balança les intérêts et les passions des champions de la première croisade. Durant les trente-sept années de son règne, il sut contenir la jalousie qu'il excitait parmi ses égaux, et la leur pardonner ; il remit en vigueur les lois relatives à la tranquillité de l'État comme à celle des particuliers ; les sciences et les arts utiles furent cultivés ; les bornes de l'empire furent reculées soit en Europe, soit en Asie ; et la famille des Comnène garda le sceptre jusqu'à la troisième et à la quatrième génération. Cependant la difficulté des temps où il vécut mit à découvert quelques défauts de son caractère et exposa sa mémoire à des reproches bien ou mal fondés. Le lecteur sourit des éloges infinis que sa fille donne si souvent à son héros en fuite ; on peut, dans la faiblesse ou la prudence à laquelle le contraignit sa situation, soupçonner un défaut de courage personnel ; et les Latins traitent de perfidie et de dissimulation l'art qu'il employa dans ses négociations. Le grand nombre d'individus des deux sexes que comptait alors sa famille, augmentait l'éclat du trône et assurait la succession ; mais leur luxe et leur orgueil révoltèrent les patriciens, épuisèrent le trésor royal, et insultèrent à la misère du peuple. Nous apprenons par le fidèle témoignage d'Anne Comnène que les travaux de l'administration détruisirent le bonheur et affaiblirent la santé de son père : la longueur et la sévérité de son règne lassèrent Constantinople, et lorsqu'il mourut il avait perdu l'amour et le respect de ses sujets. Le clergé ne pouvait lui pardonner d'avoir employé les richesses de l'Église à la défense de l'État; mais il loua ses connaissances théologiques et son zèle ardent pour la foi orthodoxe, qu'il défendit par ses discours, sa plume et son épée. Son caractère fut rétréci par la superstition des Grecs; et un même principe, inconséquent dans ses effets, le porta à fonder un hôpital pour les malades et les pauvres, et à ordonner le supplice d'un hérétique, qui fut brûlé vif dans la place de Sainte-Sophie. Ceux qui avaient vécu dans son intimité suspectèrent même ses vertus morales et religieuses. Lorsque, dans ses derniers momens, Irène sa femme le pressait de changer l'ordre de la succession, il éleva sa tête, et répondit par un soupir accompagné d'une pieuse exclamation sur les vanités de ce monde. L'impératrice indignée lui adressa ces paroles qu'on aurait pu graver sur son tombeau : « Vous mourez comme vous avez vécu, en HYPOCRITE. »

Irène voulait supplanter l'aîné de ses fils en faveur de la princesse Anne, sa fille, qui, malgré sa philosophie, n'aurait pas refusé le diadême; mais les amis de la patrie ne souffrirent pas que la succession sortît de la ligne masculine; l'héritier légitime tira le sceau royal du doigt de son père, qui ne s'en aperçut pas ou qui y consentit, et l'empire obéit au maître du palais. L'ambition et la vengeance excitèrent Anne Comnène à conspirer contre la vie de son frère; et son projet ayant manqué par les craintes et les scrupules de son mari, elle s'écria en colère que la nature avait confondu les sexes, et avait donné à Bryennius

Jean, ou Calo-Jean. A. D. 1118, août 15.

l'âme d'une femme. Jean et Isaac, fils d'Alexis, conservèrent entre eux cette amitié fraternelle, vertu héréditaire dans leur famille ; et le cadet se contenta du titre de *sebastocrator,* c'est-à-dire d'une dignité presque égale à celle de l'empereur, mais sans pouvoir. Les droits de la primogéniture se trouvaient heureusement unis à ceux du mérite. Le teint basané du nouvel empereur, la dureté de ses traits et la petitesse de sa taille, lui valurent le surnom ironique de *Calo-Joannes,* ou de Jean le Beau, que ses sujets reconnaissans accordèrent ensuite d'une manière plus sérieuse aux beautés de son esprit. Après la découverte de son complot, Anne devait perdre sa fortune et la vie. La clémence de l'empereur épargna ses jours ; mais, après avoir examiné par ses yeux le faste et les trésors étalés dans son palais, il disposa de cette riche dépouille en faveur du plus digne de ses amis. Cet ami respectable, Axuch, esclave turc d'origine, eut l'âme assez grande pour refuser un semblable présent ; et intercéder en faveur de celle qu'on voulait punir. Son maître généreux, touché de la vertu de son favori, suivit un si bel exemple, et les reproches ou les plaintes d'un frère offensé furent le seul châtiment de la coupable princesse. De ce moment, il n'y eut plus sous son règne ni conspiration ni révolte : redouté des nobles et chéri du peuple, Jean ne fut plus réduit à la pénible nécessité de punir ses ennemis personnels, ou même de leur pardonner. Sous son administration, qui fut de vingt-cinq ans, la peine de mort fut abolie dans l'empire romain : loi de miséricorde, douce à l'humanité du philosophe contemplateur, mais qui, dans un corps politique nombreux et corrompu, se trouve rarement d'accord avec la sûreté publique. Sévère pour lui-même et indulgent pour les autres, Jean était chaste, frugal et sobre ; et le philosophe Marc-Aurèle n'aurait pas dédaigné les vertus simples que ce prince tirait de son cœur, sans y avoir été instruit dans les écoles. Il méprisa et diminua le faste de la cour de Byzance, si accablant pour le peuple, et si méprisable aux yeux de la raison. Sous son règne, l'innocence n'eut rien à craindre, et le mérite put tout espérer. Sans s'arroger les fonctions tyranniques d'un censeur, il réforma peu à peu, mais d'une manière sensible, les mœurs publiques et privées de Constantinople. Ce caractère accompli n'offrit que le défaut des âmes nobles, l'amour des armes et de la gloire militaire ; mais la nécessité de chasser les Turcs de l'Hellespont et du Bosphore, peut justifier, du moins dans leur principe, les expéditions fréquentes de Jean le Beau. Le sultan d'Iconium fut resserré dans sa capitale ; les Barbares furent repoussés dans les montagnes ; et les provinces maritimes de l'Asie goûtèrent, du moins pour un moment, le bonheur de s'en voir délivrées. Il marcha plusieurs fois de Constantinople vers Antioche et Alep, à la tête d'une armée victorieuse ; et dans les sièges et les batailles de cette guerre sainte, les Latins, ses alliés, furent étonnés de la valeur et des exploits d'un Grec. Il commençait à se livrer à l'ambitieux espoir de rétablir les anciennes limites de l'empire; il avait l'esprit occupé de l'Euphrate et du Tigre, de la conquête de la Syrie et de Jérusalem, lorsqu'un accident singulier termina sa carrière et la félicité publique. Il chassait un sanglier dans la vallée d'Anazarbus; dans sa lutte contre l'animal furieux, qu'il avait percé de sa javeline, un trait empoisonné tomba de son carquois et lui fit à la main une légère blessure : la gangrène survint, et finit les jours du meilleur et du plus grand des princes Comnène.

Manuel.
A. D. 1143,
avril 8.

Une mort prématurée avait enlevé les deux fils aînés de Jean le Beau : Isaac et Manuel lui restaient; guidé par la justice ou par l'affection, il préféra le plus jeune; et les soldats, qui avaient applaudi à la valeur de ce jeune prince durant la guerre contre les Turcs, ratifièrent son choix. Le fidèle Axuch se rendit en hâte à Constantinople, s'assura de la personne d'Isaac, qu'il relégua dans une prison honorable; et, par le don de quatre cents marcs d'argent, il s'assura la voix de ceux des ecclésiastiques qui menaient le clergé de Sainte-Sophie, et dont l'autorité était décisive pour la consécration de l'empereur. Manuel arriva bientôt dans la capitale à la tête de son armée, composée de vieilles troupes affectionnées : son frère se contenta du titre de *sebastocrator*. Ses sujets admirèrent la stature élevée et les grâces martiales de leur nouveau souverain, et se laissèrent flatter de l'idée qu'il joignait la sagesse de l'âge mûr à l'activité et à la vigueur de la jeunesse. L'expérience leur apprit bientôt qu'il avait seulement hérité du

courage et des talens de son père, dont les vertus
sociales étaient ensevelies dans le tombeau : durant
tout son règne, qui fut de trente-sept ans, il fit la
guerre sans cesse, mais avec des succès différens,
aux Turcs, aux chrétiens et aux peuplades du désert
situé par-delà le Danube. Il combattit sur le mont
Taurus, dans les plaines de la Hongrie, sur la côte
de l'Italie et de l'Égypte, et sur les mers de la Sicile
et de la Grèce. L'effet de ses négociations se fit sentir
de Jérusalem à Rome et en Russie; et la monarchie
de Byzance devint, pendant quelque temps, un objet
de respect ou de terreur pour les puissances de l'Asie
et de l'Europe. Manuel, élevé dans la pourpre et
dans le luxe de l'Orient, y avait conservé ce tempé-
rament de fer d'un soldat, dont on ne trouve guère
d'exemple, qui puisse lui être égalé, que dans les
vies de Richard 1er, roi d'Angleterre, et de Charles xii,
roi de Suède. Telle était sa force et son habileté dans
l'exercice des armes, que Raimond, surnommé l'Her-
cule d'Antioche, ne put manier la lance et le bouclier
de l'empereur grec. Dans un fameux tournoi, on le vit
s'avancer sur un coursier fougueux et renverser, dès
la première passe, deux Italiens que l'on comptait
parmi les plus robustes chevaliers. Toujours le premier à l'attaque et le dernier au moment de la retraite,
il faisait trembler également ses amis et ses ennemis,
les uns pour sa sûreté, et les autres pour la leur. Dans
une de ses guerres, après avoir placé une embuscade
au fond d'un bois, il s'était porté en avant, afin de
trouver une aventure périlleuse, n'ayant à sa suite

que son frère et le fidèle Axuch, qui n'avaient pas voulu abandonner leur souverain. Il mit en fuite, après un combat très-court, dix-huit cavaliers : cependant le nombre des ennemis augmentait, le renfort envoyé à son secours s'avançait d'un pas lent et timide; et Manuel, sans recevoir une blessure, s'ouvrit un chemin à travers un escadron de cinq cents Turcs. Dans une bataille contre les Hongrois, impatienté de la lenteur de ses troupes, il arracha un drapeau des mains de l'enseigne qui se trouvait à la tête de la colonne, et fut le premier et presque le seul à passer un pont qui le séparait de l'ennemi. C'est dans ce même pays, qu'après avoir conduit son armée au-delà de la Save, il renvoya les bateaux en ordonnant, sous peine de mort, au chef de la flottille, de le laisser vaincre ou mourir sur cette terre étrangère. Au siége de Corfou, remorquant une galère qu'il avait prise, et se tenant sur la partie de son vaisseau la plus exposée, il affronta une grêle continuelle de pierres et de dards, sans autre défense qu'un large bouclier et une voile flottante; et la mort était inévitable pour lui, si l'amiral sicilien n'eût enjoint à ses archers de respecter un héros. On dit qu'un jour il tua de sa main plus de quarante Barbares, et qu'il revint dans le camp, traînant quatre prisonniers turcs attachés aux anneaux de sa selle : toujours le premier lorsqu'il s'agissait de proposer ou d'accepter un combat singulier, il perçait de sa lance ou pourfendait de son sabre les *gigantesques* champions qui osaient résister à son bras.

L'histoire de ses exploits, qu'on peut regarder comme le modèle ou la copie des romans de chevalerie, donne des soupçons sur la véracité des Grecs ; pour justifier la foi qui leur est due ; je ne perdrai pas celle que je puis inspirer : j'observerai toutefois que, dans la longue suite de leurs annales, Manuel est le seul prince qui ait donné lieu à de pareilles exagérations. Mais à la valeur d'un soldat il ne sut pas unir l'habileté ou la sagesse d'un général ; aucune conquête utile ou permanente ne fut le résultat de ses victoires, et les lauriers qu'il avait cueillis en combattant contre les Turcs se flétrirent dans sa dernière campagne, durant laquelle il perdit son armée sur les montagnes de la Pisidie, et dut son salut à la générosité du sultan. Au reste, le trait le plus singulier du caractère de Manuel se trouve dans le contraste et les alternatives d'une vie tour à tour laborieuse et indolente, des travaux les plus durs et des jouissances les plus efféminées. Durant la guerre, il paraissait oublier qu'on pût vivre en paix, et durant la paix, il semblait incapable de faire la guerre. En campagne, on le voyait dormir au soleil ou sur la neige ; ni hommes ni chevaux ne pouvaient résister à ce que, dans ses longues marches, il supportait de fatigues, et il partageait en souriant l'abstinence ou le régime frugal de ses troupes ; mais à peine de retour à Constantinople, il s'abandonnait tout entier aux arts et aux plaisirs d'une vie voluptueuse ; il dépensait pour ses habits, pour sa table et son palais, plus que n'avait dépensé aucun de ses prédécesseurs; et il passait de longs jours d'été dans les délicieuses îles de la Propontide, oisif et livré aux jouissances de ses incestueuses amours avec sa nièce Théodora. Les dépenses d'un prince guerrier et dissolu épuisèrent les revenus publics, et multiplièrent les impôts; et, dans la détresse où se trouva réduit son camp lors de sa dernière expédition contre les Turcs, il eut à endurer d'un soldat au désespoir un bien amer reproche. Le prince se plaignit de ce que l'eau d'une fontaine, auprès de laquelle il étanchait sa soif, était mêlée de sang chrétien : « Ce n'est pas la première fois, ô empereur! s'écria une voix qui partit de la foule, que vous buvez le sang de vos sujets chrétiens. » Manuel Comnène se maria deux fois; il épousa d'abord la vertueuse Berthe ou Irène, princesse d'Allemagne, et ensuite la belle Marie, princesse d'Antioche, d'extraction française ou latine. Il eut de sa première femme une fille qu'il destinait à Béla, prince de Hongrie, qu'on élevait à Constantinople sous le nom d'Alexis; et ce mariage aurait pu transférer le sceptre romain à une race de Barbares guerriers et indépendans; mais dès que Marie d'Antioche eut donné un fils à l'empereur et un héritier à l'empire, les droits présomptifs de Béla furent abolis, et on ne lui accorda point la femme qui lui était promise : le prince hongrois reprit alors son nom, rentra dans le royaume de ses pères, et déploya des vertus qui durent exciter le regret et la jalousie des Grecs. Le fils de Marie fut nommé Alexis; et, à l'âge de dix ans, il monta sur le trône de Byzance, lorsque la mort de son père eut terminé la gloire de la race des Comnène.

Des intérêts et des passions opposées avaient quelquefois troublé l'amitié fraternelle des deux fils d'Alexis le Grand. L'ambition détermina Isaac *sebastocrator* à prendre la fuite et à se révolter ; la fermeté et la clémence de Jean le Beau le ramenèrent à la soumission. Les erreurs d'Isaac, père des empereurs de Trébisonde, furent légères et de peu de durée ; mais Jean, l'aîné de ses fils, abjura pour jamais sa religion. Irrité d'une insulte qu'il croyait, à tort ou à raison, avoir reçue de son oncle, il abandonna le camp des Romains et se réfugia dans celui des Turcs. Son apostasie fut récompensée par son mariage avec la fille du sultan, par le titre de chelebi ou de noble, et l'héritage d'une souveraineté ; et, au quinzième siècle, Mahomet II se vantait de descendre de la famille des Comnène. Andronic, frère cadet de Jean, fils d'Isaac et petit-fils d'Alexis Comnène, est un des caractères les plus remarquables de son siècle, et ses aventures feraient la matière d'un roman très-singulier. Il fut aimé de trois femmes d'extraction royale, et je dois observer, pour justifier leur choix, que cet heureux amant était formé dans toutes les proportions de la force et de la beauté ; ce qui lui manquait en grâces aimables était bien compensé par une mâle contenance, par une stature élevée, des muscles d'athlète, l'air et le maintien d'un soldat. Il conserva sa vigueur et sa santé jusqu'à un âge très-avancé, et ce fut le fruit de la tempérance et de ses exercices. Un

<small>Alexis II.
A. D. 1180,
sept. 24.</small>

<small>Caractère et premières aventures d'Andronic.</small>

morceau de pain et un verre d'eau formaient souvent
son repas du soir, ou s'il goûtait d'un sanglier ou
d'un chevreuil apprêté de ses propres mains, ce n'é-
tait que lorsqu'il l'avait gagné par une chasse fati-
gante. Habile dans le maniement des armes, il ne
connaissait point la peur ; son éloquence persuasive
savait se plier à tous les événemens et à toutes les
positions de la vie ; il avait formé son style, mais
non pas sa conduite, sur le modèle de saint Paul :
dans toute action criminelle, il ne manquait jamais
de courage pour se résoudre, d'habileté pour se conduire, de force pour exécuter. Après la mort de l'empereur Jean, il suivit la retraite de l'armée romaine.
En traversant l'Asie-Mineure, comme il errait, par
hasard ou à dessein, dans les montagnes, les chas-
seurs turcs l'environnèrent, et il demeura quelque
temps, soit de son plein gré, soit malgré lui, au
pouvoir de leur prince. Ses vertus et ses vices lui
procurèrent la faveur de son cousin : il partagea les
dangers et les plaisirs de Manuel ; et tandis que l'empereur vivait dans un commerce incestueux avec
Théodora, Andronic jouissait des bonnes grâces d'Eudoxie, sœur de cette princesse, qu'il avait séduite.
Celle-ci, bravant les bienséances de son sexe et de
son rang, se glorifiait du nom de concubine d'Andronic, et le palais ou le camp auraient également
pu attester qu'elle dormait ou veillait dans les bras
de son amant. Elle le suivit lorsqu'il alla commander
dans la Cilicie, qui fut le premier théâtre de sa valeur et de son imprudence. Il pressait vivement le

siége de Mopsueste ; il passait la journée à diriger les attaques les plus audacieuses, et la nuit à se livrer à la musique et à la danse, et une troupe de comédiens grecs formait la partie de sa suite à laquelle il mettait le plus de prix. Ses ennemis, plus vigilans que lui, le surprirent par une sortie inattendue; mais, tandis que ses troupes fuyaient en désordre, Andronic, de son invincible lance, perçait les bataillons les plus épais des Arméniens. A son retour au camp impérial, établi dans la Macédoine, Manuel l'accueillit en public avec un sourire de bienveillance, mais en particulier avec quelques reproches. Cependant, pour récompenser ou consoler le général malheureux, il lui donna les duchés de Naissus, Braniseba et Castoria. Sa maîtresse l'accompagnait partout : les frères de celle-ci, pleins de fureur et désirant laver leur honte dans son sang, fondirent tout à coup sur sa tente ; Eudoxie lui conseilla de prendre des habits de femme et de se sauver; le brave Andronic ne voulut point écouter un pareil avis, et, s'élançant de son lit, il s'ouvrit, l'épée à la main, une route au travers de ses nombreux assassins. Ce fut là qu'il laissa voir, pour la première fois, son ingratitude et sa perfidie. Il entama une négociation criminelle avec le roi de Hongrie et l'empereur d'Allemagne ; il approcha de la tente de l'empereur, l'épée à la main et à une heure suspecte ; se donnant pour un soldat latin, il avoua qu'il voulait se venger d'un ennemi mortel, et eut la maladresse de louer la vitesse de son cheval, avec lequel, disait-il, il comptait se tirer sain et sauf de toutes les circonstances de sa vie. Manuel dissimula ses soupçons; mais lorsque la campagne fut terminée, il fit arrêter Andronic, et on l'emprisonna dans une tour du palais de Constantinople.

Cette prison dura plus de douze années, pendant lesquelles le besoin de l'action et la soif des plaisirs l'excitèrent sans cesse à chercher les moyens d'échapper à une si pénible captivité. Enfin, seul et pensif, il aperçut un jour dans un coin de sa chambre quelques briques cassées; il élargit graduellement le passage, et trouva derrière un réduit obscur et oublié. Il gagna ce réduit avec le reste de ses provisions, après avoir eu soin de remettre les briques en place et d'effacer tous les vestiges de sa retraite. Les gardes qui vinrent faire la visite à l'heure accoutumée furent étonnés du silence et de la solitude de la prison, et répandirent qu'Andronic s'était sauvé sans qu'on pût savoir de quelle manière. Au même instant les portes du palais et de la ville se fermèrent; les provinces reçurent l'ordre le plus rigoureux de s'assurer de la personne du fugitif, et sa femme, qu'on soupçonnait d'avoir favorisé son évasion, et à qui on eut la bassesse d'en faire un crime, fut emprisonnée dans la même tour. Durant la nuit, elle crut voir un spectre; elle reconnut son mari; ils partagèrent leurs vivres, et ces secrètes entrevues, qui adoucissaient les peines de leur captivité, produisirent un fils. La vigilance des geôliers, chargés de la garde d'une femme, se relâcha peu à peu, et Andronic était en pleine liberté, lorsqu'on le découvrit et qu'on le ramena à Constantinople, chargé d'une double chaîne. Il trouva le moyen et le moment de se sauver de sa prison. Un jeune homme qui le servait enivra les gardes, et prit sur de la cire l'empreinte des clefs : les amis d'Andronic lui envoyèrent, au fond d'un tonneau, de fausses clefs avec un paquet de cordes. Le prisonnier s'en servit avec courage et avec intelligence ; il ouvrit les portes, descendit de la tour, se tint une journée entière caché dans une haie, et la nuit, il escalada les murs du jardin du palais. Un bateau l'attendait ; il se rendit à sa maison, embrassa ses enfans, se débarrassa de ses fers, et, montant un agile coursier, se dirigea rapidement vers les bords du Danube. A Anchiale, ville de la Thrace, un ami courageux le fournit de chevaux et d'argent. Il passa le fleuve, traversa à la hâte le désert de la Moldavie et les monts Carpathes, et il se trouvait déjà près de Halicz, ville de la Russie polonaise, lorsqu'il fut arrêté par un parti de Valaques, qui résolut de mener à Constantinople cet important prisonnier. Sa présence d'esprit le tira de ce nouveau danger. Sous prétexte d'une incommodité, il descendit de cheval durant la nuit, et on lui permit de se retirer à quelque distance de la troupe. Après avoir fiché en terre son long bâton, il le revêtit de son chapeau et d'une partie de ses habits, se glissa dans le bois, et les Valaques, trompés par le mannequin, lui laissèrent le temps de gagner Halicz. Il y fut bien reçu, et on le conduisit à Kiow, où résidait le grand-duc. L'habile

Grec ne tarda pas à obtenir l'estime et la confiance de Ieroslas ; il savait se conformer aux mœurs de tous les pays, et fit admirer aux Barbares sa force et son courage contre les ours et les élans de la forêt. Pendant son séjour dans cette contrée septentrionale, il mérita son pardon de l'empereur, qui sollicitait le prince des Russes de joindre ses armes à celles de l'empire, pour faire une invasion dans la Hongrie. Andronic, par son influence, fit réussir cette importante négociation ; et par un traité particulier, où il promettait fidélité à l'empereur, celui-ci promit d'oublier le passé. Andronic marcha, à la tête de la cavalerie russe, du Borysthène aux rives du Danube. Malgré son ressentiment, Manuel avait toujours conservé du goût pour le caractère martial et dissolu d'Andronic ; et l'attaque de Zemlin, où il se montra, pour la valeur, le premier après l'empereur, mais seulement après lui, devint l'occasion d'un pardon libre et complet.

Dès qu'Andronic fut de retour dans sa patrie, son ambition se ralluma d'abord pour son malheur, et enfin pour celui de la nation. Une fille de Manuel était un faible obstacle aux vues ambitieuses des princes de la maison de Comnène, qui se sentaient plus dignes du trône : elle devait épouser le roi de Hongrie, et ce mariage contrarierait les espérances et les préjugés des princes et des nobles : mais lorsqu'on leur demanda le serment de fidélité envers l'héritier présomptif, Andronic soutint seul l'honneur du nom romain ; il ne voulut point prêter ce serment illégitime, et protesta hautement contre l'adoption d'un étranger. Son patriotisme offensa l'empereur, mais il était d'accord avec les sentimens du peuple; et le monarque, l'éloignant seulement de sa personne par un honorable exil, lui donna pour la seconde fois le commandement de la frontière de la Cilicie, avec la disposition absolue des revenus de l'île de Chypre. Les Arméniens y exercèrent encore son courage, et fournirent l'occasion de s'apercevoir de sa négligence. Il désarçonna et blessa d'une manière dangereuse un rebelle qui déconcertait toutes ses opérations; mais il découvrit bientôt une conquête plus facile et plus agréable à faire, la belle Philippa, sœur de l'impératrice Marie, et fille de Raimond de Poitou, prince latin qui régnait à Antioche. Abandonnant pour elle le poste qu'il devait garder, il passa l'été dans des bals et des tournois : Philippa lui sacrifia son innocence, sa réputation et un mariage avantageux. Andronic vit ses plaisirs interrompus par la colère de Manuel, irrité de cet affront domestique; il abandonna l'imprudente princesse à ses larmes et à son repentir, et, suivi d'une troupe d'aventuriers, il entreprit le pélerinage de Jérusalem. Sa naissance, sa réputation de grand homme de guerre, le zèle qu'il annonçait en faveur de la religion, tout le désignait pour un des champions de la croix; il captiva le roi et le clergé, et obtint la seigneurie de Beryte sur la côte de Phénicie. Dans son voisinage résidait une jeune et belle reine de sa nation et de sa famille, arrière-petite-fille de l'empereur Alexis, et veuve de Baudouin III, roi de Jérusalem. Elle alla voir son parent et conçut de l'amour pour lui. Cette reine s'appelait Théodora ; elle fut la troisième victime de ses séductions, et sa honte fut encore plus éclatante et plus scandaleuse que celle des deux autres. L'empereur, qui respirait toujours la vengeance, pressait vivement ses sujets et les alliés qu'il avait sur la frontière de Cilicie, d'arrêter Andronic et de lui crever les yeux. Il n'était plus en sûreté dans la Palestine ; mais la tendre Théodora l'instruisit des dangers qu'il courait, et l'accompagna dans sa fuite. La reine de Jérusalem se montra à tout l'Orient la concubine d'Andronic, et deux enfans illégitimes attestèrent sa faiblesse. Son amant se réfugia d'abord à Damas, où, dans la société du grand Noureddin et de Saladin, l'un de ses serviteurs, ce prince, nourri dans la superstition des Grecs, put apprendre à révérer les vertus des musulmans. En qualité d'ami de Noureddin, il visita probablement Bagdad et la cour de Perse ; et après un long circuit autour de la mer Caspienne et des montagnes de la Géorgie, il établit sa résidence parmi les Turcs de l'Asie-Mineure, ennemis héréditaires de ses compatriotes. Andronic, sa maîtresse et la troupe de proscrits qu'il avait à sa suite, trouvèrent une retraite hospitalière dans les domaines du sultan de Colonia : il s'acquitta envers lui par des incursions multipliées dans la province romaine de Trébisonde ; à chaque incursion il rapportait une quantité considérable de dépouilles, et ramenait beaucoup de captifs chrétiens. Dans le récit de ses aventures, il aimait à se comparer à David, qui par un long exil sut échapper aux piéges des méchans ; mais le prophète-roi, osait-il ajouter, borna ses soins à rôder sur la frontière de la Judée, à tuer un Amalécite, et à menacer dans sa triste position les jours de l'avide Nabal. Les excursions d'Andronic avaient été plus étendues ; il avait répandu dans tout l'Orient la gloire de son nom et de sa religion. Un décret de l'Église grecque, en punition de sa vie errante et de sa conduite licencieuse, l'avait séparé de la communion des fidèles, et cette excommunication même prouve qu'il n'abjura jamais le christianisme.

Il avait éludé ou repoussé toutes les tentatives, soit ouvertes, soit cachées, qu'avait faites l'empereur pour se rendre maître de lui. La captivité de sa maîtresse l'attira enfin dans le piége. Le gouverneur de Trébisonde vint à bout de surprendre et d'enlever Théodora ; la reine de Jérusalem et ses deux enfans furent envoyés à Constantinople, et dès-lors Andronic trouva sa vie errante bien pénible. Il implora son pardon et l'obtint : on lui permit, de plus, de venir se jeter aux pieds de son souverain, qui se contenta de la soumission de cet esprit hautain. Prosterné la face contre terre, il déplora ses rebellions avec des larmes et des gémissemens ; il déclara qu'il ne se relèverait que lorsqu'un sujet fidèle viendrait le saisir par la chaîne de fer qu'il avait secrètement attachée à son cou, et le traîner sur les marches du trône. Cette marque extraordinaire de repentir excita l'étonnement et la compassion de l'assemblée ; l'Église et l'empereur lui pardonnèrent ses fautes ; mais Manuel, qui, à juste titre, se défiait toujours de lui, l'éloigna de la cour et le relégua à OEnoé, ville du Pont, entourée de fertiles vignobles, et située sur la côte de l'Euxin. La mort de Manuel et les désordres de la minorité ouvrirent bientôt à son ambition la carrière la plus favorable. L'empereur était un enfant de douze à quatorze ans, et par conséquent également dénué de vigueur, de sagesse et d'expérience. L'impératrice Marie, sa mère, abandonnait sa personne et les soins de l'administration à un favori du nom de Comnène; et la sœur du prince, nommée Marie, femme d'un Italien décoré du titre de César, excita une conspiration et enfin une révolte contre son odieuse belle-mère. On oublia les provinces, la capitale fut en feu, les vices et la faiblesse de quelques mois renversèrent l'ouvrage d'un siècle de paix et de bon ordre. La guerre civile recommença dans les murs de Constantinople; les deux factions se livrèrent un combat meurtrier sur la place du palais, et les rebelles enfermés dans l'église de Sainte-Sophie y soutinrent un siége régulier. Le patriarche travaillait avec un zèle sincère à guérir les maux de l'État; les patriotes les plus respectables demandaient à haute voix un défenseur et un vengeur; l'éloge des talens et même des vertus d'Andronic était dans toutes les bouches. Dans sa retraite, il affectait d'examiner les devoirs que lui imposait son serment : « Si la sûreté ou l'honneur de la famille impériale est menacé, disait-il, j'emploierai en sa faveur tous les moyens que je puis avoir. » Il entremêlait à propos dans sa correspondance avec le patriarche et les patriciens, des citations tirées des psaumes de David et des épîtres de saint Paul; et il attendait patiemment que la voix de ses compatriotes l'appelât au secours de sa patrie. Lorsqu'il se rendit d'OEnoe à Constantinople, sa suite, d'abord peu considérable, devint bientôt une troupe nombreuse et ensuite une armée; on le crut sincère dans ses professions de religion et de fidélité : un costume étranger, qui, dans sa simplicité, faisait ressortir sa taille majestueuse, rappelait vivement à tous les esprits sa pauvreté et son exil. Tous les obstacles disparurent devant lui; il arriva au détroit du Bosphore de Thrace; la flotte de Byzance sortit du port pour recevoir avec acclamations le sauveur de l'empire. Le torrent de l'opinion était bruyant et irrésistible; au premier souffle de l'orage disparurent tous les insectes qu'avaient fait éclore les rayons de la faveur du prince. Le premier soin d'Andronic fut de s'emparer du palais, de saluer l'empereur, d'emprisonner l'impératrice Marie, de punir son ministre, et de rétablir le bon ordre et la tranquillité publique. Il se rendit ensuite au sépulcre de Manuel : les spectateurs eurent ordre de se tenir à quelque distance; mais comme ils l'examinaient dans l'attitude de la prière, ils entendirent ou crurent entendre sortir de ses lèvres des paroles de triomphe et de ressentiment : « Je ne te crains plus, mon vieil ennemi, toi qui m'as poursuivi comme un vagabond dans toutes les contrées de la terre. Te voilà déposé en sûreté sous les sept enceintes d'un dôme d'où tu ne pourras sortir qu'au son de la trompette du dernier jour. C'est maintenant mon tour, et je vais fouler aux pieds tes cendres et ta postérité. » La tyrannie qu'il exerça par la suite permet bien de croire que ce furent là les sentimens que dut lui inspirer un tel moment ; mais il n'est pas très-vraisemblable qu'il ait articulé ses pensées secrètes. Dans les premiers mois de son administration, il couvrit ses desseins d'un masque d'hypocrisie qui ne pouvait tromper que la multitude. Le couronnement d'Alexis se fit avec l'appareil accoutumé, et son perfide tuteur, tenant en ses mains le corps et le sang de Jésus-Christ, déclara qu'il vivrait et qu'il était prêt à mourir pour son bien-aimé pupille. Cependant on recommandait à ses nombreux partisans de soutenir que l'empire qui s'écroulait ne pouvait manquer de périr sous l'administration d'un enfant; qu'un prince expérimenté, audacieux à la guerre, habile dans la science du gouvernement et instruit par les vicissitudes de la fortune dans l'art de régner, pouvait seul sauver l'État, et que tous les citoyens devaient forcer le modeste Andronic à se charger du fardeau de la couronne. Le jeune empereur fut obligé lui-même de joindre sa voix aux acclamations générales, et de demander un collègue, qui ne tarda pas à le dégrader du rang suprême, à le renfermer, et à vérifier enfin la justesse de cette imprudente assertion du patriarche, qu'on pouvait regarder Alexis comme mort, dès qu'on le remettait au pouvoir de son tuteur. Cependant sa mort fut précédée de l'emprisonnement et de l'exécution de sa mère. Le tyran, après avoir noirci la réputation de l'impératrice Marie, et avoir excité contre elle les passions de la multitude, la fit accuser et juger sur une correspondance criminelle avec le roi de Hongrie. Le fils d'Andronic lui-même, jeune homme plein d'honneur et d'humanité, avoua l'horreur que lui inspirait cette action odieuse, et trois des juges eurent le mérite de préférer leur conscience à leur sûreté; mais les autres, soumis aux volontés de l'empereur, sans demander aucune preuve et sans admettre aucune défense, condamnèrent la veuve de Manuel, et son malheureux fils signa l'arrêt de sa mort. Marie fut étranglée; on jeta son corps à la mer, et on souilla sa mémoire de la manière qui blesse le plus la vanité des femmes, en défigurant sa beauté dans une caricature difforme. Le supplice de son fils ne fut pas long-temps différé; on l'étrangla avec la corde d'un arc; et Andronic, insensible à la pitié et aux remords, après avoir examiné le corps de cet innocent jeune homme, le frappa grossièrement avec son pied : « Ton père, s'écria-t-il, était un fripon, ta mère une prostituée, et toi tu étais un sot. »

Le sceptre de Byzance fut la récompense des crimes d'Andronic; il le porta environ trois ans et demi, soit en qualité de protecteur, soit en qualité de souverain de l'empire. Son administration présenta un singulier contraste de vices et de vertus. Lorsqu'il suivait ses passions, il était le fléau de son peuple, et quand il consultait sa raison, il en était le père. Il se montrait équitable et rigoureux dans

Andronic 1er, Comnène. A. D. 1183, oct.

l'exercice de la justice privée : il abolit une honteuse et funeste vénalité ; et comme il avait assez de discernement pour faire de bons choix et assez de fermeté pour punir les coupables, des gens de mérite ne tardèrent pas à remplir les charges : il détruisit l'usage inhumain de piller les malheureux naufragés et de s'emparer même de leur personne : les provinces, opprimées ou négligées si long-temps, se ranimèrent dans le sein de l'abondance et de la prospérité ; mais tandis que des millions d'hommes, placés loin de la capitale, célébraient le bonheur de son règne, les témoins de ses cruautés journalières le couvraient de malédictions. Marius et Tibère n'ont que trop justifié cet ancien proverbe, que l'homme qui passe de l'exil à l'autorité est avide de sang. La vie d'Andronic en montra la justesse pour la troisième fois. Il se rappelait dans son exil tous ceux de ses ennemis et de ses rivaux qui avaient mal parlé de lui, qui avaient insulté à ses malheurs ou qui s'étaient opposés à sa fortune, et l'espoir de la vengeance était alors sa seule consolation. La nécessité où il s'était mis de faire punir le jeune empereur et sa mère lui imposa la funeste obligation de se défaire de leurs amis, qui devaient haïr l'assassin et qui pouvaient le punir ; et l'habitude du meurtre lui ôta la volonté ou le pouvoir de pardonner. L'horrible tableau du nombre des victimes qu'il sacrifia par le poison ou par le glaive, qu'il fit jeter dans la mer ou dans les flammes, donnerait une idée moins frappante de sa cruauté que la dénomination de *jours de l'alcyon* (jours tranquilles), appliquée à l'espace, bien rare dans son règne, d'une semaine où il se reposa de verser du sang. Il tâcha de rejeter sur les lois ou sur les juges une partie de ses crimes ; mais il avait laissé tomber le masque, et ses sujets ne pouvaient plus se méprendre sur l'auteur de leurs calamités. Les plus nobles d'entre les Grecs, et en particulier ceux qui par leur extraction ou leur alliance pouvaient former des prétentions à l'héritage des Comnène, se sauvèrent de l'antre du monstre : ils se réfugièrent à Nicée ou à Pruse, en Sicile ou dans l'île de Chypre ; et leur évasion passant déjà pour criminelle, ils aggravèrent leur délit en arborant l'étendard de la révolte et en prenant le titre d'empereurs. Toutefois Andronic échappa au poignard et au glaive de ses plus redoutables ennemis ; il réduisit et châtia les villes de Nicée et de Pruse ; le sac de Thessalonique suffit pour réduire les Siciliens à l'obéissance ; et si ceux des rebelles qui avaient gagné l'île de Chypre se trouvèrent hors de la portée des coups de l'empereur, cette distance ne fut pas moins utile à Andronic. Ce fut par un rival sans mérite et un peuple désarmé qu'il se vit renversé du trône. La prudence ou la superstition d'Andronic avait prononcé l'arrêt de mort d'Isaac l'Ange, qui descendait par les femmes d'Alexis le Grand : prenant des forces dans son désespoir, Isaac défendit sa liberté et sa vie ; après avoir tué le bourreau qui venait exécuter l'ordre du tyran, il se réfugia dans l'église de Sainte-Sophie. Le sanctuaire se remplit insensiblement d'une multitude curieuse et affligée qui, dans le sort d'Isaac, prévoyait celui dont elle était menacée. Mais, passant bientôt des gémissemens aux imprécations, et des imprécations aux menaces, on osa se demander : « Pourquoi donc craignons-nous ? pourquoi obéissons-nous ? Nous sommes en grand nombre, et il est seul : c'est notre seule patience qui nous retient dans l'esclavage. » A la pointe du jour, le soulèvement était général dans la ville ; on força les prisons ; les citoyens les moins ardens ou les plus serviles s'animèrent pour la défense de leur pays, et Isaac, second du nom, fut porté du sanctuaire sur le trône. Andronic, ignorant le danger qui le menaçait, se reposait alors des soins de l'État dans les îles délicieuses de la Propontide. Il avait contracté un mariage peu décent avec Alice ou Agnès, fille de Louis VII, roi de France, et veuve du malheureux Alexis ; et sa société, plus analogue à ses goûts qu'à son âge, était composée de sa jeune femme et de celle de ses concubines qu'il aimait le plus. Au premier bruit de la révolution, il se rendit à Constantinople, impatient de verser le sang des coupables ; mais le silence du palais, le tumulte de la ville, l'abandon général où il se trouvait, portèrent l'effroi dans son âme. Il publia une amnistie générale ; ses sujets ne voulurent ni recevoir de pardon ni en accorder : il proposa d'abandonner la couronne à son fils Manuel ; mais les vertus du fils ne pouvaient expier les crimes du père. La mer était encore ouverte à sa fuite ; mais la nouvelle de la révolution s'était répandue le long de la côte ; du moment où avait cessé la crainte, l'obéissance avait disparu. Un brigantin armé poursuivit et prit la galère impériale ; Andronic, chargé de fers et une longue chaîne autour du cou, fut traîné aux pieds d'Isaac l'Ange. Son éloquence et les larmes des femmes qui l'accompagnaient sollicitèrent vainement en faveur de sa vie ; mais, au lieu de donner à son exécution les formes décentes d'un châtiment légal, le nouveau monarque l'abandonna à la foule nombreuse de ceux que sa cruauté avait privés d'un père, d'un mari, d'un ami. Ils lui arrachèrent les dents et les cheveux, lui crevèrent un œil et lui coupèrent une main ; faible dédommagement de leurs pertes ! Ils eurent soin de mettre quelque intervalle dans ces tortures, afin que sa mort fût plus douloureuse. On le monta sur un chameau, et, sans craindre que personne entreprît de le délivrer, on le conduisit en triomphe dans toutes les rues de la capitale, et la plus vile populace se réjouit de fouler aux pieds la majesté d'un prince déchu. Accablé de coups et d'outrages, Andronic fut enfin pendu par les pieds entre deux colonnes qui supportaient, l'une la figure d'un loup, et l'autre celle d'une truie ; tous ceux dont le bras put atteindre cet ennemi public, se plurent à exercer sur lui quelques traits d'une cruauté brutale ou raffinée, jusqu'à ce qu'enfin deux Italiens, émus de pitié ou entraînés par la rage, lui plongèrent leurs épées dans le corps et terminèrent ainsi son châtiment dans cette vie. Durant une agonie si longue et si pénible, il ne prononça que ces paroles : « Seigneur, ayez pitié de moi ; pourquoi voulez-vous briser un roseau cassé? » Au milieu de ses tortures, on oublie le tyran ; alors l'homme le plus criminel inspire de la compassion, et on ne peut blâmer sa résignation pusillanime, puisqu'un Grec soumis au christianisme n'était plus le maître de sa propre vie.

Isaac II,
surnommé
l'Ange.
A. D. 1185,
sept. 12. Je me suis laissé aller à m'étendre sur le caractère et les aventures extraordinaires d'Andronic ; mais je terminerai ici la suite des princes qu'a eus l'empire grec depuis le règne d'Héraclius. Les branches issues de la souche des Comnène avaient insensiblement disparu ; et la ligne mâle ne se continua que dans la postérité d'Andronic, qui, au milieu de la confusion publique, usurpa la souveraineté de Trébisonde, si obscure dans l'histoire et si fameuse dans les romans. Un particulier de Philadelphie, Constantin l'Ange, était parvenu à la fortune et aux honneurs en épousant une fille de l'empereur Alexis. Andronic, son fils, ne se distingua que par sa lâcheté. Isaac, son petit-fils, punit le tyran et le remplaça sur le trône ; mais il fut détrôné par ses vices et par l'ambition de son frère ; et leur discorde facilita aux Latins la conquête de Constantinople, la première grande époque dans la chute de l'empire d'Orient.

A. D. 1204,
Avril 12. Si on calcule le nombre et la durée des règnes, on trouvera qu'une période de six siècles a donné soixante empereurs, en y comprenant les femmes qui possédèrent le trône, et en retranchant de la liste quelques usurpateurs qui ne furent jamais reconnus dans la capitale, et quelques princes qui ne vécurent pas assez pour jouir de leur héritage. Le terme moyen de chaque règne serait ainsi de dix années, c'est-à-dire bien au-dessous de la proportion chronologique de Newton, qui, d'après l'exemple des monarchies modernes plus régulièrement constituées, portait à dix-huit ou vingt ans la durée d'un règne ordinaire. L'empire de Byzance n'eut jamais plus de repos et de prospérité que lorsqu'il put suivre l'ordre de la succession héréditaire. Cinq dynasties, savoir : la race d'Héraclius, les dynasties Isaurienne, Amorienne, les descendans de Basile et les Comnène, se perpétuèrent chacune à leur tour sur le trône durant cinq, quatre, trois, six et quatre générations. Plusieurs de ces princes comptèrent de leur enfance les années de leur règne; Constantin VII et ses deux petits-fils occupent tout un siècle. Mais dans les intervalles des dynasties byzantines, la succession est rapide et interrompue; les succès de l'un des candidats ne tardaient pas à être effacés, ainsi que son nom, par les succès d'un compétiteur plus heureux. Plusieurs voies conduisaient au trône. L'ouvrage d'une rebellion se trouvait renversé par les coups des conspirateurs, ou miné par le travail silencieux de l'intrigue. Les favoris des soldats ou du peuple, du sénat ou du clergé, des femmes et des eunuques, se couvraient successivement de la pourpre. Leurs moyens d'élévation étaient vils, et leur fin souvent méprisable ou tragique. Un être de la nature de l'homme, doué des mêmes facultés, mais d'une vie plus longue, jetterait un coup d'œil de compassion et de mépris sur les forfaits et les folies de l'ambition humaine, si ardente à saisir, dans l'étroit espace qui lui est donné, des jouissances précaires et d'une si courte durée. C'est ainsi que l'expérience de l'histoire élève et agrandit l'horizon de nos idées. L'ouvrage de quelques jours, la lecture de quelques heures, ont fait passer devant nos yeux six siècles entiers; et la durée d'un règne, d'une vie, n'a compris que l'espace d'un moment. Le tombeau est toujours derrière le trône; le succès criminel d'un ambitieux ne précède que d'un instant celui où il va se voir dépouillé de sa proie; et l'immortelle raison, survivant à leur existence, dédaigne les soixante simulacres de rois qui ont passé devant nos yeux, laissant à peine une faible trace dans notre souvenir. Cependant, en considérant que dans tous les siècles et dans toutes les contrées l'ambition a de même soumis les hommes à son irrésistible puissance, le philosophe cesse de s'étonner; mais il ne se borne pas à condamner cette vanité, il cherche le motif d'un empressement si universel à obtenir le sceptre du pouvoir. Dans cette suite de princes qui se succédèrent sur le trône de Byzance, on ne peut raisonnablement l'attribuer à l'amour de la gloire ou à l'amour de l'humanité. La vertu de Jean Comnène se montra seule bienveillante et pure. Les plus illustres d'entre les souverains qui précèdent ou suivent ce respectable empereur, ont marché avec une sorte d'adresse et de vigueur dans les sentiers tortueux et sanglans d'une politique égoïste. Lorsqu'on examine bien les caractères imparfaits de Léon l'Isaurien, de Basile 1er, d'Alexis Comnène, de Théophile, de Basile II et de Manuel Comnène, l'estime et la censure se balancent d'une manière presque égale ; et le reste de la foule des empereurs n'a pu former des espérances que sur l'oubli de la postérité. Le bonheur personnel fut-il le but et l'objet de leur ambition ? Je ne rappellerai pas les maximes vulgaires sur le malheur des rois ; mais j'observerai sans crainte que leur condition est de toutes la plus remplie de terreurs et la moins susceptible d'espérances. Les révolutions de l'antiquité donnaient à ces passions opposées bien plus de latitude qu'elles n'en peuvent avoir dans le monde moderne, où la ferme et régulière constitution des empires ne donne guère lieu de croire que nous puissions aisément voir se renouveler le spectacle des triomphes d'Alexandre et de la chute de Darius. Toutefois, par un malheur particulier aux princes de Byzance, ils furent exposés à des périls domestiques, et ne purent espérer de conquêtes étrangères. Une mort plus cruelle et plus honteuse que celle du dernier des criminels, précipita Andronic du faîte des grandeurs ; mais les plus illustres de ses prédécesseurs avaient eu beaucoup plus à craindre de leurs sujets qu'à espérer de leurs ennemis. L'armée était licencieuse sans courage, et la nation turbulente sans liberté. Les Barbares de l'Orient et de l'Occident pesaient sur les frontières de la monarchie, et la perte des provinces fut suivie de la servitude de la capitale.

La suite des empereurs romains, depuis le premier des Césars jusqu'au dernier des Constantin, occupe un intervalle de plus de quinze siècles; et aucune des anciennes monarchies, telles que celles des Assyriens ou des Mèdes, des successeurs de Cyrus ou de ceux d'Alexandre, ne présente d'exemple d'un empire qui ait duré aussi long-temps sans avoir subi le joug d'une conquête étrangère.

CHAPITRE XLIX.

Introduction, culte et persécution des images. Révolte de l'Italie et de Rome. Domaine temporel des papes. Conquête de l'Italie par les Francs. Établissement des images. Caractère et couronnement de Charlemagne. Rétablissement et décadence de l'empire romain en Occident. Indépendance de l'Italie. Constitution du corps germanique.

Je n'ai envisagé l'Église que dans ses rapports avec l'État et dans les avantages qu'elle procure aux corps politiques ; manière de voir à laquelle il serait bien à désirer qu'on se fût tenu inviolablement attaché dans les faits ainsi que dans mon récit. J'ai eu soin de laisser à la curiosité des théologiens spéculatifs la philosophie orientale des gnostiques, l'abîme ténébreux de la prédestination et de la grâce, et la singulière transformation qui s'opère dans l'eucharistie lorsque la représentation du corps de Jésus-Christ se convertit en sa véritable substance (1) ; mais j'ai exposé avec soin et avec plaisir ceux des faits de l'histoire ecclésiastique qui ont influé sur la décadence et

Introduction des images dans l'Église chrétienne.

---

(1) Le savant Selden nous donne, dans un mot très-énergique et d'une signification bien étendue, toute l'histoire de la transsubstantiation : « Cette opinion est une figure de rhéteur, dont on a fait une proposition de logique. » *Voyez* ses ouvrages, vol. III, p. 2073, dans son *Seldeniana* ou ses *Propos de table*.

la chute de l'empire romain, tels que la propagation du christianisme, la constitution de l'Église catholique, la ruine du paganisme, et les sectes qui sont sorties des controverses mystérieuses élevées touchant la Trinité et l'Incarnation. On doit mettre au rang des principaux faits de cette espèce le culte des images, qui occasiona des disputes forcenées aux huitième et neuvième siècles, puisque cette question d'une superstition populaire a produit la révolte de l'Italie, le domaine temporel des papes et le rétablissement de l'empire romain en Occident.

Les premiers chrétiens étaient dominés d'une invincible répugnance pour les images; on peut attribuer cette aversion à leur origine judaïque et leur éloignement pour les Grecs. La loi de Moïse avait sévèrement défendu tous les simulacres de la Divinité, et ce précepte avait jeté de profondes racines dans la doctrine et les mœurs du peuple choisi. Les apologistes de la religion chrétienne employèrent tous les traits de leur esprit contre les idolâtres qui se prosternaient devant l'ouvrage de leurs mains, devant ces images d'airain ou de marbre (1), qui, si elles eussent été douées de mouvement et de vie, auraient dû plutôt s'élancer de leur piédestal pour adorer la

---

(1) *Nec intelligunt homines ineptissimi, quòd si sentire simulacra et moveri possent, adoratura hominem fuissent à quo sunt expolita.* (*Div. Instit.*, l. II, c. 2.) Lactance est le dernier et le plus éloquent des apologistes du christianisme; leurs railleries sur les idoles attaquent non-seulement l'objet, mais aussi la forme et la matière.

puissance créatrice de l'artiste. Quelques gnostiques qui venaient d'embrasser la religion chrétienne, accordèrent peut-être aux statues de Jésus-Christ et de saint Paul, dans les premiers momens d'une conversion mal assurée, les profanes honneurs qu'ils avaient rendus à celles d'Aristote et de Pythagore (1); mais la religion publique des catholiques fut toujours uniformément simple et spirituelle, et il est question des images pour la première fois dans la censure du concile d'Illibéris, trois cents ans après l'ère chrétienne. Sous les successeurs de Constantin, dans la paix et l'abondance dont jouissait l'Église triomphante, les plus sages d'entre les évêques crurent devoir, en faveur de la multitude, autoriser une sorte de culte capable de frapper les sens; depuis la ruine du paganisme, ils ne craignaient plus un parallèle odieux. Ce fut par les hommages rendus à la croix et aux reliques que commença à s'introduire ce culte symbolique. On plaçait à la droite de Dieu les saints et les martyrs dont on implorait les secours; et la foi du peuple aux faveurs bienfaisantes et souvent miraculeuses qui se répandaient autour de leur tombeau, était affermie par cette foule de dévots pèlerins, qui allaient voir, toucher et baiser la dépouille ina-

---

(1) *Voyez* saint Irénée, saint Épiphane et saint Augustin (Basnage, *Hist. des Églises réformées*, t. II, p. 1313). Cette pratique des gnostiques a un singulier rapport avec le culte secret qu'avait adopté Alexandre-Sévère. Lampride, c. 29; Lardner, *Heathen Testimonies*, vol. III, p. 34.

nimée qui rappelait leur mérite et leurs souffrances (1); mais une fidèle représentation de la personne et des traits du saint, reproduite par les moyens de la peinture ou de la sculpture, offrait des souvenirs encore plus intéressans que son crâne ou ses sandales. La tendresse particulière ou l'estime publique a mis dans tous les temps beaucoup d'intérêt à ces représentations si analogues aux affections humaines. On prodiguait des honneurs civils et presque religieux aux images des empereurs romains; les statues des sages et des patriotes recevaient des hommages moins fastueux, mais plus sincères; et ces profanes vertus, ces brillans péchés disparaissaient en présence des saints personnages qui s'étaient dévoués à la mort pour leur éternelle et céleste patrie. On fit d'abord l'essai du culte des images avec précaution et avec scrupule; on les permettait pour instruire les ignorans, pour exciter les dévots peu fervens, et se conformer aux préjugés des païens, qui avaient embrassé ou qui désiraient d'embrasser le christianisme. Par une progression insensible, mais inévitable, les honneurs accordés à l'original se rendirent à la copie: le dévot priait devant l'image d'un saint; et la génuflexion, les cierges allumés, l'encens et d'autres cérémonies païennes, s'introduisirent dans l'Église. Le puissant témoignage des visions et des miracles vint imposer silence aux scrupules de la raison et de la piété. On pensa que des images qui parlaient, se re-

Leur culte.

---

(1) *Voyez* les chapitres XXIII et XXVIII de cet ouvrage.

muaient et versaient du sang, devaient avoir une force divine, et pouvaient être l'objet d'une adoration religieuse. Le pinceau le plus hardi devait trembler de l'audacieuse pensée de rendre, par des traits et des couleurs, l'esprit infini, le Dieu tout-puissant qui pénètre et soutient l'univers (1); mais un esprit superstitieux se prêtait avec moins de peine, à peindre, à adorer les anges, et particulièrement le fils de Dieu, sous la forme humaine qu'il avait daigné adopter pendant son séjour sur la terre. La seconde personne de la Trinité s'était revêtue d'un corps réel et mortel; mais ce corps était monté au ciel, et si on n'en eût pas offert quelque simulacre aux yeux de ses disciples, les restes ou les images des saints auraient effacé le culte spirituel de Jésus-Christ. On dut permettre, par les mêmes motifs, les images de la sainte Vierge; on ignorait le lieu de sa sépulture; et la crédulité des Grecs et des Latins s'était hâtée d'adopter l'idée de son assomption en corps et en âme dans les régions du ciel. L'usage et même le culte des images était bien établi avant la fin du sixième siècle. Il plai-

---

(1) Ου γαρ το Θειον απλουν υπαρχον και αληπτον μορφαις τισι και σχημασιν απεικαζομεν, ουτε κηρω και ξυλοις την υπερουσιον και προαναρχον ουσιαν τιμαν ημεις διεγνωκαμεν. (*Concilium Nicenum* II, *in Collect.* Labbe, t. VIII, p. 1025, édit. de Venise.) « Il serait peut-être à propos, dit M. Dupin, de ne point souffrir d'images de la Trinité ou de la Divinité; les défenseurs les plus zélés des images ayant condamné celles-ci, et le concile de Trente ne parlant que des images de Jésus-Christ et des saints. » *Biblioth. ecclésiast.*, t. VI, p. 154.

sait à l'imagination brûlante des Grecs et des Asiatiques : de nouveaux emblêmes ornèrent le Panthéon et le Vatican ; mais les Barbares plus grossiers et les prêtres ariens de l'Occident se livrèrent plus froidement à cette apparence d'idolâtrie. Les formes hardies des statues d'airain ou de marbre qui remplissaient les temples de l'antiquité, blessaient l'imagination ou la conscience des chrétiens grecs ; et les simulacres qui n'offraient qu'une surface coloriée et sans relief, ont toujours paru plus décens et moins dangereux (1).

L'image d'Édesse

Le mérite et l'effet d'une copie dépendent de sa ressemblance avec l'original ; mais les premiers chrétiens ne connaissaient pas les véritables traits du fils de Dieu, de sa mère ou de ses apôtres. La statue de Panéas en Palestine (2), qu'on croyait être celle de

---

(1) Ce précis de l'histoire des images est tiré du vingt-deuxième livre de l'*Histoire des Églises réformées* de Basnage, t. II, p. 1310-1337. Il était protestant, mais d'un esprit courageux ; et les réformés ne craignent pas de montrer de l'impartialité sur cet objet, par rapport auquel ils ont si évidemment raison. *Voy.* l'embarras du pauvre moine Pagi, *Critica*, t. 1, p. 42.

(2) Lorsqu'on étudie les annalistes, on juge, après avoir écarté des miracles et des contradictions, que dès l'année 300, la ville de Panéas, en Palestine, avait un groupe de bronze qui représentait un grave personnage, enveloppé d'un manteau, ayant à ses genoux une femme qui lui témoignait sa reconnaissance ou qui lui adressait des supplications ; et que peut-être on voyait sur le piédestal τω Σωτηρι, τω ευεργετη. — Les chrétiens supposaient ridiculement que ce groupe

Jésus-Christ, était vraisemblablement celle d'un sauveur révéré seulement pour des services temporels. On avait condamné les gnostiques et leurs profanes monumens; et l'imagination des artistes chrétiens ne pouvait être guidée que par une secrète imitation de quelque modèle du paganisme. Dans cet embarras, on eut recours à une invention hardie autant qu'adroite, et qui établissait à la fois la parfaite ressemblance de l'image, et l'innocence du culte qu'on lui rendait. Une légende de Syrie sur la correspondance de Jésus-Christ et du roi Abgare, fameuse au temps d'Eusèbe, et que des écrivains modernes ont abandonnée avec tant de regret, servit de fondement à une nouvelle fable. L'évêque de Césarée (1) rapporte la lettre d'Abgare à Jésus-Christ (2); mais ce

---

représentait Jésus-Christ et la pauvre femme qu'il avait guérie d'un flux de sang. (Eusèbe, VII, 18; Philostorg., VII, 3, etc.) M. de Beausobre conjecture, avec plus de raison, qu'il s'agissait du philosophe Apollonius ou de l'empereur Vespasien : dans cette dernière supposition, la femme représente une ville, une province, ou peut-être la reine Bérénice. *Biblioth. germ.*, XIII, p. 1-92.

(1) Eusèbe, *Hist. ecclésiast.*, l. 1, c. 13. Le savant Assemani y ajoute le témoignage de trois Syriens, de saint Éphrem, de Josué Stylite, et de Jacques, évêque de Sarug; mais je ne sache pas qu'on ait produit l'original de cette lettre, ou qu'on ait indiqué les archives d'Édesse (*Biblioth. orient.*, t. 1, p. 318, 420, 554). Cette tradition si vague et si incertaine leur venait probablement des Grecs.

(2) Lardner discute et rejette avec sa candeur ordinaire les témoignages cités en faveur de cette correspondance

qu'il y a de singulier, il ne parle pas de cette empreinte exacte (1) de la figure de Jésus-Christ sur un linge dont le Sauveur du monde récompensa la foi de ce prince qui avait invoqué sa puissance dans une maladie, et lui avait offert la ville fortifiée d'Édesse, afin de le mettre à l'abri de la persécution des Juifs. Pour expliquer l'ignorance où était restée à cet égard la primitive Église, on supposa que cette empreinte avait été long-temps emprisonnée dans une niche d'un mur, d'où, après un oubli de cinq siècles, elle fut tirée par un évêque prudent, et offerte, au temps propice, à la dévotion de ses contemporains. La délivrance de la ville attaquée par Chos-

---

(*Heathen Testimonies*, vol. 1, p. 297-309). Dans la foule des écrivains bigots qu'il chasse de ce poste important, je suis honteux, à la suite des Grabe, des Cave, des Tillemont, de rencontrer M. Addison (*voyez ses ouvrages*, vol. 1, p. 528, édit. de Baskerville); mais le traité superficiel qu'il a composé sur la religion chrétienne ne doit la réputation dont il jouit qu'à son nom; à son style; et aux éloges bien suspects que lui ont donnés les prêtres.

(1) Je conclus du silence de Jacques de Sarug (Assemani, *Biblioth. orient.*, p. 289-318), et du témoignage d'Évagrius (*Hist. ecclésiast.*, l. IV, c. 27), que cette fable a été inventée entre les années 521 et 594, vraisemblablement après le siége d'Édesse, en 540. (Assemani; t. 1, p. 416; Procope, *de Bello persico*, l. II.) C'est l'épée et le bouclier de Grégoire II (*in epist.* 1 *ad Leon. Isaur.*, *Concil.*; t. VIII, p. 656, 657), de saint Jean Damascène (*Opera*, t. 1, p. 281, édit. de Lequien), et du second concile de Nicée (*Actio* V, p. 1030). L'édition la plus parfaite se trouve dans Cedrenus (*Compend.*, p. 175-178).

roès Nushirwan fut le premier miracle qu'on lui attribua : bientôt on la révéra comme un gage qui, d'après la promesse de Dieu, garantissait Édesse contre les armes de tout ennemi étranger. Il est vrai que le texte de Procope attribue la délivrance d'Édesse à la richesse et à la valeur des citoyens, qui achetèrent l'absence du monarque persan, et repoussèrent ses attaques ; il ne se doutait pas, ce profane historien, du témoignage qu'on le force de rendre dans l'ouvrage ecclésiastique d'Évagrius, où Procope assure que le palladium fut exposé sur les murs de la ville, et que l'eau lancée sur la sainte face allumait, au lieu de les éteindre, les flammes jetées par les assiégés. Après cet important service, on conserva l'image d'Édesse avec beaucoup de respect et de reconnaissance ; et si les Arméniens ne voulurent point admettre la légende, les Grecs plus crédules adorèrent cette représentation de la figure du Sauveur du monde, qui n'était pas l'ouvrage d'un mortel, mais une production immédiate du divin original. Le style et les idées d'une hymne chantée par les sujets de Byzance, montreront en quoi le culte rendu par eux aux images s'éloignait du système grossier des idolâtres. « Avec des yeux mortels, comment pourrons-nous regarder cette image dont les saints qui sont au ciel n'osent pas envisager la céleste splendeur ? Celui qui habite les cieux daigne nous honorer aujourd'hui de sa visite par une empreinte digne de nos respects : celui qui est assis au-dessus des chérubins, vient se présenter aujourd'hui à notre adoration dans un simulacre que notre père tout-puissant a fait de ses mains sans tache, qu'il a formé d'une manière ineffable, et que nous devons sanctifier en l'adorant avec crainte et avec amour. » Avant la fin du sixième siècle, ces images faites sans mains, comme les Grecs l'exprimaient par un seul mot (1), étaient communes dans les armées et les villes de l'empire d'Orient (2). Elles étaient des objets de culte et des instrumens de miracles. Au moment du danger ou au milieu du tumulte, leur présence révérée rendait l'espérance, ranimait le courage ou réprimait la fureur des légions romaines. La plus grande partie de ces images, n'étant que des imitations faites par la main de l'homme, ne pouvaient prétendre qu'à une ressemblance imparfaite, et c'était à tort qu'on leur appliquait le

<small>Copies de l'image d'Edesse.</small>

---

(1) Αχειροποιητος. *Voyez* Ducange, *in Gloss. græc. et latin.* Ce sujet est traité avec autant d'érudition que de préjugés par le jésuite Gretser (*Syntagma de imaginibus non manu factis, ad calcem codicis de Officiis*, p. 289-330), l'âne ou plutôt le renard d'Ingolstadt (*voyez le Scaligeriana*); avec autant d'esprit que de raison par le protestant Beausobre, dans la controverse ironique qu'il a insérée dans plusieurs volumes de la *Bibliothèque germanique* (t. XVIII, p. 1-50; t. XX, p. 27-68; t. XXV, p. 1-36; t. XXVII, p. 85-118; t. XXVIII, p. 1-33; t. XXXI, p. 111-148; t. XXXII, p. 75-107; t. XXXIV, p. 67-96).

(2) Théophylacte Simocatta (l. II, c. 3, p. 34; l. III, c. 1, p. 63) célèbre le θεανδρικον εικασμα, qu'il appelle αχειροποιητον; mais ce n'était qu'une copie, puisqu'il ajoute αρχετυπον το εκεινου οι Ρωμαιοι (d'Edesse) θρησκευουσι τι αρρητον. *Voyez* Pagi, t. II, A. D. 586, n° 11.

même titre qu'à la première image; mais il y en avait de plus imposantes, produites par un contact immédiat avec l'original, doué à cet effet d'une vertu miraculeuse et prolifique. Les plus ambitieuses prétendaient, non pas descendre de l'image d'Édesse, mais avoir avec elle des rapports de fraternité; telle est la *véronique* de Rome, d'Espagne ou de Jérusalem, mouchoir que Jésus-Christ, lors de son agonie et de sa sueur de sang, avait appliqué sur son visage, et remis à une des saintes femmes. Bientôt il y eut des *véroniques* de la vierge Marie, des saints et des martyrs. On montrait dans l'église de Diospolis, ville de la Palestine, les traits de la mère de Dieu (1), empreints jusqu'à une assez grande profondeur sur une colonne de marbre. Le pinceau de saint Luc avait décoré, disait-on, les Églises d'Orient et d'Occident; et on a supposé que cet évangéliste, qui paraît avoir été un médecin, avait exercé le métier de peintre, métier, aux yeux des premiers chrétiens, si profane et si odieux. Le Jupiter Olympien, créé par le génie d'Homère et le ciseau de Phidias, pouvait inspirer à un philosophe une dévotion momentanée; mais les images catholiques, productions sans force et sans relief, sorties de la main des moines,

---

(1) *Voyez* dans les ouvrages authentiques ou supposés de saint Jean Damascène, deux passages sur la vierge Marie et sur saint Luc, que Gretser a oubliés, et dont Beausobre, par conséquent, n'a pas fait mention. *Opera Johan. Damascen.*, t. 1, p. 618-631.

attestaient le dernier degré de dégénération de l'art et du génie (1).

Opposition au culte des images.

Le culte des images s'était introduit peu à peu dans l'Église, et chacun des progrès de cette innovation était favorablement accueilli par l'esprit superstitieux, comme augmentant le nombre des moyens de consolation qu'on pouvait se permettre sans péché. Mais au commencement du huitième siècle, lorsque l'abus fut dans toute sa force, quelques Grecs d'une conscience timorée commencèrent à craindre d'avoir, sous les dehors du christianisme, rétabli la religion de leurs ancêtres ; ils ne pouvaient supporter sans douleur et sans impatience le nom d'idolâtres que leur donnaient sans cesse les Juifs et les musulmans (2), à qui la loi de Moïse et le Koran inspiraient une haine immortelle pour les images taillées, et toute espèce de culte qui pouvait y avoir rapport. La servitude des Juifs affaiblissait leur zèle et donnait peu d'importance à leurs accusations ;

---

(1) « Vos scandaleuses figures sortent de la toile ; elles sont aussi mauvaises que des statues groupées. » C'était ainsi que l'ignorance et le fanatisme d'un prêtre grec louaient des tableaux du Titien, qu'il avait commandés et qu'il ne voulait plus recevoir.

(2) Selon Cedrenus, Zonare, Glycas et Manassès, les auteurs de la secte des iconoclastes furent le calife Jezid et deux Juifs qui avaient promis l'empire à Léon. Les reproches que la haine inspire à ces sectaires sont interprétés comme une conspiration absurde pour le rétablissement de la pureté du culte chrétien. *Voyez* Spanheim, *Hist. Imag.*, c. 2.

mais les reproches des musulmans triomphans, qui régnaient à Damas et menaçaient Constantinople, avaient tout le poids que peuvent donner la vérité et la victoire. Les villes de la Syrie, de la Palestine et de l'Égypte, étaient munies d'images de Jésus-Christ, de sa mère et des saints, et chacune de ces places avait l'espoir où comptait avoir la promesse d'être défendue d'une manière miraculeuse. Les Arabes subjuguèrent en dix années ces villes et leurs images ; et, selon leur opinion, le Dieu des armées prononça un jugement décisif sur le mépris que devaient inspirer ces idoles muettes et inanimées (1). Édesse avait résisté long-temps aux attaques du roi de Perse ; mais cette ville de prédilection, l'épouse de Jésus-Christ, se trouva enveloppée dans la ruine commune, et l'empreinte du visage du Sauveur du monde devint un des trophées de la victoire des infidèles. Après trois siècles de servitude, le palladium fut rendu à la dévotion de Constantinople, qui pour l'obtenir paya douze mille livres d'argent, remit en liberté deux cents musulmans, et promit de s'abstenir à jamais de tout acte d'hostilité contre le territoire d'Édesse (2). A cette époque de détresse et

---

(1) Jezid, neuvième calife de la race des Omniades, fit détruire toutes les images de la Syrie vers l'année 719 : aussi les orthodoxes reprochèrent-ils aux sectaires de suivre l'exemple des Sarrasins et des Hébreux. *Fragm. mon. Johan. Jerosolymit. script. Byz.*, t. XVI, p. 235 ; *Hist. des Républ. ital.*, par M. Sismondi, t. 1, p. 126. (*Note de l'Éditeur.*)

(2) *Voyez* Elmacin (*Hist. Saracen.*, p. 267); Abulpha-

de crainte, les moines employèrent toute leur éloquence à défendre les images; ils voulurent prouver que les péchés et le schisme de la plus grande partie des Orientaux avaient aliéné la faveur et anéanti la vertu de ces précieux symboles; mais ils eurent contre eux les murmures d'une foule de chrétiens ou simples ou raisonnables, qui invoquèrent les textes, les faits et l'exemple des temps primitifs, et qui désiraient en secret la réforme de l'Église. Comme le culte des images n'avait été établi par aucune loi générale ou positive, ses progrès dans l'empire d'Orient furent retardés ou accélérés selon les hommes et selon les dispositions du moment, selon les divers degrés des lumières répandues dans les diverses contrées, et selon le caractère particulier des évêques. L'esprit léger de la capitale et le génie inventif du clergé de Byzance s'attachèrent avec chaleur à un culte tout de représentation, tandis que les cantons éloignés de l'Asie, plus grossiers dans leurs mœurs, montraient peu de goût pour cette espèce de faste religieux. De nombreuses congrégations de gnostiques et d'ariens gardèrent après leur conversion le culte simple qu'ils avaient suivi

---

rage (*Dynast.*, p. 201), Abulfeda (*Annal. Moslem.*, p. 264), et les *Critiques* de Pagi (t. III, A. D. 944). Ce prudent franciscain n'ose déterminer si c'est à Rome ou à Gênes que repose l'image d'Édesse; mais elle repose sans gloire, et cet objet du culte des chrétiens a perdu sa vogue et sa célébrité.

avant d'avoir abjuré, et les Arméniens, les plus guerriers des sujets de Rome, n'étaient pas réconciliés, au douzième siècle, avec la vue des images (1). Tous ces noms divers amenèrent des préventions et des haines qui produisirent peu d'effet dans les villages de l'Anatolie et de la Thrace, mais qui influèrent souvent sur la conduite du guerrier, du prélat ou de l'eunuque parvenu aux premières dignités de l'Église ou de l'État.

Le plus heureux de tous ces aventuriers fut l'empereur Léon III (2), qui, des montagnes de l'Isaurie, passa sur le trône de l'Orient. Il ne con-

Léon l'Iconoclaste et ses successeurs.
A. D. 726-840.

---

(1) Ἀρμενίοις καὶ Ἀλαμανοῖς ἐπίσης ἡ ἁγίων εἰκόνων προσκύνησις ἀπηγόρευται. (Nicetas., l. II, p. 258.) Les Églises d'Arménie ne font encore usage que de la croix (*Missions du Levant*, t. III, p. 148); mais sûrement le Grec superstitieux est injuste à l'égard de la superstition des Allemands du douzième siècle.

(2) C'est dans les Actes des conciles (t. VIII et IX, Collect. de Labbe, édit. de Venise) et dans les écrits historiques de Théophane, de Nicéphore, de Manassès, de Cedrenus, de Zonare, etc., qu'il faut chercher les monumens originaux de tout ce qui a rapport aux iconoclastes; mais on ne les y trouvera pas exempts de partialité. Parmi les catholiques modernes, Baronius, Pagi, Natalis Alexander (*Hist. eccl., secul.* 8 et 9) et Maimbourg (*Hist. des Iconoclastes*), ont montré sur ce sujet autant d'érudition que de passion et de crédulité. Les recherches du protestant Frédéric Spanheim (*Hist. imaginum restituta*), et de Jacques Basnage (*Hist. des Églises réformées*, t. II, l. XXIII, p. 1339-1385), penchent du côté des iconoclastes. D'après les secours que nous offrent les deux partis et leurs dispositions contraires, il nous est

naissait ni la littérature sacrée ni la littérature profane; mais son éducation rustique et guerrière, sa raison, et peut-être son commerce avec les Juifs et les Arabes, lui avaient inspiré de l'aversion pour les images, et l'on regardait alors comme le devoir d'un prince le soin d'obliger ses sujets à régler leur conscience sur la sienne. Toutefois, dans les commencemens d'un règne mal affermi, durant dix années de travaux et de dangers, Léon se soumit aux bassesses de l'hypocrisie; il se prosterna devant des idoles qu'il méprisait au fond du cœur, et rassura chaque année le pontife romain par une déclaration solennelle de son zèle pour l'orthodoxie. Lorsqu'il voulut réformer la religion, ses premières démarches furent circonspectes et modérées : il assembla un grand conseil de sénateurs et d'évêques, et ordonna, d'après leur aveu, d'enlever toutes les images du sanctuaire et de l'autel, de les placer dans les nefs à une hauteur où on pût les apercevoir, et où la superstition du peuple ne pourrait atteindre ; mais il n'y eut pas moyen de réprimer de l'un et de l'autre côté l'impulsion rapide de la vénération et de l'horreur : les saintes images placées à cette hauteur édifiaient toujours les dévots et accusaient le tyran. La résistance et les invectives irritèrent Léon lui-même. Son parti l'accusa de mal remplir ses devoirs, et lui proposa pour modèle le roi juif qui

---

facile de juger cette question avec une impartialité philosophique.

avait brisé le serpent d'airain. Un second édit ordonna non-seulement l'enlèvement, mais la destruction des tableaux religieux. Constantinople et les provinces furent purifiées de toute espèce d'idolâtrie : les images de Jésus-Christ, de la mère de Dieu et des saints, furent détruites, et on revêtit d'une légère couche de plâtre les murailles des édifices. La secte des iconoclastes eut pour appui le zèle et le pouvoir despotique de six empereurs, et durant cent vingt années, l'Orient et l'Occident retentirent de cette bruyante querelle. Léon l'Isaurien voulait faire de la proscription des images un article de foi sanctionné par l'autorité d'un concile général; mais ce concile ne fut assemblé que sous son fils Constantin, et quoique le fanatisme de la secte triomphante l'ait représenté comme une assemblée d'imbéciles et d'athées (1), ce qui nous reste de ses actes dans quelques fragmens mutilés, laisse apercevoir de la raison et de la piété. Les discussions et les décrets de plusieurs synodes provinciaux avaient amené ce

Le concile de Constantinople.
A. D. 754.

---

(1) Comme on le voit par ces fleurs de rhétorique, Συνοδον παρανομον και αθεον : on a traité les évêques de τοις ματαιοφροσιν. Damascène appelle ce concile ακυρος και αδεκτος (*Opera*, t. 1, p. 623). Spanheim a fait avec autant d'esprit que de bonne foi l'apologie du concile de Constantinople (p. 171, etc.); il a employé les matériaux que lui ont offerts les Actes du concile de Nicée (p. 1046, etc.). Le spirituel Jean de Damas dit επισκωτους, au lieu d'επισκοπους; il donne aux évêques le nom de κοιλιοδουλους, esclaves de leur ventre, etc. (*Opera*, t. 1, p. 306).

concile général qui se tint dans les faubourgs de
Constantinople, et fut composé de trois cent trente-
huit évêques de l'Europe et de l'Anatolie; car les
patriarches d'Antioche et d'Alexandrie étaient alors
esclaves du calife, et les pontifes de Rome avaient
détaché de la communion des Grecs les Églises d'Italie et d'Occident. Le concile de Byzance s'arrogea
le titre et le pouvoir de septième concile général;
cependant c'était reconnaître les six conciles généraux antérieurs, qui avaient établi d'une manière
si laborieuse l'édifice de la foi catholique. Après une
délibération de six mois, les trois cent trente-huit
évêques déclarèrent et signèrent unanimement que
tous les symboles visibles de Jésus-Christ, excepté
dans l'Eucharistie, étaient blasphématoires ou hérétiques, et que le culte des images dérogeait à la pureté de la foi chrétienne et ramenait au paganisme;
qu'il fallait effacer ou anéantir de pareils monumens
d'idolâtrie; que ceux qui refuseraient de livrer les
objets de leurs superstitions particulières se rendraient coupables de désobéissance à l'autorité de
l'Église et de l'empereur. Leurs bruyantes acclamations célébrèrent les mérites de leur rédempteur
temporel, et ils confièrent à son zèle et à sa justice
l'exécution de leurs censures spirituelles. A Constantinople, de même que dans les conciles précédens,
la volonté du prince fut la règle de la foi épiscopale; mais je suis tenté de croire qu'en cette occasion un grand nombre de prélats sacrifièrent à des
vues d'espérance ou de crainte les opinions de leur

conscience. Durant cette longue nuit de superstition, les chrétiens s'étaient écartés de la simplicité de l'Évangile, et il n'était pas aisé pour eux de suivre le fil et de reconnaître les détours du labyrinthe. Dans l'imagination d'un dévot, le culte des images se trouvait lié d'une manière inséparable avec la croix, la Vierge, les saints et leurs reliques. Les miracles et les visions enveloppaient de nuages la base de cet édifice sacré, et les habitudes de l'obéissance et de la foi avaient engourdi les deux puissances de l'esprit, la curiosité et le scepticisme. On accuse Constantin lui-même de doute, d'incrédulité, ou même de quelques plaisanteries royales sur les mystères des catholiques (1); mais ces mystères se trouvaient bien établis dans le symbole public et privé de ses évêques, et l'iconoclaste le plus audacieux ne dut attaquer qu'avec une secrète horreur les monumens de la superstition populaire, consacrés à la gloire des saints qu'il regardait encore comme ses protecteurs auprès de Dieu. Lors de la réforme du seizième siècle, la liberté et les lumières avaient augmenté toutes les facultés de l'homme; le besoin des innovations l'emporta sur le respect pour l'antiquité; et l'Europe,

Leur profession de foi.

---

(1) On l'accuse d'avoir proscrit le titre de saint, d'avoir appelé la vierge Marie mère de Jésus-Christ, de l'avoir comparée après son accouchement à une bourse vide: on l'accuse en outre d'arianisme, de nestorianisme, etc. Spanheim, qui le défend (c. 4, p. 207), est un peu embarrassé entre les intérêts d'un protestant et les devoirs d'un théologien orthodoxe.

dans sa vigueur, osa dédaigner les fantômes devant lesquels tremblait la faiblesse efféminée des Grecs avilis.

<small>Persécution des images et des moines.
A. D. 726-775.</small>

Le peuple ne connaît le scandale d'une hérésie, sur des questions abstraites, que par le bruit de la trompette ecclésiastique; mais les plus ignorans peuvent apercevoir, les plus glacés doivent ressentir la profanation et la chute de leurs divinités visibles. Les premières hostilités de Léon se portèrent sur un crucifix placé dans le vestibule et au-dessus de la porte du palais. On allait l'abattre; mais l'échelle dressée pour y atteindre fut renversée avec fureur par une troupe de fanatiques et de femmes. La multitude vit avec un pieux transport les ministres du sacrilége, précipités du haut de l'échelle, tomber et se briser sur le pavé; ceux qui s'étaient rendus coupables de cette action avaient été justement punis pour crime de meurtre et de rebellion, leur parti prostitua en leur faveur les honneurs accordés aux anciens martyrs (1). L'exécution des édits de l'empereur entraîna de fréquentes émeutes à Constantinople et dans les provinces : la personne de Léon fut en danger; on massacra ses officiers, et il fallut employer toute la force de l'autorité civile et de la

---

(1) Le saint confesseur Théophane donne des éloges au principe de leur rebellion, θειῶ κινούμενοι ζήλω (p. 339). Grégoire II (in Epist. 1, ad imp. Leon., Concil., t. VIII, p. 661-664) applaudit au zèle des femmes de Byzance, qui tuèrent les officiers de l'empereur.

puissance militaire pour éteindre l'enthousiasme du peuple. Les nombreuses îles de l'Archipel, qu'on nommait la mer Sainte, étaient remplies d'images et de moines : les habitans abjurèrent sans scrupule leur fidélité envers un ennemi de Jésus-Christ, de sa mère et des saints ; ils armèrent une flottille de bateaux et de galères, déployèrent leurs bannières sacrées, et marchèrent hardiment vers le port de Constantinople, afin de placer sur le trône un homme plus agréable à Dieu et au peuple. Ils comptaient sur des miracles ; mais ces miracles ne purent résister au *feu grégeois*, et, après la déroute et l'incendie de leurs navires, leurs îles sans défense furent abandonnées à la clémence ou à la justice du vainqueur. Le fils de Léon avait entrepris, la première année de son règne, une expédition contre les Sarrasins ; et durant son absence, son parent Artavasdes, ambitieux défenseur de la foi orthodoxe, s'était emparé de la capitale, du palais et de la pourpre. On rétablit en grande pompe le culte des images ; le patriarche renonça à la dissimulation qu'il s'était imposée, ou dissimula les sentimens qu'il avait adoptés ; et les droits de l'usurpateur furent reconnus dans la nouvelle et dans l'ancienne Rome. Constantin se réfugia sur les montagnes où ses aïeux avaient reçu le jour ; mais il descendit à la tête de ses braves et fidèles Isauriens, et, dans une victoire décisive, il triompha des troupes et des prédictions des fanatiques. La longue durée de son règne fut continuellement troublée par des clameurs, des séditions, des conspirations, une haine mutuelle et des vengeances sanguinaires. La persécution des images fut le motif ou le prétexte de ses adversaires, et s'ils manquèrent un diadême temporel, ils reçurent des Grecs la couronne du martyre. Dans toutes les entreprises qui furent formées contre lui, soit en secret, soit à découvert, l'empereur éprouva l'implacable inimitié des moines, fidèles esclaves de la superstition à laquelle ils devaient leurs richesses et leur influence. Ils priaient, prêchaient et donnaient des absolutions; ils échauffaient le peuple et conspiraient : un torrent d'invectives sortit de la solitude de la Palestine; et la plume de saint Jean Damascène (1), le dernier des pères grecs, proscrivit la tête du tyran dans ce monde et dans l'autre (2). Je n'ai pas le loisir d'examiner jus-

---

(1) Jean ou Mansur était un noble chrétien de Damas, qui avait un emploi considérable au service du calife. Son zèle dans la cause des images l'exposa au ressentiment et à la perfidie de l'empereur grec; sur le soupçon d'une correspondance criminelle, on lui coupa la main droite, qui lui fut rendue par l'intervention miraculeuse de la sainte Vierge. Il résigna ensuite son emploi, distribua ses richesses, et alla se cacher dans le monastère de Saint-Sabas, situé entre Jérusalem et la mer Morte. La légende est fameuse; mais malheureusement le père Lequien, son savant éditeur, a prouvé que saint Jean Damascène avait pris l'habit monastique avant la dispute des iconoclastes. *Opera*, t. 1, *Vita S. Johannis Damascen.*, p. 10-13, et *Notas ad loc.*

(2) Après avoir donné Léon au diable, il fait parler son héritier, το μιαρον αυτου γεννημα, και της κακιας αυτου κληρονομος εν διπλω γενομενος. (*Opera Damascen.*, t. 1, p. 625.) Si l'au-

qu'à quel point les moines s'étaient attiré les maux réels ou prétendus dont ils se plaignaient, ni combien ils ont exagéré leurs souffrances, ni quel est le nombre de ceux qui perdirent la vie ou quelques-uns de leurs membres, les yeux ou la barbe, par la cruauté de l'empereur. Après avoir châtié les individus, il s'occupa de l'abolition de leurs ordres; leurs richesses et leur inutilité purent donner à son ressentiment l'aiguillon de l'avarice et l'excuse du patriotisme. La mission et le nom redoutable de *Dragon* (1), son visiteur général, en fit, pour toute la nation *enfroquée*, un objet d'horreur et d'effroi. Les communautés religieuses furent dissoutes, les édifices furent convertis en magasins ou en baraques; on confisqua les terres, les meubles et les troupeaux; et des exemples modernes nous autorisent à penser que non-seulement les reliques, mais les bibliothèques, purent devenir la proie de ce brigandage, qu'excita la licence ou le plaisir de nuire. En proscrivant l'habit et l'état de moine, on proscrivit avec la même rigueur le culte public et privé des images; et il semblerait qu'on exigea des sujets, ou du moins

---

thenticité de cette pièce est suspecte, nous sommes sûrs que dans d'autres ouvrages qui n'existent plus, Jean donna à Constantin les titres de νεον Μωαμεθ, Χριστομαχον, μισαγιον (t. 1, p. 306).

(1) Spanheim (p. 235-238), qui raconte cette persécution d'après Théophane et Cedrenus, se plaît à comparer le *draco* de Léon avec les dragons (*dracones*) de Louis XIV, et tire une grande consolation de ce jeu de mots.

du clergé de l'empire d'Orient, une abjuration solennelle de l'idolâtrie (1).

État de l'Italie.

L'Orient soumis abjura avec répugnance ses images sacrées; le zèle indépendant des Italiens les défendit avec vigueur et redoubla de dévotion pour elles. Pour le rang et pour l'étendue de sa juridiction, le patriarche de Constantinople était presque l'égal du pontife de Rome; mais le prélat grec était un esclave sous les yeux de son maître, qui, d'un signe de tête, le faisait passer tour à tour d'un couvent sur le trône, et du trône dans le fond d'un couvent. L'évêque de Rome, éloigné de la cour et dans une position dangereuse, au milieu des Barbares de l'Occident, tirait de sa situation du courage et de la liberté : choisi par le peuple, il lui était cher; ses revenus considérables fournissaient aux besoins publics et à ceux des pauvres. La faiblesse ou la négligence des empereurs le déterminait à consulter, dans la paix et dans la guerre, la sûreté temporelle de la ville. Il prenait peu à peu, dans l'école de l'adversité, les qualités et l'ambition d'un prince : l'Italien, le Grec ou le Syrien qui arrivait à la chaire de saint Pierre, s'arrogeait les mêmes fonctions et suivait la même politique; et Rome, après avoir perdu ses légions

---

(1) Πρόγραμμα γαρ εξεπεμψε κατα πασαν εξαρχιαν την υπο της χειρος αυτου; παντας υπογραψαι και ομυνναι του αθετησαι την προσκυνησιν των σεπτων εικονων. (*Damascen.*, *Op.*, t. 1, p. 625.) Je ne me souviens pas d'avoir lu ce serment ni cette souscription dans aucune compilation moderne.

et ses provinces, voyait sa suprématie rétablie de nouveau par le génie et la fortune des papes. On convient qu'au huitième siècle ils fondèrent leur domination sur la révolte, et que l'hérésie des iconoclastes produisit et justifia la rebellion ; mais la conduite de Grégoire II et de Grégoire III, durant cette lutte mémorable, est interprétée diversement par leurs amis et par leurs ennemis. Les écrivains byzantins déclarent d'une voix unanime, qu'après un avertissement inutile, les papes prononcèrent la séparation de l'Orient et de l'Occident, et privèrent le sacrilége empereur du revenu et de la souveraineté de l'Italie. Les Grecs, témoins du triomphe des papes, parlent de cette excommunication d'une manière encore plus claire ; et comme ils sont plus attachés à leur religion qu'à leur pays, ils louent, au lieu de les blâmer, le zèle et l'orthodoxie de ces hommes apostoliques (1). Les auteurs qui ont défendu la cour de Rome dans les temps modernes, se montrent fort empressés à faire valoir l'éloge et le fait ; les cardinaux Baronius et Bellarmin célèbrent ce grand exemple de la déposition des rois hérétiques (2) ; et si on leur demande pour-

---

(1) Και την Ρωμην συν πασηι Ιταλια της βασιλειας αυτου απεστησε, dit Théophane (*Chronograph.*, p. 343). C'est pour cela que Grégoire est appelé par Cédrenus ανηρ αποστολικης (p. 550). Zonare spécifie cette foudre de αναθηματι συνοδικω (t. II, l. XV, p. 104, 105). Il faut observer que les Grecs sont disposés à confondre les règnes et les actions des deux Grégoire.

(2) *Voyez* Baronius (*Annal. eccles.*, A. D. 730, n°ˢ 4, 5):

quoi on ne lança pas les mêmes foudres contre les Néron et les Julien de l'antiquité, ils répondent que la faiblesse de la primitive Église fut la seule cause de sa patiente fidélité (1). L'amour et la haine ont produit en cette occasion les mêmes effets, et les zélés protestans, qui veulent exciter l'indignation et alarmer le pouvoir des princes et des magistrats, s'étendent sur l'insolence et le crime des deux Grégoire envers leur légitime souverain (2). Ces papes ne sont défendus que par les catholiques modérés, pour la plupart de l'Église gallicane (3), qui respectent le

---

dignum exemplum! (Bellarmin, *de Rom. Pontific.*, l. v, c. 8): *mulctavit eum parte imperii.* (Sigonius, *de Regno Italiæ*, l. III, *Opera*, t. II, p. 169.) Mais les opinions ont tellement changé en Italie, que l'éditeur de Milan, Philippe Argelatus, Bolonais et sujet du pape, corrige Sigonius.

(1) *Quòd si christiani olim non deposuerunt Neronem aut Julianum, id fuit quia deerant vires temporales christianis* (c'est l'honnête Bellarmin qui parle ainsi, *de Rom. Pont.*, l. v, c. 7). Le cardinal du Perron fait une distinction qui est plus honorable aux premiers chrétiens, mais qui ne doit pas plaire davantage aux princes modernes. Il distingue la *trahison* des hérétiques et des apostats qui manquent à leurs sermens, falsifient la marque qu'ils ont reçue, et renoncent à la fidélité qu'ils doivent à Jésus-Christ et à son vicaire (*Perroniana*, p. 89).

(2) On peut citer pour exemple le circonspect Basnage (*Hist. de l'Église*, p. 1350, 1351) et le véhément Spanheim (*Hist. imaginum*), qui avec cent autres marchent sur les traces des centuriateurs de Magdebourg.

(3) *Voy.* Launoy (*Op.*, t. v, part. II, *Ep.* VII, 7, p. 456-474); Natalis Alexander (*Hist. novi Testam.*, secul. 8; *Dissert.* I,

saint sans approuver son délit. Ces défenseurs de la couronne et de la tiare jugent de la vérité des faits d'après la règle de l'équité, les ouvrages qui nous restent, et la tradition; et ils en appellent (1) au témoignage des Latins, aux vies (2) et aux épîtres des papes eux-mêmes.

---

p. 92-96), Pagi (*Critica*, t. III, p. 215, 216), et Giannone (*Istoria civ. di Napoli*, t. I, p. 317-320), disciple de l'Église gallicane. Dans les controverses je plains toujours le parti modéré qui se tient à découvert au milieu des combattans, et exposé au feu des deux partis.

(1) Ils en appellent à Paul Warnefrid ou le Diacre (*de Gestis Langobard.*, l. VI, c. 49, p. 506, 507; *in Script. Ital.*, Muratori, t. I, part. I), et à l'Anastase supposé (*de Vit. Pont.*, *in* Muratori, t. III, part. I), à Grégoire II (p. 154), à Grégoire III (p. 158), à Zacharie (p. 161), à Étienne II (p. 165), à Paul (p. 172), à Étienne IV (p. 174), à Adrien (p. 179), à Léon III (p. 175). Mais je remarquerai que le véritable Anastase (*Hist. ecclés.*, p. 134, édit. Reg.) et l'auteur de l'*Historia Miscella* (l. XXI, p. 151, *in* t. I *Script. Ital.*), tous deux écrivains du cinquième siècle, traduisent et approuvent le texte grec de Théophane.

(2) A de petites différences près, les critiques les plus savans, Lucas Holstenius, Schelestrate, Ciampini, Bianchini, Muratori (*Prolegomena*, ad t. III, part. I), conviennent que le *Liber pontificalis* a été composé d'abord et continué ensuite par les bibliothécaires et les notaires apostoliques des huitième et neuvième siècles; et que la dernière partie, la moins considérable, est seule l'ouvrage d'Anastase, dont il porte le nom. Le style en est barbare, la narration pleine de partialité; les détails sont minutieux: cependant on doit le lire comme un monument curieux et authentique sur le siècle dont nous parlons

Épîtres de Grégoire II à l'empereur.
A. D. 727.

Nous avons deux épîtres originales de Grégoire II à l'empereur Léon (1); et si on ne peut les citer comme des modèles d'éloquence et de logique, elles offrent le portrait ou du moins le masque d'un fondateur de la monarchie pontificale. « On compte, lui dit-il, dix années de bonheur, durant lesquelles nous avons eu la consolation de recevoir vos lettres royales, signées en encre de pourpre, et de votre propre main : ces lettres étaient pour nous des gages sacrés de votre attachement à la foi orthodoxe de nos aïeux. Quel déplorable changement et quel épouvantable scandale! Vous accusez maintenant les catholiques d'idolâtrie, et, par cette accusation, vous trahissez seulement votre impiété et votre ignorance. Nous sommes forcés de proportionner à cette ignorance la grossièreté de notre style et de nos argumens. Les premiers élémens des saintes lettres suffisent pour vous confondre; et si, entrant dans une école de grammaire, vous vous y déclariez l'ennemi de notre culte, vous irriteriez la simplicité et la piété des enfans qu'on y instruit, au point qu'ils vous jetteraient

---

ici. Les épîtres des papes sont éparses dans les volumes des conciles.

(1) Les deux Épîtres de Grégoire II ont été conservées dans les Actes du concile de Nicée (t. VIII; p. 651-674); elles ne portent point de date : Baronius leur donne celle de 726; Muratori (*Annali d'Italia*, t. VI, p. 120) dit qu'elles furent écrites en 729, et Pagi en 730. Telle est la force des préventions, que des écrivains papistes ont loué le bon sens et la modération de ces lettres.

leur alphabet à la tête. » Après ce décent exorde, le pape essaie d'établir la distinction ordinaire entre les idoles de l'antiquité et les images du christianisme. « Les idoles, dit-il, sont des figures imaginaires attribuées à des fantômes et des démons, dans un temps où le vrai Dieu n'avait pas manifesté sa personne sous une forme visible ; les images sont les véritables formes de Jésus-Christ, de sa mère et de ses saints, qui ont prouvé, par une foule de miracles, l'innocence et le mérite de ce culte relatif. » Il faut qu'en effet il ait bien compté sur l'ignorance de Léon, pour lui soutenir que, depuis le temps des apôtres, les images ont toujours été en honneur, et qu'elles ont sanctifié de leur présence les six conciles de l'Église catholique. Il tire, de la possession du moment et de la pratique actuelle, un argument plus spécieux ; il prétend que l'harmonie du monde chrétien ne rend plus un concile général nécessaire, et il a la franchise d'avouer que ces assemblées ne peuvent être utiles que sous le règne d'un prince orthodoxe. S'adressant ensuite à l'impudent, à l'inhumain Léon, bien plus coupable qu'un hérétique, il lui recommande la paix, le silence, et une soumission implicite à ses guides spirituels de Constantinople et de Rome. Il fixe les bornes de la puissance civile et de la puissance ecclésiastique ; il assujettit le corps à la première, et l'âme à la seconde : il établit que le glaive de la justice est entre les mains du magistrat ; qu'un glaive plus formidable, celui de l'excommunication, appartient au clergé ; que, dans l'exercice de cette divine commission, un fils zélé n'épargnera point son coupable père; que le successeur de saint Pierre a le droit de châtier les rois du monde. « O tyran! ajoute-t-il, vous nous attaquez d'une main charnelle et armée : désarmés et nus comme nous le sommes, nous ne pouvons qu'employer Jésus-Christ, le prince de l'armée céleste, et le supplier de vous envoyer un diable pour la destruction de votre corps et le salut de votre âme. J'expédierai mes ordres à Rome, dites-vous avec une arrogance insensée! je mettrai en pièces l'image de saint Pierre; et Grégoire, ainsi que Martin, son prédécesseur, sera conduit chargé de chaînes au pied du trône impérial, pour y subir l'arrêt de son exil. Ah! plût à Dieu qu'il me fût permis de marcher sur les traces de saint Martin! Mais que le sort de Constans serve d'avis aux persécuteurs de l'Église. Lorsque le tyran eut été justement condamné par les évêques de la Sicile, tout couvert de péchés, il périt par la main d'un de ses domestiques : ce saint est encore adoré chez les peuples de la Scythie, parmi lesquels finirent son exil et sa vie. Mais nous devons vivre pour l'édification et l'appui des fidèles, et nous ne sommes pas réduit à compromettre notre sûreté dans un combat. Quelque incapable que vous soyez de défendre votre ville de Rome, sa situation sur le bord de la mer peut lui faire craindre vos déprédations; mais nous pouvons nous retirer à vingt-quatre *stades* (1), dans la première forteresse

---

(1) Εικοσι τεσσαρά σταδια υποχωρησει ο Αρχιερευς Ρομης εις την

des Lombards, et alors vous poursuivriez les vents. Ne savez-vous pas que les papes sont les liens de l'union et les médiateurs de la paix entre l'Orient et l'Occident? Les yeux des nations sont fixés sur notre humilité ; elles révèrent ici-bas comme un dieu l'apôtre saint Pierre, dont vous nous menacez de détruire l'image (1). Les royaumes les plus reculés de l'Occident présentent leurs hommages à Jésus-Christ et à son vicaire, et nous nous disposons à aller voir un des plus puissans monarques de cette partie du monde, qui désire recevoir de nos mains le sacrement de baptême (2). Les Barbares se sont soumis au

---

χωραν της Καμπανιας, και υπαγε διωξων τους ανεμους. (*Epist.* 1, p. 664.) Cette proximité des Lombards est d'une dure digestion. Camillo Pellegrini (*Dissert.* 4, *de Ducatu Beneventi*, dans les *Script. ital.*, t. v, p. 172, 173) compte avec quelque apparence de raison les vingt-quatre stades, non de Rome, mais des limites du duché romain, jusqu'à la première forteresse des Lombards, laquelle était peut-être Sora. Je crois plutôt que Grégoire, d'après la pédanterie de son siècle, employa le terme de *stade* au lieu de celui de mille, sans s'embarrasser de la valeur réelle du mot dont il se sert.

(1) Ου αι πασαι βασιλειαι της δυσεως ως Θεον επιγειον εχουσι.

(2) Απο της εσωτερου δυσεως του λεγομενου Σεπτετου. Il paraît que le pape en imposait à l'ignorance des Grecs : il vécut et mourut dans le palais de Latran, et à l'époque de son règne tous les royaumes de l'Occident avaient embrassé le christianisme. Ce *Septetus* inconnu ne pourrait-il pas avoir quelque rapport avec le chef de l'heptarchie saxonne, Ina, roi de Wessex, qui, sous le pontificat de Grégoire II, se rendit à Rome, non pour y recevoir le baptême, mais en

joug de l'Évangile, et, seul, vous êtes sourd à la voix du berger. Ces pieux Barbares sont pleins de fureur; ils brûlent de venger la persécution que souffre l'Église en Orient. Renoncez à votre audacieuse et funeste entreprise; faites vos réflexions, tremblez et repentez-vous. Si vous persistez dans vos desseins, on ne pourra nous imputer le sang qui sera versé dans cette querelle : puisse-t-il retomber sur votre tête ! »

<small>Révolte de l'Italie. A. D. 728, etc.</small> Les premières hostilités de Léon contre les images de Constantinople avaient eu pour témoins une foule d'étrangers venus de l'Italie et des différens pays de l'Occident; ils y racontèrent avec douleur et indignation le sacrilége de l'empereur; mais, en recevant l'édit qui proscrivait ce culte, ils tremblèrent pour leurs dieux domestiques : les images de Jésus-Christ, de la Vierge, des anges, des martyrs et des saints, furent enlevées de toutes les églises de l'Italie, et l'on offrit au choix du pontife de Rome la faveur impériale pour prix de sa soumission, ou la déposition et l'exil pour châtiment de sa désobéissance. Le zèle religieux et la politique ne lui permettaient pas d'hésiter, et la hauteur du ton qu'il prit envers l'empereur annonçait une grande confiance dans la vérité de sa doctrine, ou dans ses moyens de résistance. Sans compter sur les prières ou sur les miracles, il s'arma contre l'ennemi public,

---

qualité de pèlerin? Pagi, A. D. 689, n° 2; A. D. 726, n° 15.

et ses lettres pastorales avertirent les Italiens de leurs dangers et de leurs devoirs (1). A ce signal, Ravenne, Venise, et les villes de l'exarchat et de la Pentapole, adhérèrent à la cause de la religion; des naturels du pays formaient la plus grande partie de leurs troupes de terre et de mer; et ils inspirèrent aux mercenaires étrangers l'esprit de patriotisme et de zèle dont ils étaient animés eux-mêmes. Les Italiens jurèrent de vivre et de mourir pour la défense du pape et des saintes images; le peuple romain était dévoué à son père spirituel, et les Lombards eux-mêmes désiraient partager le mérite et les avantages de cette guerre sacrée. La destruction des statues de Léon fut l'acte de rebellion le plus apparent, le plus audacieux, et celui qui se présentait le plus naturellement : le plus efficace et le plus avantageux fut de retenir le tribut que l'Italie payait à Constantinople, et de dépouiller ainsi le prince d'un pouvoir dont il avait abusé depuis peu, en exigeant une nouvelle capitation (2). On élut des

---

(1) Je rapporterai ici le passage important et décisif du *Liber pontificalis. Respiciens ergò pius vir profanam principis jussionem, jam contra imperatorem quasi contra* HOSTEM *se armavit, renuens hæresim ejus, scribens ubique se cavere christianos eo quòd orta fuisset impietas talis.* IGITUR *permoti omnes Pentapolenses, atque Venetiarum exercitus contra imperatoris jussionem restiterunt : dicentes se nunquam in ejusdem pontificis condescendere necem, sed pro ejus magis defensione viriliter decertare* (p. 156).

(2) Un *census* ou capitation, dit Anastase (p. 156); im-

magistrats et des gouverneurs, et de cette manière on conserva une forme de gouvernement. Telle était l'indignation publique, que les Romains se disposaient à créer un empereur orthodoxe, et à le conduire avec une escadre et une armée dans le palais de Constantinople. En même temps Grégoire II et Grégoire III étaient déclarés par l'empereur auteurs de la révolte, et condamnés comme tels : on employait toutes sortes de moyens pour s'emparer de leur personne, soit par fraude ou par violence, ou pour leur ôter la vie. Des capitaines des gardes, des ducs et des évêques, revêtus d'une dignité publique ou chargés d'une commission secrète, s'introduisirent dans Rome ou se présentèrent à diverses reprises pour l'attaquer; ils débarquèrent des troupes étrangères ; ils trouvèrent dans le pays quelques secours, et la superstitieuse ville de Naples doit rougir de ce que ses ancêtres défendaient alors la cause de l'hérésie. Mais la valeur et la vigilance des Romains repoussèrent ces attaques ouvertes ou clandestines ; les Grecs furent battus et massacrés, leurs chefs subirent une mort ignominieuse, et les papes, quel que fût leur penchant à la clémence, refusèrent

---

pôt cruel et inconnu des Sarrasins eux-mêmes, s'écrient le zélé Maimbourg (*Histoire des Iconoclastes*, liv. I) et Théophane (p. 344), qui rappelle le dénombrement des mâles d'Israël qu'ordonna Pharaon. Cette forme d'imposition était familière aux Sarrasins ; et, malheureusement pour Maimbourg, Louis XIV, son protecteur, l'établit en France peu d'années après.

d'intercéder en faveur de ces coupables victimes. Des querelles sanglantes, produites par une haine héréditaire, divisaient depuis long-temps les différens quartiers de la ville de Ravenne (1) : ces factions trouvèrent un nouvel aliment dans la controverse religieuse qui s'élevait alors ; mais les partisans des images avaient la supériorité du nombre ou de la valeur, et l'exarque, qui voulut arrêter le torrent, perdit la vie dans une sédition populaire. Pour punir cet attentat et rétablir sa domination en Italie, l'empereur envoya une escadre et une armée dans le golfe Adriatique. Long-temps retardés par les vents et les flots qui leur causèrent beaucoup de dommage, les Grecs débarquèrent enfin aux environs de Ravenne ; ils menacèrent de dépeupler cette coupable ville, et d'imiter, peut-être de surpasser Justinien II, qui, ayant eu jadis à punir une rebellion, avait livré aux bourreaux cinquante des principaux habitans. Les femmes et le clergé priaient sous le sac et la cendre, les hommes étaient en armes pour la défense de leur pays ; le péril commun avait réuni les fac-

---

(1) *Voyez* le *Liber pontificalis* d'Agnellus (dans les *Scriptores Rerum italicarum* de Muratori, t. II, part. 1). On aperçoit dans cet écrivain une teinte de barbarie plus forte ; d'où il résulte que les mœurs de Ravenne étaient un peu différentes de celles de Rome. Au reste, nous lui devons quelques faits curieux sur les événements particuliers à cette ville. Il nous fait connaître les quartiers et les factions de Ravenne (p. 154), la vengeance de Justinien II (p. 160, 161), la défaite des Grecs (p. 170, 171), etc.

tions, et ils aimèrent mieux risquer une bataille que de s'exposer aux longues misères d'un siége. On combattit en effet avec acharnement. Les deux armées plièrent et s'avancèrent tour à tour : on vit un fantôme, on entendit une voix, et la certitude de la victoire rendit Ravenne victorieuse. Les soldats de l'empereur se retirèrent sur les vaisseaux ; mais la côte de la mer, qui était très-peuplée, détacha une multitude de chaloupes contre l'ennemi : tant de sang se mêla dans les eaux du Pô, que le peuple passa six années sans vouloir manger du poisson de ce fleuve ; et l'institution d'une fête annuelle consacra le culte des images et la haine du tyran grec. Au milieu du triomphe des armes catholiques, le pontife de Rome, voulant condamner l'hérésie des iconoclastes, assembla un concile de quatre-vingt-treize évêques. Il prononça, de leur aveu, une excommunication générale contre ceux qui, de paroles ou d'actions, attaqueraient la tradition des pères et les images des saints : ce décret comprenait tacitement l'empereur (1) ; cependant la résolution que l'on prit

---

(1) Il est clair que les termes du décret comprenaient Léon : *Si quis... imaginum sacrarum... destructor... extiterit, sit extorris à corpore D. N. Jesu-Christi, vel totius Ecclesiæ unitate.* C'est aux canonistes à décider s'il suffit du délit pour être assujetti à l'excommunication, ou s'il faut être nommé dans le décret. Et cette décision intéresse extrêmement la sûreté des excommuniés, puisque l'oracle (Gratien, *Caus.* 23, pag. 5, chap. 47, *apud* Spanheim, *Hist. imag.*, pag. 112) dit *homicidas non esse qui excommunicatos trucidant.*

de lui adresser sans espoir de succès une dernière remontrance, semblé prouver que l'anathême n'était alors que suspendu sur sa tête coupable. Il semble aussi que les papes, après avoir établi les points qui intéressaient leur sûreté, le culte des images et la liberté de Rome et de l'Italie, se relâchèrent de leur sévérité et épargnèrent les restes de la domination du souverain de Byzance. Ils différèrent et empêchèrent, par des conseils modérés, l'élection d'un nouvel empereur, et exhortèrent les Italiens à ne pas se séparer du corps de la monarchie romaine. On permit à l'exarque de résider dans les murs de Ravenne, où il joua moins le rôle d'un maître que celui d'un captif; et jusqu'au couronnement de Charlemagne, l'administration de Rome et de l'Italie fut toujours au nom des successeurs de Constantin (1).

La liberté de Rome, opprimée par les armes et l'adresse d'Auguste, fut délivrée, après sept cent cinquante années de servitude, de la tyrannie de Léon l'Isaurien. Les Césars avaient anéanti les triom-

République de Rome.

---

(1) *Compescuit tale consilium pontifex, sperans conversionem principis* (Anastase, p. 156). *Sed ne desisterent ab amore et fide R. J. admonebat* (p. 157). Les papes donnent à Léon et à Constantin Copronyme les titres d'*imperatores* et de *domini*, accompagnés de l'étrange épithète de *piissimi*. Une célèbre mosaïque du palais de Latran (A. D. 798) représente Jésus-Christ qui remet les clefs de saint Pierre et la bannière à Constantin v. Muratori, *Annali d'Italia*, t. VI, pag. 337.

phes des consuls; dans le déclin et la chute de l'empire romain, le dieu Terme, cette limite sacrée, s'était retiré peu à peu des rives de l'Océan, du Rhin, du Danube et de l'Euphrate, et Rome se trouvait réduite à son ancien territoire, comprenant le pays qui s'étend de Viterbe à Terracine, et de Narni à l'embouchure du Tibre (1). Après l'expulsion des rois, la république reposa sur la solide base qu'avaient établie leur sagesse et leur vertu. Leur juridiction perpétuelle se partagea à deux magistrats qu'on élisait tous les ans; le sénat demeura revêtu de la puissance administrative et délibérative; et les assemblées du peuple exercèrent le pouvoir législatif, distribué entre les différentes classes, dans une proportion bien calculée d'après la fortune et les services de chacun. Les premiers Romains, étrangers aux arts de luxe, avaient perfectionné la science du gouvernement et celle de la guerre : les droits des individus étaient sacrés; la volonté de la communauté était absolue; cent trente mille citoyens se trouvaient armés pour défendre leur pays, ou pour l'étendre par des conquêtes; une troupe de voleurs et de proscrits était devenue une nation digne

---

(1) J'ai indiqué l'étendue du duché de Rome d'après les cartes, et j'ai fait usage des cartes d'après l'excellente Dissertation du père Beretti (*Chorographia Italiæ medii ævi*, sect. 20, p. 216-232). Au reste, je dois observer que Viterbe a été fondée par les Lombards (pag. 211), et que les Grecs s'étaient emparés de Terracine.

de la liberté, et enflammée de l'amour de la gloire (1). A l'époque où la souveraineté des empereurs grecs s'anéantit, Rome n'offrait plus que l'image de la dépopulation et de la misère; l'esclavage était devenu pour elle une habitude, et sa liberté fut un accident produit par la superstition, et qu'elle-même ne put envisager qu'avec surprise et avec terreur. On ne retrouvait pas dans les institutions ou dans le souvenir des Romains le moindre vestige de la substance ou même des formes de la constitution; et ils n'avaient ni assez de lumières ni assez de vertu pour reconstruire l'édifice d'une république. Le faible reste des habitans de Rome, tous nés d'esclaves et d'étrangers, était l'objet du mépris des Barbares triomphans. Lorsque les Francs et les Lombards voulaient employer contre un ennemi les paroles les plus méprisantes, ils l'appelaient un Romain; « et ce nom, dit l'évêque Luitprand, renferme tout ce qui est vil, tout ce qui est lâche, tout ce qui est perfide; les deux extrêmes de l'avarice et du luxe, et enfin tous les vices qui peuvent prostituer la dignité de la nature humaine (2). » La situation des

---

(1) On lira avec plaisir dans le Discours préliminaire de la *République romaine*, par M. de Beaufort (t. 1), les détails concernant l'étendue, la population, etc., du royaume romain : on n'accusera pas cet auteur d'être trop crédule sur les premiers siècles de Rome.

(2) *Quos* (Romanos) *nos, Langobardi scilicet, Saxones, Franci, Lotharingi, Bajoarii, Suevi, Burgundiones, tanto dedignamur ut inimicos nostros commoti, nihil aliud contu-*

Romains les jeta nécessairement dans un gouvernement républicain grossièrement conçu. Ils furent obligés de choisir des juges en temps de paix, et des chefs durant la guerre ; les nobles s'assemblaient pour délibérer, et on ne pouvait exécuter leurs résolutions sans le consentement de la multitude. On vit se renouveler les formes de style du sénat et du peuple romain (1) ; mais on n'y retrouvait plus leur esprit, et la lutte orageuse de la licence et de l'oppression déshonora cette nouvelle indépendance. Le défaut de lois ne pouvait être suppléé que par l'influence de la religion, et l'autorité de l'évêque dirigeait l'administration au dedans et la politique au dehors. Ses aumônes, ses sermons, sa correspondance avec les rois et les prélats de l'Occident, les services qu'il venait de rendre à la ville, les sermens

---

meliarum nisi Romani, dicamus : hoc solo, id est Romanorum nomine, quicquid ignobilitatis, quicquid timiditatis, quicquid avaritiæ, quicquid luxuriæ, quicquid mendacii, immo quicquid vitiorum est comprehendentes. (Luitprand, *in Legat. Script. ital.*, tom. II, part. 1, p. 481.) Minos aurait pu imposer à Caton ou à Cicéron, pour la pénitence de leurs péchés, l'obligation de relire tous les jours ce passage d'un Barbare.

(1) *Pipino, regi Francorum, omnis senatus, atque universa populi generalitas à Deo servatæ Romanæ urbis.* (*Codex Carolin.*, epist. 36, *in Script. ital.*, t. III, part. II, p. 160.) Les noms de *senatus* et de *senator* ne furent jamais absolument anéantis. (*Dissert. chorograph.*, p. 216, 217.) Mais dans le moyen âge ils ne signifièrent guère que *nobiles, optimates,* etc. Ducange, *Gloss. latin.*

qu'on lui avait prêtés et la reconnaissance qu'on lui devait, accoutumèrent les Romains à le regarder comme le premier magistrat ou le prince de Rome. Le nom de *dominus* ou de seigneur n'effaroucha pas l'humilité chrétienne des papes, et on retrouve leur figure et leur inscription sur les plus anciennes monnaies (1). Leur domination temporelle est aujourd'hui affermie par dix siècles de respect, et leur plus beau titre est le libre choix d'un peuple qu'ils avaient délivré de l'esclavage.

Au milieu des querelles de l'ancienne Grèce, le peuple saint de l'Élide jouissait d'une paix continuelle sous la protection de Jupiter et dans l'exercice des jeux olympiques (2). Il eût été heureux pour les Romains qu'un privilége semblable défendît le patrimoine de l'Église des calamités de la guerre, et que les chrétiens qui allaient voir le tombeau de saint Pierre se crussent obligés, en présence de l'apôtre et de son successeur, de remettre leurs épées dans le fourreau; mais ce cercle mystique n'aurait pu

Rome attaquée par les Lombards.
A. D. 730-752.

---

(1) *Voyez* Muratori, *Antiq. Ital. medii œvi*, t. II, Dissert. 27, p. 548. On lit sur une de ces monnaies *Hadrianus papa* (A. D. 772); sur le revers, *Vict.* DDNN, avec le mot CONOB, que le père Joubert (*Science des médailles*, tome II, page 42) explique par *CONstantinopoli Officina B* (*secunda*).

(2) *Voyez* la Dissertation de West sur les jeux olympiques (Pindare, vol. II, p. 32-36 : édit. *in-12*), et les judicieuses Réflexions de Polybe (tom. I, liv. IV, pag. 466, édit de Gronov.).

être tracé que par la baguette d'un législateur et d'un sage : ce système pacifique ne s'accordait pas avec le zèle et l'ambition des papes. Les Romains n'étaient pas, comme les habitans de l'Élide, adonnés aux innocens et paisibles travaux de l'agriculture; et les institutions publiques et privées des Barbares de l'Italie, malgré l'effet que le climat avait produit sur leurs mœurs, se trouvaient bien au-dessous de celles des États de la Grèce. Luitprand, roi des Lombards, donna un exemple mémorable de repentir et de dévotion. Ce vainqueur, à la tête de son armée, à la porte du Vatican, prêta l'oreille à la voix de Grégoire II (1), retira ses troupes, abandonna ses conquêtes, se rendit à l'église de Saint-Pierre, et, après y avoir fait ses dévotions, déposa sur la tombe de cet apôtre son épée et son poignard, sa cuirasse et son manteau, sa croix d'argent et sa couronne d'or. Mais cette ferveur religieuse fut une illusion et peut-être un artifice du moment; le sentiment de l'intérêt est puissant et durable. L'amour des armes et du pillage était inhérent au caractère des Lombards, et les désordres de l'Italie, la faiblesse de Rome et la profession pacifique de son nouveau chef, furent pour eux et pour leur roi un objet de tentation irrésistible. Lorsqu'on publia les premiers édits de

―――――

(1) Sigonius (*de Regno Ital.*, l. III, *opera*, t. II, p. 173) prête à Grégoire un discours au roi des Lombards, où se trouvent l'audace et le courage de ceux de Salluste ou de Tite-Live.

l'empereur, ils se déclarèrent les défenseurs des images. Luitprand envahit la province de Romagne, déjà désignée alors par cette dénomination; les catholiques de l'exarchat se soumirent sans répugnance à son pouvoir civil et militaire, et un ennemi étranger fut pour la première fois introduit dans l'imprenable forteresse de Ravenne. La ville et la forteresse furent bientôt recouvrées par l'activité des Vénitiens, habiles et puissans sur la mer; et ces fidèles sujets se rendirent aux exhortations de Grégoire, qui les engagea à séparer la faute personnelle de Léon de la cause générale de l'empire romain (1). Les Grecs oublièrent ce service, et les Lombards se souvinrent de cette injure. Les deux nations, ennemies par leur foi, formèrent une alliance dangereuse et peu naturelle ; le roi et l'exarque marchèrent à la conquête de Spolette et de Rome : cet orage se dissipa sans produire aucun effet ; mais le politique Luitprand continua à tenir l'Italie en alarmes par de perpétuelles alternatives de trêves et d'hostilités. Astolphe, son successeur, se déclara tout à la fois l'ennemi de l'empereur et du pape. Ravenne fut subjuguée par la force ou

---

(1) Deux historiens vénitiens, Jean Sagorinus (*Chron. Venet.*, p. 13) et le doge André Dandolo (*Script. Rer. ital.*, t. XII, p. 135), ont conservé cette épître de Grégoire. Pauldiacre (*de Gest. Langobard.*, l. VI, c. 49-54, *in Script. ital.*, t. I, part. I, p. 506-508) fait mention de la perte et de la reprise de Ravenne ; mais nos chronologistes Pagi et Muratori, etc., ne peuvent fixer l'époque de cet événement, non plus que les circonstances dont il fut accompagné.

par la trahison (1), et cette conquête termina la suite des exarques, qui, depuis le temps de Justinien et la ruine du royaume des Goths, avaient exercé dans ce pays une espèce de royauté subordonnée. Rome fut sommée de reconnaître pour son légitime souverain le Lombard victorieux ; on fixa la rançon de chaque citoyen à un tribut annuel d'une pièce d'or; le glaive suspendu sur leur tête était prêt à punir leur désobéissance. Les Romains hésitèrent ; ils supplièrent, ils se plaignirent, et l'effet des menaces des Barbares fut arrêté par les armes et par les négociations, jusqu'à ce que le pape se fût ménagé au-delà des Alpes un allié et un vengeur (2).

<small>Sa délivrance par Pepin. A. D. 754.</small>

Dans sa détresse, Grégoire Ier avait imploré les secours du héros de son siècle, de Charles Martel, qui gouvernait la France avec le titre modeste de maire ou de duc, et qui, par sa victoire signalée sur les Sarrasins, avait sauvé son pays et peut-être l'Europe du joug des musulmans. Charles reçut les ambassadeurs

---

(1) Cette incertitude est fondée sur les leçons différentes du manuscrit d'Anastase : dans l'une on lit *deceperat*, et dans l'autre *decerpserat* (*Scriptor. ital.*, tom. III, part. 1, p. 167).

(2) Le *Codex Carolinus* est un recueil de Lettres des papes à Charles Martel (qu'ils appellent *subregulus*), à Pepin et à Charlemagne ; elles vont jusqu'à l'année 791, époque où le dernier de ces princes les recueillit. Le manuscrit original et authentique (*Bibliothecæ Cubicularis*) est aujourd'hui dans la bibliothèque impériale de Vienne, et il a été publié par Lambecius et Muratori (*Script. Rer. ital.*, t. III, part. II, 75, etc.).

du pape avec le respect convenable ; mais l'importance de ses occupations et la courte durée de sa vie ne lui permirent de se mêler des affaires de l'Italie que par une médiation amicale et infructueuse. Son fils Pepin, héritier de son pouvoir et de ses vertus, se déclara le défenseur de l'Église romaine, et il paraît que le zèle de ce prince fut excité par l'amour de la gloire et par la religion ; mais le danger était sur les bords du Tibre, les secours se trouvaient sur ceux de la Seine ; et notre compassion est languissante pour des misères éloignées de nous. Tandis que la ville de Rome se livrait à la douleur, Étienne III prit la généreuse résolution de se rendre lui-même à la cour de Lombardie et à celle de France, de fléchir l'injustice de son ennemi ou d'exciter la pitié et l'indignation de son ami. Après avoir soulagé le désespoir public par des prières et des litanies, il entreprit ce laborieux voyage avec les ambassadeurs du monarque français et ceux de l'empereur grec. Le roi des Lombards fut inflexible ; mais ses menaces ne purent contenir les plaintes ou retarder la diligence du pontife de Rome, qui traversa les Alpes pennines, se reposa dans l'abbaye de Saint-Maurice, et se hâta d'aller saisir cette main de son protecteur, qui dans la guerre et pour l'amitié ne s'élevait jamais en vain. Étienne fut accueilli comme le successeur visible de l'apôtre. A la première assemblée du champ de mars ou de mai, le roi de France exposa à une nation dévote et guerrière les divers griefs du pape, et le pontife repassa les Alpes, non en suppliant, mais en conquérant, à la tête d'une armée de Français que leur roi commandait en personne. Les Lombards, après une faible résistance, obtinrent une paix ignominieuse; ils jurèrent de rendre les possessions et de respecter la sainteté de l'Église romaine; mais Astolphe ne fut pas plus tôt délivré de la présence des troupes françaises, qu'il oublia sa promesse et se souvint seulement de sa honte. Rome se vit de nouveau investie par ses soldats, et Étienne, craignant de fatiguer le zèle des alliés qu'il s'était acquis au-delà des Alpes, imagina de fortifier sa plainte et sa requête d'une lettre éloquente, écrite par saint Pierre lui-même (1). L'apôtre assure ses fils adoptifs, le roi, le clergé et les nobles de France, que, mort corporellement, il vit toujours en esprit; que c'est la voix du fondateur et du gardien de l'Église de Rome qui se fait entendre à eux, et qu'ils doivent lui obéir; que la Vierge, les anges, les saints et les martyrs, et toute l'armée céleste, appuient la requête du pape, et leur font un devoir de s'y rendre; que pour les récompenser de leur dévote entreprise, ils obtiendront la fortune, la victoire et le paradis; et que la damnation

---

(1) *Voyez* cette lettre extraordinaire dans le *Codex Carolinus*, *epist*. 3, p. 92. Les ennemis des papes ont accusé Étienne de supercherie et de blasphème: toutefois ce pontife voulait persuader plutôt que tromper. Cette méthode de faire parler les morts ou des immortels, était familière aux anciens orateurs; mais il faut avouer qu'en cette occasion on l'employa avec la grossièreté de l'époque dont nous parlons.

éternelle sera la peine de leur négligence, s'ils souffrent que son tombeau, son Église et son peuple, tombent entre les mains des perfides Lombards. La seconde expédition de Pepin ne fut ni moins rapide ni moins heureuse que la première : saint Pierre obtint ce qu'il désirait ; Rome fut sauvée une seconde fois, et, sous la férule d'un maître étranger, Astolphe apprit enfin à respecter la justice et la bonne foi. Après ce double châtiment, les Lombards ne firent plus que languir et déchoir l'espace d'environ vingt ans. Leur caractère toutefois ne s'était pas conformé à l'abaissement de leur condition ; et, au lieu de s'adonner aux paisibles vertus des faibles, ils fatiguèrent les Romains par une multitude de prétentions, de subterfuges et d'incursions, qu'ils renouvelèrent sans réflexion et qu'ils terminèrent sans gloire. Leur monarchie expirante était pressée d'un côté par le zèle et la prudence du pape Adrien 1er, et de l'autre par le génie, la fortune et la grandeur de Charlemagne, fils de Pepin : ces héros de l'Église et de l'État se réunirent par une alliance et par l'amitié, et lorsqu'ils foulèrent les faibles à leurs pieds, ils eurent soin de se couvrir des plus spécieuses apparences de l'équité et de la modération (1). Les défilés des Alpes et les

---

(1) Ils négligèrent cependant cette précaution lors du divorce de la fille de Didier, que Charlemagne répudia, *sine aliquo crimine.* Le pape Étienne IV s'était opposé avec fureur au mariage d'un noble Franc, *cum perfidâ, horridâ, nec dicendâ, fœtentissimâ natione Langobardorum,* à la-

murs de Pavie étaient la seule défense des Lombards. Le fils de Pepin surprit ces défilés et investit ces murailles; et, après un blocus de deux ans, Didier, le dernier de leurs princes naturels, remit au vainqueur son sceptre et sa capitale. Les Lombards, soumis à un roi étranger, mais gardant leurs lois nationales, devinrent les concitoyens plutôt que les sujets des Francs, qui tiraient, comme eux, leur origine, leurs mœurs et leur langue, de la Germanie (1).

<small>Conquête de la Lombardie par Charlemagne. A. D. 774.</small>

Les obligations réciproques des papes et de la famille Carlovingienne, forment l'important anneau qui réunit l'histoire ancienne et moderne, l'histoire civile et ecclésiastique. Les défenseurs de l'Église avaient été encouragés à la conquête de l'Italie par une occasion favorable, un titre spécieux, les vœux du peuple, les prières et les intrigues du clergé. La dignité de roi de France (2) et celle de patrice de

<small>Pepin et Charlemagne, rois de France. A. D. 751, 753-768.</small>

---

quelle il attribue l'origine de la lèpre. (*Cod. Carol., epist.* 45, p. 178, 179.) L'existence d'une première femme était encore une raison contre ce mariage. (Muratori, *Ann. d'Ital.*, t. VI, p. 232, 233-236; 237.) Mais Charlemagne se permettait librement la polygamie ou le concubinage.

(1) *Voyez* les *Annali d'Italia*, de Muratori, t. VI, et les trois premières Dissertations de ses *Antiquitat. Italiæ medii ævi*, t. I.

(2) Outre les historiens ordinaires, trois critiques français, Launoy (*Opera*, t. V, part. II, l. VII, epist. 9, p. 477-487), Pagi (*Critica*, A. D. 751; n⁰ˢ 1-6; A. D. 752, n⁰ˢ 1-10) et Natalis Alexander (*Hist. Novi Testamenti, Dissertat.* 2, p. 96-107), ont savamment et soigneusement traité ce sujet de la déposition de Childéric; mais en contournant les faits,

Rome furent les dons les plus précieux que reçut des papes la dynastie Carlovingienne. I. Sous la monarchie sacerdotale de saint Pierre, les nations commençaient à reprendre l'habitude de chercher sur les bords du Tibre leurs monarques, leurs lois et les oracles de leur destinée. Les Francs se trouvaient embarrassés entre deux souverains, l'un de fait et l'autre de nom : Pepin, simple maire du palais, exerçait tous les pouvoirs de la royauté, et, excepté le titre de roi, rien ne manquait à son ambition. Ses ennemis se trouvaient abattus sous sa valeur ; sa libéralité multipliait le nombre de ses amis. Son père avait été le sauveur de la chrétienté, et quatre illustres générations appuyaient et relevaient les droits de son mérite personnel. Le dernier descendant de Clovis, le faible Childéric, conservait toujours le nom et les apparences de la dignité royale ; mais son droit tombé en désuétude ne pouvait plus servir que d'instrument à des séditieux ; la nation désirait rétablir la simplicité de sa constitution, et Pepin, sujet et prince, voulait fixer son rang et assurer la fortune de sa famille. Un serment de fidélité liait le maire et les nobles envers le fantôme royal : c'était le pur sang de Clovis, toujours sacré pour eux. Leurs ambassadeurs demandèrent au pontife de Rome de dissiper leurs scrupules

---

pour sauver l'indépendance de la couronne. Cependant ils se trouvent terriblement pressés par les passages qu'ils tirent d'Eginhard, de Théophane et des anciennes Annales *Laureshamenses, Fuldenses, Loisielani*.

ou de les absoudre de leurs promesses. L'intérêt détermina promptement le pape Zacharie, successeur des deux Grégoire, à prononcer en leur faveur : il décida que la nation avait le droit de réunir sur la même tête le titre et l'autorité de roi ; que l'infortuné Childéric devait être immolé à la sûreté publique ; qu'il fallait le déposer, le raser et l'enfermer dans un couvent pour le reste de ses jours. Une réponse si conforme au désir des Francs fut reçue par eux comme l'opinion d'un casuiste, l'arrêt d'un juge ou l'oracle d'un prophète : la race mérovingienne disparut, et Pepin fut élevé sur le bouclier par un peuple libre, accoutumé à obéir à ses lois et à marcher sous son étendard. Il fut couronné deux fois avec la sanction de la cour de Rome : la première, par le fidèle serviteur des papes, saint Boniface, apôtre de la Germanie ; et la seconde, par les mains reconnaissantes d'Étienne III, qui, dans le monastère de Saint-Denis, plaça le diadème sur la tête de son bienfaiteur. On eut alors l'adresse d'y ajouter l'onction des rois d'Israël (1) : le

---

(1) Ce ne fut pas rigoureusement pour la première fois qu'on employa l'onction des rois d'Israël ; quoique sur un théâtre moins éclatant, les évêques de la Bretagne et de l'Espagne l'avaient déjà employée aux sixième et septième siècles. L'onction royale de Constantinople fut empruntée des Latins, à la dernière époque de l'empire. Constantin Manassès parle de celle de Charlemagne comme d'une cérémonie étrangère, juive et incompréhensible. *Voyez* les *Titres d'honneur* de Selden dans ses ouvrages, vol. 3, part. 1, p. 234-249.

successeur de saint Pierre s'arrogea les fonctions d'un ambassadeur de Dieu; un chef germain devint, aux yeux des peuples, l'oint du Seigneur, et la vanité ainsi que la superstition contribuèrent à répandre cette cérémonie juive dans toute l'Europe moderne. On affranchit les Francs de leur premier serment de fidélité; mais on les dévoua, ainsi que leur postérité, aux plus affreux anathêmes, s'ils osaient à l'avenir faire un nouvel usage de la liberté d'élection, ou choisir un roi qui ne fût pas de la sainte et digne race des princes carlovingiens. Ces princes jouirent tranquillement de leur gloire sans s'inquiéter de l'avenir; le secrétaire de Charlemagne affirme que le sceptre de France avait été transféré par l'autorité des papes (1), et depuis, dans leurs entreprises les plus hardies, ils ne manquèrent pas d'insister avec confiance sur cet acte remarquable et approuvé de leur juridiction temporelle.

II. Les mœurs et la langue avaient tellement changé, que les patriciens de Rome (2) étaient fort

Patriciens de Rome.

---

(1) *Voyez* Éginhard, *in Vitâ Caroli Magni*, c. 1, p. 9, etc.; c. 3, p. 24. Childéric fut déposé, *jussu*, et la race Carlovingienne fut établie sur le trône, *auctoritate pontificis romani*. Launoy et d'autres écrivains disent que ces mots très-énergiques sont susceptibles d'une interprétation très-adoucie : je le veux bien; cependant Éginhard connaissait bien le monde, la cour, et la langue latine.

(2) *Voyez* sur le titre et les pouvoirs de patricien de Rome, Ducange (*Gloss. lat.*, t. v, p. 149-151), Pagi (*Crit.*, A. D. 740; n°[s] 6-11), Muratori (*Annali d'Italia*, tom. vi,

loin de rappeler le sénat de Romulus, et que les officiers du palais de Constantin ressemblaient peu aux nobles de la république ou aux patriciens désignés par le titre fictif de pères de l'empereur. Lorsque Julien eut reconquis l'Italie et l'Afrique, l'importance de ces provinces éloignées et les dangers auxquels elles étaient exposées, obligèrent d'y établir un magistrat suprême, résidant sur les lieux ; on le nommait indifféremment exarque ou patrice, et ces gouverneurs de Ravenne, qui tiennent leur place dans la chronologie des princes, étendaient leur juridiction sur la ville de Rome. Depuis la révolte de l'Italie et la perte de l'exarchat, la détresse des Romains avait exigé, à certains égards, le sacrifice de leur indépendance ; mais dans cet acte ils exerçaient encore le droit de disposer d'eux-mêmes, et les décrets du sénat et du peuple revêtirent successivement Charles Martel et sa postérité des honneurs de patrice de Rome. Les chefs d'une nation puissante auraient dédaigné des titres serviles et des fonctions subordonnées ; mais le règne des empereurs grecs était suspendu, et, durant la vacance de l'empire, ils obtinrent du pape et de la république une mission plus glorieuse. Les ambassadeurs romains présentèrent à ces patrices les clefs de l'église de

---

p. 308-329) et Saint-Marc (*Abrégé chronologique de l'Italie*, t. 1, p. 379-382). De tous ces écrivains, le cordelier Pagi est le plus disposé à voir dans le patrice un lieutenant de l'Église plutôt que de l'empire.

Saint-Pierre, pour gage et pour symbole de souveraineté; ils reçurent en même temps une bannière sainte qu'ils pouvaient et qu'ils devaient déployer pour la défense de l'Église et de la ville (1). Au temps de Charles Martel et de Pepin, l'interposition du royaume des Lombards menaçait la sûreté de Rome; mais elle mettait sa liberté à couvert; et le mot de *patriciat* ne représentait que le titre, les services et l'alliance de ces protecteurs éloignés. La puissance et l'adresse de Charlemagne anéantirent les Lombards, et le rendirent maître de Rome. Lorsqu'il arriva pour la première fois dans cette ville, il y fut reçu avec tous les honneurs qu'on avait autrefois accordés à l'exarque, c'est-à-dire au représentant de l'empereur. La joie et la reconnaissance du pape Adrien 1er (2) ajoutèrent même à ces honneurs quelques nouvelles distinctions. Dès qu'il fut instruit de l'approche ino-

---

(1) Les défenseurs du pape peuvent adoucir la signification symbolique de la bannière et des clefs; mais les mots *ad regnum dimisimus* ou *direximus* (*Codex Carol.*, epist. 1, tom. III, part. II, p. 76), ne semblent souffrir ni palliatifs ni subterfuges. Dans le manuscrit de la Bibliothèque de Vienne on lit *rogum*, prière ou requête, au lieu de *regnum* (*voyez* Ducange), et cette correction importante détruit la royauté de Charles Martel. Catalani, dans ses Préfaces critiques des *Annali d'Italia*, t. XVII, p. 95-99.

(2) On lit dans le *Liber pontificalis*, qui contient des détails authentiques sur cette réception : *Obviam illi ejus sanctitas dirigens venerabiles cruces, id est signa; sicut mos est ad exarchum, aut patricium suscipiendum, eum cum ingenti honore suscipi fecit* (t. III, part. I, p. 185).

pinée du monarque, il envoya à sa rencontre les magistrats et les nobles avec la bannière jusqu'à environ trente milles. Les *écoles* ou communautés nationales des Grecs, des Lombards, des Saxons, etc., garnissaient la voie Flaminienne l'espace d'un mille ; la jeunesse de Rome était sous les armes ; et des enfans, tenant à la main des palmes et des branches d'olivier, chantaient les louanges de leur illustre libérateur. Quand Charlemagne aperçut les croix et les bannières, il descendit de cheval ; il conduisit au Vatican la procession de ces nobles, et en montant l'escalier, il baisa dévotement chacune des marches qui conduisaient au sanctuaire des apôtres. Adrien l'attendait sous le portique à la tête de son clergé. Ils s'embrassèrent comme des amis et comme des égaux ; mais, en allant vers l'autel, le roi ou patrice prit la droite du pape. Charlemagne ne se contenta pas de ces vaines démonstrations de respect. Durant les vingt-six années qui s'écoulèrent entre la conquête de la Lombardie et son couronnement en qualité d'empereur, il gouverna en maître la ville de Rome qu'il avait délivrée par ses armes. Le peuple jura fidélité à sa personne et à sa famille ; on frappa les monnaies, on administra la justice en son nom, et il examina et confirma l'élection des papes. Excepté le droit de réclamer la souveraineté de son propre chef, le titre d'empereur ne pouvait ajouter aucune prérogative à celles dont le patrice de Rome était déjà revêtu (1).

---

(1) Paul-diacre, qui écrivit avant l'époque où Charle-

La reconnaissance des Carlovingiens fut proportionnée à ces obligations, et leurs noms ont été consacrés par le titre de sauveurs et de bienfaiteurs de l'Église romaine. Son ancien patrimoine, consistant en maisons et en métairies, fut transformé par leur libéralité en une souveraineté temporelle sur des villes et des provinces. La concession de l'exarchat fut le premier fruit des victoires de Pepin (1). Astolphe abandonna en soupirant sa proie. Les clefs et les ôtages des principales villes furent livrées à l'ambassadeur de France, qui, au nom de son roi, les présenta sur le tombeau de saint Pierre. L'exarchat, selon l'acception la plus étendue de ce mot (2),

Donations de Pepin et de Charlemagne aux papes.

---

magne prit le titre d'empereur, parle de Rome comme d'une ville sujette de ce prince. *Vestras civitates* (ad Pompeium-Festum) *suis addidit sceptris* (de Metensis Ecclesiæ episcopis). Des médailles carlovingiennes frappées à Rome, ont engagé Le Blanc dans une dissertation pleine de recherches, mais très-partiale, touchant l'autorité qu'avaient les rois de France sur Rome, en qualité de patrices et d'empereurs (Amsterdam, 1692, *in-4°*).

(1) Mosheim (*Instit. Hist. eccl.*, p. 263) examine cette donation avec autant de sagesse que de bonne foi. L'acte original n'a jamais été produit; mais le *Liber pontificalis* décrit ce beau présent (p. 171), et le *Codex Carolinus* le suppose. Ces deux ouvrages sont des monumens contemporains, et le dernier est d'autant plus authentique, qu'on l'a conservé dans la bibliothèque de l'empereur, et non dans celle du pape.

(2) Entre les réclamations exorbitantes et les concessions très-bornées de l'intérêt et du préjugé dont n'est pas exempt Muratori lui-même (*Antiquitat.*, t. 1, p. 65-68), j'ai pris

embrassait toutes les provinces de l'Italie qui avaient obéi à l'empereur et à ses ministres ; mais, à parler rigoureusement, il ne comprenait que les territoires de Ravenne, de Bologne et de Ferrare ; il faut y joindre la Pentapole, qui s'étendait le long de la mer Adriatique, depuis Rimini jusqu'à Ancône, et qui s'avançait dans l'intérieur du pays jusqu'aux chaînes de l'Apennin. On a beaucoup blâmé l'ambition et l'avarice des papes dans cette opération. L'humilité d'un prêtre chrétien aurait dû peut-être refuser un royaume terrestre qu'il ne pouvait gouverner aisément sans renoncer aux vertus de son état. Un sujet fidèle ou même un ennemi généreux aurait peut-être dû montrer moins d'ardeur à partager les dépouilles du prince barbare ; et si l'empereur avait chargé Étienne de solliciter en son nom la restitution de l'exarchat, je n'absoudrais pas le pape du reproche de perfidie et de fausseté. Mais, à suivre les lois bien exactement, chacun peut sans offense accepter ce qu'un bienfaiteur peut lui donner sans injustice. L'empereur grec avait abandonné ou perdu ses droits sur l'exarchat, et le glaive d'Astolphe se trouvait brisé par le glaive plus fort du Carlovingien. Ce n'était pas pour défendre la cause de l'iconoclaste que Pépin avait exposé sa personne et son armée aux dangers de deux expéditions au-delà des Alpes ; il

---

pour guide, dans la fixation des limites de l'exarchat et de la Pentapole, la *Dissert. chorograph. Italiæ medii ævi*, t. x, p. 160-180.

possédait légalement ses conquêtes, et il pouvait les aliéner d'une manière légale. Il répondit pieusement aux importunités des Grecs, qu'aucune considération humaine ne le déterminerait à reprendre un don qu'il avait fait au pontife de Rome pour la rémission de ses péchés et le salut de son âme. Il avait donné l'exarchat en toute souveraineté ; et le monde vit pour la première fois un évêque chrétien revêtu des prérogatives d'un prince temporel, du droit de nommer des magistrats, de faire exercer la justice, d'imposer des taxes, et de disposer des richesses du palais de Ravenne. Lors de la dissolution du royaume des Lombards, les habitans du duché de Spolette (1) cherchèrent un refuge contre l'orage ; ils coupèrent leurs cheveux selon l'usage des Romains, se déclarèrent serviteurs et sujets de saint Pierre, et, par cette reconnaissance volontaire, ils achevèrent l'arrondissement actuel de l'État ecclésiastique. Ce cercle mystérieux prit une étendue indéfinie par la donation verbale ou écrite de Charlemagne (2), qui, dans les

---

(1) *Spoletini deprecati sunt, ut eos in servitio B. Petri reciperet et more Romanorum tonsurari faceret* (Anastase, p. 185); mais on peut demander s'ils donnèrent leur personne ou leur pays.

(2) Saint-Marc (*Abrégé*, t. 1, p. 390-408), qui a bien étudié le *Codex Carolinus*, examine avec soin quelle fut la politique et quelle fut la donation de Charlemagne. Je crois avec lui que cette donation ne fut que verbale. Le plus ancien acte de donation qu'on allègue est celui de l'empereur Louis le Pieux (Sigonius, *de Regno Italiæ*, l. IV,

premiers transports de sa victoire, se dépouilla lui-même et dépouilla l'empereur grec des villes et des îles autrefois dépendantes de l'exarchat. Mais lorsqu'il fut loin de l'Italie et qu'il réfléchit plus froidement sur ce qu'il avait fait, il vit d'un œil de jalousie et de méfiance la grandeur nouvelle de son allié ecclésiastique. Il éluda d'une manière respectueuse l'exécution de ses promesses et de celles de son père; le roi des Francs et des Lombards fit valoir les droits inaliénables de l'empire, et, durant sa vie ainsi qu'au moment de sa mort, Ravenne (1) et Rome furent toujours comptées au nombre de ses villes métropolitaines. La souveraineté de l'exarchat s'évanouit entre les mains des papes. Ils trouvèrent dans l'archevêque de Ravenne un rival dangereux (2): les nobles et le

---

Opera, t. II, p. 267-270). On doute beaucoup de son authenticité, ou du moins de son intégrité (Pagi, A. D. 817, n° 7, etc.; Muratori, *Annali*, t. VI, p. 432, etc.; *Dissertat. chorographica*, p. 33, 34); mais je ne trouve dans les auteurs aucune objection raisonnable fondée sur la manière dont ces princes disposaient librement de ce qui ne leur appartenait pas.

(1) Charlemagne demanda les mosaïques du palais de Ravenne à Adrien Ier, à qui elles appartenaient; il les obtint: il voulait en décorer Aix-la-Chapelle (*Codex Carol.*, epist. 67, p. 223).

(2) Les papes se plaignent souvent des usurpations de Léon de Ravenne (*Codex Carol.*, epist 51, 52, 53, p. 200-205). *Si corpus S. Andreæ, fratris germani S. Petri, hic humasset, nequaquam nos romani pontifices sic subjugassent.* (Agnellus, *Liber pontificalis*, in Script. Rerum ital., t. II, part. I, p. 107.

peuple dédaignèrent le joug d'un prêtre ; et, au milieu des désordres de ce temps, les pontifes de Rome ne purent garder que le souvenir d'une ancienne prétention qu'ils ont renouvelée avec succès à une époque plus favorable.

La fraude est la ressource de la faiblesse et de l'astuce, et des Barbares puissans, mais ignorans, furent souvent enveloppés dans les filets de la politique sacerdotale. Le Vatican et le palais de Latran étaient un arsenal et une manufacture, qui, selon les occasions, produisaient ou recélaient une nombreuse collection d'actes vrais ou faux, corrompus ou suspects, favorables aux intérêts de l'Église romaine. Avant la fin du huitième siècle, quelque scribe du saint-siége, peut-être le fameux Isidore, fabriqua les décrétales et la donation de Constantin, ces deux colonnes de la monarchie spirituelle et temporelle des papes. Cette donation mémorable fut mentionnée, pour la première fois, dans une lettre d'Adrien 1er, qui exhortait Charlemagne à imiter la libéralité du grand Constantin, et à faire revivre son nom (1). Selon la lé-

Fabrication de la donation de Constantin.

---

(1) *Piissimo Constantino magno, per ejus largitatem S. R. Ecclesia elevata et exaltata est, et potestatem in his Hesperiæ partibus largiri dignatus est... Quia ecce novus Constantinus his temporibus*, etc. (*Cod. Carol.*, epist. 49, in t. III, part. II, p. 195). Pagi (*Critica*, A. D. 324, n° 16) les attribue à un imposteur du huitième siècle, qui prit le nom de saint Isidore. C'est par ignorance, mais d'une manière assez heureuse, que de son humble titre de *peccator* on fit celui de *mercator*. Ces pièces supposées ont été en effet d'un

gende, saint Sylvestre, évêque de Rome, avait guéri de la lèpre et purifié dans les eaux du baptême le premier des empereurs chrétiens : jamais médecin n'avait été mieux récompensé. Le néophyte royal s'était éloigné de la résidence et du patrimoine de saint Pierre : il avait déclaré sa résolution de fonder une nouvelle capitale en Orient, et avait abandonné aux papes l'entière et perpétuelle souveraineté de Rome, de l'Italie et des provinces de l'Occident (1). Cette fiction produisit les effets les plus avantageux. Les princes grecs furent convaincus d'usurpation, et la révolte de Grégoire ne fut plus considérée que comme l'acte par lequel il rentrait dans ses droits sur un héritage qui lui appartenait légitimement : les papes se trouvèrent affranchis de la reconnaissance, puisque l'apparente donation n'était plus que la juste restitution d'une modique portion de l'État ecclésiastique. La souveraineté de Rome ne dépendait plus du choix d'un peuple volage, et les successeurs de saint Pierre et de Constantin se virent revêtus de la pourpre et des droits des Césars. Telles étaient l'ignorance et la crédulité de ce siècle, que la plus absurde

---

bon débit, et peu de feuilles de papier ont été payées de tant de richesse et de pouvoir.

(1) Fabricius (*Bibl. græc.*, t. VI; p. 4-7) a indiqué les différentes éditions de cet acte en grec et en latin. La copie que rapporte Laurent Valla, et qu'il réfute, paraît avoir été faite sur les actes supposés de saint Sylvestre, ou sur le décret de Gratien, auquel, selon lui et les autres écrivains, on l'a ajouté d'une manière subreptice.

des fables fut accueillie avec respect et dans la Grèce et dans la France, et qu'elle se trouve encore parmi les décrets de la loi canonique (1). Ni les empereurs ni les Romains ne furent en état de démêler une fourberie qui détruisait les droits des uns et la liberté des autres : la seule réclamation qu'on entendit vint d'un monastère de la Sabinie, qui, au commencement du douzième siècle, contesta l'authenticité et la validité de la donation de Constantin (2). A la renaissance des lettres et de la liberté, ce faux acte fut frappé de mort par la plume de Laurent Valla, critique éloquent et Romain rempli de patriotisme (3). Ses con-

---

(1) C'est en 1059 que, selon l'opinion du pape Léon IX et du cardinal Pierre Damien (était-ce bien leur opinion?), Muratori (*Annali d'Italia*, tom. IX, pag. 23, 24) place les prétendues donations de Louis le Pieux, d'Othon, etc. (*de Donatione Constantini*). *Voyez* une Dissertation de Natalis Alexander, seculum 4, Dissert. 25, p. 335, 350.

(2) *Voyez* de grands détails sur cette controverse (A. D. 1105), qui s'éleva à l'occasion d'un procès, dans le Chronicon Farsense (*Script. Rer. ital.*, t. II, part. II, p. 637, etc.), et un extrait étendu des archives de cette abbaye de bénédictins. Ces archives étaient autrefois accessibles à la curiosité des étrangers (Le Blanc et Mabillon), et ce qu'elles contiennent aurait enrichi le premier volume de l'*Historia monastica Italiæ* de Quirini; mais la timide politique de Rome les tient aujourd'hui renfermées (Muratori, *Script. Rerum ital.*, t. II, part. II, p. 269); et Quirini, qui songeait au chapeau de cardinal, céda à la voix de l'autorité et aux insinuations de l'ambition. Quirini, *Comment.*, part. II, p. 123-136.

(3) J'ai lu dans la collection de Schardius (*de Potestate*

temporains furent étonnés de son audace sacrilége ; mais tel est le progrès silencieux et irrésistible de la raison, qu'avant la fin de la génération suivante, cette fable était rejetée avec mépris par les historiens (1) et les poëtes (2), et par la censure tacite ou modérée des défenseurs de l'Église de Rome (3). Les papes

---

imperiali ecclesiasticâ, p. 734-780) ce discours plein de chaleur, qui fut composé par Valla (A. D. 1440) ; six ans après la fuite du pape Eugène IV. C'est un pamphlet très-véhément et dicté par l'esprit de parti. L'auteur justifie et excite la révolte des Romains ; et on voit qu'il aurait approuvé l'usage du poignard contre leur tyran sacerdotal. Un pareil critique devait s'attendre à la persécution du clergé ; il fit cependant sa paix, et il est enterré à Latran. Bayle, *Dictionn. critique*, art. VALLA ; Vossius, *de Histor. latin.*, p. 580.

(1) *Voyez* Guichardin, serviteur des papes, dans cette longue et précieuse digression, qui a repris sa place dans la dernière édition très-correcte publiée d'après le manuscrit de l'auteur, et imprimée en quatre volumes *in-4°* sous le nom de Fribourg, 1775 (*Istoria d'Italia*, t. 1, p. 385-395).

(2) Le paladin Astolphe retrouva cet acte dans la lune, parmi les choses qui s'étaient perdues sur la terre (*Orlando Furioso*, XXXIV, 80).

> *Di vari fiori ad un gran monte passa,*
> *Ch' ebbe già buono odore, or puzza forte ;*
> *Questo era il dono (se però dir lece)*
> *Che Costantino al buon Silvestro fece.*

Toutefois une bulle du pape Léon X a approuvé ce poëme incomparable.

(3) *Voy.* Baronius, A. D. 324, n°s 117-123 ; A. D. 1191, n° 51, etc. Il voudrait supposer que Constantin offrit Rome

eux-mêmes se sont permis de sourire de la crédulité publique (1); mais ce titre supposé, et tombé en désuétude, continua à revêtir leur domination d'une sorte de sainteté; et, par un hasard aussi heureux que celui qui a favorisé les décrétales et les oracles de la sibylle, l'édifice a subsisté après la destruction des fondemens.

Tandis que les papes établissaient en Italie leur indépendance et leur domination, les images, qui avaient été la première cause de leur révolte, se rétablissaient dans l'empire d'Orient (2). Sous le règne

Rétablissement des images en Orient par l'impératrice Irène. A. D. 780, etc.

à Sylvestre, et que ce pape le *refusa*. Il a une idée assez étrange de l'acte de donation; il le regarde comme ayant été fabriqué par les Grecs.

(1) « Baronius n'en dit guère contre; encore en a-t-il trop dit, et l'on voulait sans moi (cardinal du Perron), qui l'empêchai, censurer cette partie de son histoire. J'en devisai un jour avec le pape, et il ne me répondit autre chose: *Che volete ? i canonici la leggono;* il le disait en *riant.* ». Perroniana, p. 77.

(2) Le reste de l'histoire des images depuis Irène jusqu'à Théodora, a été fait, du côté des catholiques, par Baronius et Pagi (A. D. 780-840), par Natalis Alexander (*Hist. N. T.*, seculum 8; Panoplia adversus hæreticos, p. 118-178), et par Dupin (*Bibl. ecclés.*, t. VI, p. 136-154); du côté des protestans, par Spanheim (*Hist. Imag.*, p. 305-639), par Basnage (*Hist. de l'Église*, t. I, p. 556-572; t. II, p. 1362-1385), et par Mosheim (*Institut. Hist. eccles.*, secul. 8 et 9). Les protestans, excepté Mosheim, sont aigris par la controverse; mais les catholiques, excepté Dupin, se montrent enflammés de toute la fureur et de toute la superstition monacale; et Le Beau lui-même (*Hist. du Bas-Empire*), qui

de Constantin v, l'union du pouvoir civil et du pouvoir ecclésiastique avait renversé l'arbre de la superstition, sans en extirper la racine. La classe d'hommes et le sexe les plus portés à la dévotion, chérissaient en secret le culte des idoles, car c'était ainsi qu'alors on considérait les images ; et l'alliance des moines et des femmes remporta une victoire décisive sur la raison et l'autorité. Léon IV soutint, quoique avec moins de rigueur, la religion de son père et de son aïeul ; mais sa femme, la belle et ambitieuse Irène, était imbue du fanatisme des Athéniens ; héritiers de l'idolâtrie plutôt que de la philosophie de leurs ancêtres. Pendant la vie de son mari, ces dispositions ne purent qu'acquérir plus de force par les dangers auxquels elles exposaient, et la dissimulation qui en fut la suite ; elle put seulement travailler à protéger et avancer quelques moines favoris qu'elle tira de leurs cavernes, et qu'elle plaça sur les trônes métropolitains de l'Orient ; mais, du moment où elle commença à régner en son nom et en celui de son fils, elle s'occupa plus sérieusement de la ruine des iconoclastes ; et c'est par un édit général en faveur de la liberté de conscience, qu'elle prépara la persécution. En rétablissant les moines, elle exposa des milliers d'images à la vénération publique : alors on inventa mille légendes sur leurs souffrances et leurs miracles. Un évêque mort ou déposé était aussitôt

---

était un homme du monde et un savant, se laisse gagner par cette odieuse contagion.

remplacé par des hommes animés des mêmes vues qu'elle. Ceux qui recherchaient avec le plus d'ardeur les faveurs temporelles ou célestes, allaient au devant du choix de leur souveraine, qu'ils ne manquaient pas d'approuver; et la promotion de Tarasius, son secrétaire, au rang de patriarche de Constantinople, la rendit maîtresse de l'Église d'Orient. Mais les décrets d'un concile général ne pouvaient être révoqués que par une assemblée de la même nature (1) : les iconoclastes qu'elle assembla, forts de leur possession actuelle, se montraient peu disposés à la discussion; et la faible voix de leurs évêques était soutenue par les clameurs beaucoup plus formidables des soldats et du peuple de Constantinople. On différa le concile d'une année; durant cet intervalle, on forma des intrigues, on sépara les troupes mal affectionnées; enfin, pour détruire tous les obstacles, on décida qu'il se tiendrait à Nicée, et, selon l'usage de la Grèce, la conscience des évêques se trouva encore une fois dans la main du prince. On ne donna que dix-huit jours pour l'exécution d'un ouvrage si important : les iconoclastes parurent à l'assemblée, non comme des juges, mais comme des criminels ou des pénitens; la présence des légats du pape Adrien et

Septième concile général, ou le second de Nicée. A. D. 787, (sept. 24- oct. 23.

---

(1) *Voyez* les Actes en grec et en latin du second concile de Nicée, avec les pièces qui y sont relatives, dans le huitième volume des conciles (p. 645-1600). Une version fidèle, accompagnée de notes critiques, exciterait, selon la disposition des lecteurs, ou un soupir ou un sourire.

celle des patriarches d'Orient ajoutèrent à l'éclat de cette scène (1). Tarasius, qui présidait le concile, rédigea le décret, lequel fut confirmé et ratifié par les acclamations et la signature de trois cent cinquante évêques. Ils déclarèrent d'une voix unanime que le culte des images est conforme à l'Écriture et à la raison, aux pères et aux conciles ; mais ils hésitèrent lorsqu'on voulut déterminer si ce culte est relatif ou direct, si la divinité et la figure de Jésus-Christ sont susceptibles de la même forme d'adoration. Nous avons les actes de ce second concile de Nicée ; monument curieux de superstition et d'ignorance, de mensonge et de folie. Je rapporterai seulement le jugement des évêques sur le mérite comparatif du culte rendu aux images, et de la moralité dans les actions de la vie. Un moine était convenu d'une trève avec le démon de la fornication, à condition qu'il cesserait de faire ses prières de chaque jour devant une image suspendue aux murs de sa cellule. Ses scrupules le déterminèrent à prendre l'avis de son abbé. « Il vaudrait mieux, lui répondit le casuiste, entrer dans tous les mauvais lieux et voir toutes les prostituées de la

---

(1) Les légats du pape qui assistèrent au concile étaient des messagers envoyés par hasard, des prêtres sans mission spéciale, et qui furent désavoués à leur retour. Les catholiques persuadèrent à des moines vagabonds de représenter les patriarches d'Orient. C'est Théodore Studite, l'un des plus ardens iconoclastes de son siècle, qui révèle cette curieuse anecdote. *Epist.* 1, 38 ; *in* Sirmond, *Opp.*, t. v, p. 1319.

ville, que de vous abstenir d'adorer Jésus-Christ et sa mère dans leurs saintes images (1). »

Il est malheureux pour l'honneur de l'orthodoxie, du moins celle de l'Église romaine, que les deux princes qui ont convoqué les deux conciles de Nicée, se soient souillés du sang de leurs fils. Irène approuva et fit exécuter despotiquement les décrets de la seconde de ces assemblées, et elle refusa à ses adversaires la tolérance qu'elle avait d'abord accordée à ses amis. La querelle entre les iconoclastes et ceux qui soutenaient le culte des images, dura trente-huit ans, ou pendant cinq règnes consécutifs, avec la même fureur, bien qu'avec des succès différens ; mais mon intention n'est pas de revenir en détail sur des faits pareils à ceux que j'ai déjà racontés. Nicéphore accorda sur ce point une liberté générale de discours et de conduite, et les moines ont indiqué la seule vertu de son règne comme la cause de ses malheurs en ce monde et de sa damnation éternelle. La superstition et la faiblesse formèrent le caractère de Michel 1er ; mais les saints et les images, auxquels il rendait des hommages si assidus, ne purent le soutenir sur le trône. Lorsque Léon arriva à la pourpre,

<small>Établissement définitif des images par l'impératrice Théodora. A. D. 841.</small>

---

(1) Συμφερει δε σοι μη καταλιπειν εν τη πολει ταυτη πορνειον εις ο μη εισελθης, η ινα αρνηση το προσκυνειν τον κυριον ημων και θεον Ιησουν Χριστον μετα της ιδιας αυτου μητρος εν εικονι. Ces visites ne pouvaient pas être innocentes, puisque le Δαιμων πορνειας (le *démon* de la *fornication*) επολεμει δε αυτον.... εν μια ουν ως επεκειτο αυτω σφοδρα. *Actio* IV, p. 109 ; *Actio* V, p. 1031.

avec le nom d'Arménien il en adopta la religion ; les images et leurs séditieux adhérens furent de nouveau condamnés à l'exil. Les partisans des images auraient sanctifié, par leurs éloges, le meurtre d'un tyran impie; mais Michel II, son assassin et son successeur, était attaché dès sa naissance aux hérésies phrygiennes ; il voulut interposer sa médiation entre les deux partis, et l'esprit intraitable des catholiques le fit pencher peu à peu de l'autre côté de la balance. Sa timidité le maintint dans la modération ; mais Théophile, son fils, également étranger à la crainte et à la pitié, fut le dernier et le plus cruel des iconoclastes. Les dispositions générales leur étaient alors très-défavorables, et les empereurs qui voulurent arrêter le torrent ne recueillirent que la haine publique. Après la mort de Théophile, une seconde femme, Théodora, sa veuve, à qui il laissa la tutelle de l'empire, acheva le triomphe définitif des images. Elle prit des mesures audacieuses et décisives. Pour rétablir la réputation et sauver l'âme de son mari, elle eut recours à la supposition d'un repentir tardif. La punition des iconoclastes, qui consistait à perdre la vue, fut commuée en une fustigation de deux cents coups de fouet; les évêques tremblèrent, les moines poussèrent des cris de joie, et l'Église catholique célèbre chaque année la fête du triomphe des images. Il ne restait plus qu'une question à discuter, savoir si elles ont une sainteté qui leur soit propre et inhérente : elle fut agitée par les Grecs du onzième siècle (1); et cette opinion est si parfaitement absurde, que je suis étonné qu'elle n'ait pas été adoptée d'une manière plus positive. Le pape Adrien reconnut et proclama en Occident les décrets du concile de Nicée, que les catholiques révèrent aujourd'hui comme le septième des conciles œcuméniques. Rome et l'Italie furent dociles à la voix de leur père spirituel; mais la plupart des chrétiens de l'Église latine demeurèrent, à cet égard, fort en arrière dans la carrière de la superstition. Les Églises de France, d'Allemagne, d'Angleterre et d'Espagne, se frayèrent une route entre l'adoration et la destruction des images que ces peuples admirent dans leurs temples, non comme des objets de culte, mais comme des moyens propres à rappeler et à conserver le souvenir de quelques événemens qui intéressent la foi. On vit paraître, sous le nom de Charlemagne, un livre de controverse écrit du ton de la colère (2). Un concile

Répugnance des Francs et de Charlemagne. A. D. 794, etc.

---

(1) *Voyez* les détails sur cette controverse dans l'Alexis d'Anne Comnène (l. v, p. 129), et dans Mosheim (*Instit. Hist. eccles.*; p. 371, 372).

(2) Nous voulons parler ici des *Libri Carolini* (Spanheim, p. 443-529), composés dans le palais ou les quartiers d'hiver de Charlemagne à Worms (A. D. 790), et envoyés par Engebert au pape Adrien Ier, qui, en les recevant, écrivit une *grandis et verbosa epistola*. (*Concil.*, t. viii, p. 1553.) Ces Carolines proposent cent vingt objections contre le concile de Nicée, et voici des échantillons des fleurs de rhétorique qu'on y trouve : *Dementiam priscæ gentilitatis... obsoletum errorem.... argumenta insanissima et absurdissima.... derisione dignas nænias*, etc.

de trois cents évêques s'assembla à Francfort, sous l'autorité de ce prince (1) : ils blâmèrent la fureur des iconoclastes ; mais ils censurèrent avec plus de sévérité la superstition des Grecs et les décrets de leur prétendu concile, qui fut long-temps méprisé des Barbares de l'Occident (2). Le culte des images ne fit parmi eux que des progrès silencieux et imperceptibles ; mais leur hésitation et leurs délais furent bien expiés par la grossière idolâtrie des siècles qui ont précédé la réforme, et par celle qu'on voit régner dans les différentes contrées, soit de l'Europe ou de l'Amérique, qui se trouvent encore enveloppées dans les ténèbres de la superstition.

Les papes se séparent enfin de l'empire d'Orient.
A. D. 774-800.

Ce fut après le second concile de Nicée et sous le règne de la pieuse Irène, que les papes, en donnant l'empire à Charlemagne, beaucoup moins orthodoxe, détachèrent de l'empire d'Orient, Rome et l'Italie. Il fallait opter entre deux nations rivales ; la religion

---

(1) Les assemblées que convoqua Charlemagne avaient rapport à l'administration, ainsi qu'à l'Église ; et les trois cents membres (Nat. Alexander, *sec.* 8, p. 53) qui siégèrent et donnèrent leur voix à l'assemblée de Francfort, devaient comprendre non-seulement les évêques, mais les abbés et les principaux laïques.

(2) *Qui supra sanctissimâ patres nostri (episcopi et sacerdotes) omnimodis servitium et adorationem imaginum renuentes, contempserunt, atque consentientes condemnaverunt.* (*Concil.*, t. IX, p. 101, canon 2, Francfort). Il faudrait avoir le cœur bien dur pour ne pas prendre en compassion les efforts de Baronius, de Pagi, d'Alexandre et de Maimbourg, etc., pour éluder cette malheureuse sentence.

ne fut pas le seul motif de leur choix : dissimulant les fautes de leurs amis, ils ne voyaient qu'avec inquiétude et répugnance les vertus catholiques de leurs ennemis; la différence de langage et de mœurs avait perpétué l'inimitié des deux capitales, et soixante-dix ans de schisme les avaient totalement aliénées l'une de l'autre. Durant cet intervalle, les Romains avaient goûté de la liberté, et les papes de la domination; en se soumettant ils se seraient exposés à la vengeance d'un despote jaloux, et la révolution de l'Italie avait montré en même temps l'impuissance et la tyrannie de la cour de Byzance. Les empereurs grecs avaient rétabli les images, mais ils n'avaient pas rendu les domaines de la Calabre (1), ni le diocèse d'Illyrie (2), que les iconoclastes avaient enlevés aux successeurs de saint Pierre ; et le pape Adrien les menaça de l'excommunication, s'ils n'abjuraient

---

(1) Théophane (p. 343) indique les domaines de la Sicile et de la Calabre, qui donnaient un revenu annuel de trois talens et demi d'or (peut-être sept mille livres sterl.). Luitprand fait une plus pompeuse énumération des patrimoines de l'Église romaine dans la Grèce, la Judée, la Perse, la Mésopotamie, la Babylonie et la Libye, injustement retenus par l'empereur grec. *Legat. ad Nicephorum, in Script. Rerum ital.*, t. II, part. 1, p. 481.

(2) Il s'agit ici du grand diocèse de l'Illyrie orientale avec la Pouille, la Calabre et la Sicile. (Thomassin, *Discipl. de l'Égl.*, t. 1, p. 145.) De l'aveu des Grecs, le patriarche de Constantinople avait détaché de Rome les métropolitains de Thessalonique, d'Athènes, de Corinthe, de Nicopolis et de Patras (Luc. Holsten., *Geograph. sacra*, p. 22); et ses

pas cette hérésie pratique (1). Les Grecs étaient alors orthodoxes ; mais le monarque régnant pouvait infecter leur religion de son souffle : les Francs se montraient rebelles ; mais un œil pénétrant pouvait démêler qu'ils passeraient bientôt de l'usage au culte des images. Le nom de Charlemagne portait la tache du fiel polémique répandu par ses écrivains ; mais, quant à ses opinions personnelles, le vainqueur se conformait, avec la souplesse d'un homme d'État, aux diverses idées de la France et de l'Italie. Dans ses quatre pélerinages ou visites au Vatican, il avait paru uni avec les papes d'affection et de croyance ; il s'était agenouillé devant le tombeau et par conséquent devant l'image de saint Pierre, et avait pris part sans scrupule à toutes les prières et à toutes les processions de la liturgie romaine. La sagesse et la reconnaissance ne s'opposaient-elles pas à ce que les pontifes de Rome s'éloignassent de leur bienfaiteur ?

---

conquêtes spirituelles s'étendaient jusqu'à Naples et Amalfi. Giannone, *Istor. civ. di Napoli*, t. 1, p. 517-524 ; Pagi, A. D. 730, n° 11.

(1) *In hoc ostenditur, quia ex uno capitulo ab errore reversis, in aliis duobus, in* EODEM (était-ce le même ?) *permaneant errore.... de diocesi S. R. E., seu de patrimoniis iterum increpantes commonemus, ut si ea restituere noluerit, hæreticum eum pro hujus modi errore perseverantiâ decernemus.* (Epist. Adriani papæ ad Carolum Magnum, in Concil., t. VIII, p. 1598.) Il ajoute une raison directement opposée à sa conduite ; il dit qu'il préfère aux biens de ce monde périssable, le salut des âmes et la règle de la foi.

avaient-ils le droit d'aliéner l'exarchat qu'ils en avaient reçu? avaient-ils le pouvoir d'abolir à Rome son gouvernement? Le titre de patrice était au-dessous du mérite et de la grandeur de Charlemagne; le seul moyen pour eux de s'acquitter de ce qu'ils lui devaient, ou d'assurer leur position, était de rétablir l'empire d'Occident. Cette opération décisive allait anéantir à jamais les prétentions des Grecs; Rome allait sortir de l'humiliant état de ville de province pour reprendre toute sa majesté; les chrétiens de l'Église latine allaient être réunis, sous un chef suprême, dans leur ancienne métropole, et les vainqueurs de l'Occident allaient recevoir leur couronne des successeurs de saint Pierre. L'Église romaine acquérait un défenseur zélé et imposant; et, sous la protection de la puissance carlovingienne, l'évêque de Rome pourrait désormais gouverner cette capitale avec honneur et sûreté (1).

Avant même la ruine du paganisme, la concurrence qui s'élevait pour le riche évêché de Rome avait souvent produit des émeutes et des massacres.

---

(1) Fontanini ne voit dans les empereurs que les avocats de l'Église, *advocatus et defensor* S. R. E. (*Voy.* Ducange, *Gloss. lat.*, t. 1, p. 97.) Muratori, son adversaire, ne fait du pape que l'exarque de l'empereur. Selon l'opinion plus impartiale de Mosheim (*Instit. Hist. eccles.*, p. 264, 265), les papes tenaient Rome en qualité de vassaux de l'empire, et comme possédant la plus honorable espèce de fief ou de bénéfice : au reste, ces détails *premuntur nocte caliginosâ.*

Couronnement de Charlemagne en qualité d'empereur de Rome et de l'Occident. A. D. 800, déc. 25.

A l'époque dont nous parlons, le peuple était moins nombreux, mais les mœurs étaient plus sauvages, la conquête plus importante; et les ecclésiastiques ambitieux qui aspiraient au rang de souverain, se disputaient avec fureur la chaire de saint Pierre. La longueur du règne d'Adrien 1ᵉʳ (1) surpassa celle du règne de ses prédécesseurs et des papes qui vinrent après lui (2) : l'érection des murs de la ville de Rome, le patrimoine de l'Église, la destruction des Lombards, et l'amitié de Charlemagne, tels furent les trophées de sa gloire ; il éleva en secret le trône de ses successeurs, et, sur un théâtre peu étendu, il déploya les vertus d'un grand prince. On respecta sa mémoire ; mais lorsqu'il fallut le remplacer, un prêtre de l'église de Latran, Léon III, fut préféré à son neveu et à son favori, qu'il avait revêtus des premières dignités de l'Église. Ceux-ci, sous le masque

---

(1) Une épitaphe de trente-huit vers, dont Charlemagne se déclare l'auteur (*Concil.*, t. VIII, p. 520), rend compte de son mérite et de ses espérances.

Post patrem lacrymans Carolus hæc carmina scripsi.
Tu mihi dulcis amor, te modo plango pater......
Nomina jungo simul titulis, clarissime, nostra :
Adrianus, Carolus, rex ego, tuque pater.

On peut croire qu'Alcuin fit ces vers, mais que ce glorieux tribut de larmes venait de Charlemagne.

(2) On dit à chaque nouveau pape : *Sancte pater, non videbis annos Petri*, vingt-cinq ans. En examinant la liste des papes, on voit que le terme moyen de leur règne est d'environ huit ans ; terme bien court pour un cardinal ambitieux.

de la soumission ou de la pénitence, dissimulèrent durant plus de quatre ans leurs horribles projets de vengeance; enfin, dans une procession, une bande de conspirateurs furieux, après avoir dispersé une multitude désarmée, se jeta sur la personne sacrée du pape, qu'ils accablèrent de coups et de blessures. Ils en voulaient à sa vie ou à sa liberté ; mais, soit trouble, soit remords, ils manquèrent leur entreprise. Léon, laissé pour mort sur la place, étant revenu de l'évanouissement causé par la perte de son sang, recouvra la parole et la vue; et sur cet événement naturel, on a fabriqué l'histoire miraculeuse de la restauration de ses yeux et de sa langue, dont l'avait privé deux fois le fer des assassins (1). Il s'échappa de sa prison et se réfugia au Vatican; le duc de Spolette vola à son secours ; Charlemagne fut indigné de cet attentat; et, soit invité par lui, soit de son propre mouvement, le pontife de Rome alla le trouver dans son camp de Paderborn en Westphalie. Léon repassa les Alpes avec une escorte de comtes

---

(1) Anastase (t. III, p. 197, 198) le dit positivement, et quelques annalistes français le croient aussi; mais Eginhard et d'autres écrivains du même siècle sont plus raisonnables ou de meilleure foi. *Unus ei oculus paululum est læsus*, dit Jean, diacre de Naples (*Vit. episcop. Napol.*, in Scriptores Muratori, t. I, part. II, p. 312). Un contemporain, Théodulphe, évêque d'Orléans, observe avec prudence (l. III, carmine 3) :

Reddita sunt? mirum est : mirum est auferre nequisse.
Est tamen in dubio, hinc mirer an inde magis.

et d'évêques qui devaient défendre sa personne et prononcer sur son innocence; et ce ne fut pas sans regret que le vainqueur des Saxons différa jusqu'à l'année suivante d'aller lui-même remplir à Rome ce pieux devoir. Charlemagne se rendit en effet à Rome pour la quatrième et dernière fois ; il y fut reçu avec les honneurs dus au roi des Francs et au patrice de cette capitale. Léon eut la permission de se disculper par le serment des crimes qu'on lui imputait; ses ennemis furent réduits au silence, et l'on punit trop doucement, par l'exil les sacriléges assassins qui avaient voulu attenter à sa vie. Le jour de Noël de la dernière année du huitième siècle, Charlemagne se rendit à la basilique de Saint-Pierre : pour satisfaire la vanité des Romains, il avait changé le simple habit de sa nation contre celui de patrice de Rome.(1). Après la célébration des saints mystères, Léon plaça tout à coup sur la tête du prince une couronne précieuse (2), et l'église retentit de cette

---

(1) Il se montra deux fois dans Rome, à la requête d'Adrien et de Léon, *longâ tunicâ et chlamyde amictus, et calceamentis quoque romano more formatis.* Éginhard (c. 23, p. 109-113) décrit, à la manière de Suétone, la simplicité de son habit, tellement reçu en France, que lorsque Charles le Chauve revint en France avec un habillement étranger, on voyait les chiens patriotes aboyer après lui. Gaillard, *Vie de Charlemagne*, t. IV, p. 109.

(2) *Voy.* Anastase (p. 199) et Éginhard (c. 28, p. 124-128). Théophane (p. 399) parle de l'onction; Sigonius (d'après l'*Ordo romanus*) du serment; et les *Annales Berti-*

acclamation : « Longue vie et victoire à Charles, très-pieux Auguste, couronné par la main de Dieu, grand et pacifique empereur des Romains! » On répandit l'huile royale sur sa tête et sur son corps. D'après l'exemple des Césars, il fut salué ou adoré par le pontife. Le serment de son couronnement renfermait la promesse de maintenir la foi et les priviléges de l'Église; de riches offrandes déposées sur le tombeau du saint apôtre furent le premier fruit de cette promesse. L'empereur protesta, dans des entretiens familiers, qu'il n'avait pas connu le dessein de Léon; que s'il en avait été instruit, il l'aurait déjoué par son absence; mais les préparatifs de la cérémonie devaient en avoir divulgué le secret, et le voyage de Charlemagne annonce qu'il s'attendait à ce couronnement (1) : il avait avoué que le titre d'empereur était l'objet de son ambition, et un synode tenu à Rome avait prononcé que c'était la seule

---

niani (*Script.* Muratori, t. II, part. II, p. 505) de l'adoration du pape, *more antiquorum principum.*

(1) Ce grand événement de la translation ou restauration de l'empire d'Occident est raconté et discuté par Natalis Alexander (*seculum* 9, *Dissert.* I, p. 390-397), par Pagi (t. III, p. 418), par Muratori (*Annali d'Italia*, tom. VI, p. 339-352), par Sigonius (*de Regno Italiæ*, l. IV, *Opp.*, t. II, p. 247-251), par Spanheim (*de fictâ Translatione imperii*), par Giannone (t. I, p. 395-405), par Saint-Marc (*Abrégé chronologique*, t. I, p. 438-450), et par M. Gaillard (*Hist. de Charlemagne*, t. II, p. 386-446). Presque tous ces modernes sont soumis à quelques préventions religieuses ou nationales.

récompense proportionnée à son mérite et à ses services.

Règne et caractère de Charlemagne. A. D. 768-814. Le surnom de Grand a été souvent accordé, et quelquefois avec justice; mais il n'y a que Charlemagne pour qui cette belle épithète ait été jointe au nom propre d'une manière indissoluble. Ce nom a été placé dans le calendrier de Rome parmi ceux des saints; et, par un rare bonheur, ce saint a obtenu les éloges des historiens et des philosophes d'un siècle éclairé (1). La barbarie du siècle et de la nation du milieu desquels il s'est élevé, ajoute sans doute à son mérite *réel*; mais les objets tirent aussi une grandeur *apparente* de la petitesse de ceux qui les environnent, et les ruines de Palmyre doivent beaucoup de leur éclat à la nudité du désert. Je puis sans injustice faire remarquer quelques taches sur la sainteté et la grandeur du restaurateur de l'empire d'Occident. La continence n'est pas la plus brillante de ses vertus morales (2) : au reste, neuf femmes ou concubines,

---

(1) Mably (*Observ. sur l'Hist. de France*), Voltaire (*Hist. générale*), Robertson (*Hist. de Charles-Quint*) et Montesquieu (*Espr. des Lois*, l. xxxi, c. 28) ont donné de grands éloges à Charlemagne. M. Gaillard a publié en 1782 l'histoire de ce prince (4 vol. in-12), qui m'a été fort utile, et dont j'ai usé librement. L'auteur est judicieux et humain, et son ouvrage est élégant et soigné. Au reste, j'ai examiné aussi les monumens originaux des règnes de Pepin et de Charlemagne dans le cinquième volume des Historiens de France.

(2) La vision de Weltin, composée par un moine, onze

d'autres amours moins relevées et moins durables, la multitude de ses bâtards, qu'il plaça tous dans l'ordre ecclésiastique, le long célibat et les mœurs licencieuses de ses filles (1), qu'il semble avoir trop aimées, peuvent n'avoir pas eu de conséquences réellement funestes au bonheur public. A peine voudra-t-on me permettre d'accuser l'ambition d'un conquérant; mais, dans un jour de rétributions, les fils de Carloman son frère, les princes mérovingiens d'Aquitaine, et les quatre mille cinq cents Saxons qu'il fit décapiter au même endroit, auraient bien quelque chose à reprocher à la justice et à l'humanité de Charlemagne. Le traitement qu'essuyèrent les Saxons (2) fut un abus du droit de la victoire. Ses

---

ans après la mort de Charlemagne, le montre dans le purgatoire, où un vautour lui déchire l'organe de ses criminels plaisirs, en respectant toutes les autres parties de son corps, emblême de ses vertus. *Voyez* Gaillard, tom. II, pages 317-360.

(1) Le mariage d'Éginhard avec Emma, fille de Charlemagne, est, selon moi, assez réfuté par le *probrum* et le *suspicio* jetés par lui sur ces belles filles, sans en excepter celle qu'on lui donne pour épouse (c. 19, p. 98-100, *cum notis* Schmincke); c'eût été pour un mari avoir l'âme trop forte que de remplir si bien les devoirs d'un historien.

(2) Outre les massacres et les transmigrations qu'essuyèrent les peuples de la Saxe, Charlemagne soumit à la peine de mort les crimes suivans : 1° le refus du baptême; 2° ceux qui, pour éviter ce baptême, se diraient baptisés; 3° le retour à l'idolâtrie; 4° le meurtre d'un prêtre ou d'un évêque; 5° les sacrifices humains; 6° ceux qui mangeraient de la viande pendant le carême; mais tous les crimes étaient ex-

lois ne furent pas moins sanguinaires que ses armes ; et dans l'examen de ses motifs, tout ce qu'on ne donne pas à la superstition doit s'imputer au caractère. Le sédentaire lecteur est étonné de l'activité infatigable de son esprit et de son corps ; et ses sujets n'étaient pas moins frappés que ses ennemis des subites apparitions par lesquelles il les surprenait lorsqu'ils le croyaient dans les parties de l'empire les plus éloignées. Il ne se reposait ni durant la paix ni durant la guerre, ni l'hiver ni l'été ; et notre imagination ne concilie pas aisément les annales de son règne avec les détails géographiques de ses expéditions. Mais cette activité était une vertu nationale plutôt qu'une vertu personnelle : un Français passait alors sa vie errante à la chasse, dans des pèlerinages ou des aventures militaires, et les voyages de Charlemagne n'étaient distingués que par une suite plus nombreuse et un objet plus important. Pour bien juger de la réputation qu'il a obtenue dans le métier des armes, il faut considérer quels furent ses troupes, ses ennemis et ses actions. Alexandre fit ses conquêtes avec les soldats de Philippe ; mais les deux héros qui avaient précédé Charlemagne, lui avaient légué leur nom, leurs exemples et les compagnons de leurs victoires. C'est à la tête de ces vieilles troupes supé-

---

piés par le baptême ou par une pénitence (Gaillard, t. II, p. 241-247), et les chrétiens saxons devenaient les égaux et les amis des Français. Struv., *Corpus Hist. germanicæ*, page 133.

rieures en nombre qu'il accabla des nations sauvages ou dégénérées, incapables de se réunir pour leur sûreté commune, et jamais il n'eut à combattre une armée égale en nombre, ou qui pût se comparer à la sienne pour les armes et pour la discipline. La science de la guerre a été perdue, et s'est ranimée avec les arts de la paix; mais ses campagnes n'ont été illustrées par aucun siége ou aucune bataille bien difficile ou d'un succès bien éclatant, et il dut voir d'un œil d'envie les triomphes de son grand-père sur les Sarrasins. Après son expédition d'Espagne, son arrière-garde fut défaite dans les Pyrénées; et ses soldats, qui voyaient leur situation sans remède, et leur valeur inutile, purent en mourant accuser le défaut d'habileté ou de circonspection de leur général (1). C'est avec respect que je toucherai aux lois de Charlemagne, tant louées par un juge si respectable. Elles ne forment pas un système, mais une suite d'édits minutieux publiés selon les besoins du moment pour la correction des abus, la réforme des mœurs, l'économie de ses fermes, le soin de sa volaille et même la vente de ses œufs. Il voulait perfectionner la législation et le caractère des Français,

---

(1) Le fameux Rutland, Roland, Orlando, fut tué dans cette action *cum compluribus aliis*. La vérité se trouve dans Éginhard (c. 9, *Hist. de Charlemagne*, p. 51-56), et la fable, dans un supplément ingénieux de M. Gaillard (t. III, p. 474). Les Espagnols sont trop fiers d'une victoire que les monumens historiques attribuent aux Gascons, et les Romains aux Sarrasins.

et ses tentatives, malgré leur faiblesse et leur imperfection, méritent des éloges : il suspendit ou il adoucit par son administration les maux invétérés qui pesaient sur son siècle (1); mais dans ses institutions j'aperçois rarement les vues générales et l'immortel esprit d'un législateur qui se survit à lui-même pour le bonheur de la postérité. L'union et la stabilité de son empire dépendaient de sa seule vie : il suivit le dangereux usage de partager son royaume entre ses enfans, et, après ses nombreuses diètes, laissa tous les points de la constitution flotter entre les désordres de l'anarchie et ceux du despotisme. Il se laissa entraîner, par son estime pour la piété et les lumières du clergé, à remettre entre les mains de cet ordre ambitieux des domaines temporels et une juridiction civile ; et lorsque Louis son fils fut accusé et déposé par les évêques, il put avoir quelque droit de l'imputer à l'imprudence de son père. Il enjoignit par ses lois le paiement de la dîme, parce que les démons avaient proclamé dans les airs que c'était pour ne l'avoir pas payée qu'on venait d'éprouver une disette de grains (2). Son goût pour les lettres est attesté

---

(1) Cependant Schmidt fait connaître, d'après les meilleures autorités, les désordres intérieurs et la tyrannie de son règne. *Hist. des Allemands*, t. II, p. 45-49.

(2) *Omnis homo ex suâ proprietate legitimam decimam ad Ecclesiam conferat. Experimento enim didicimus, in anno, quo valida illa fames irrepsit, ebullire vacuas annonas à dæmonibus devoratas, in voces exprobrationis auditas.* Tel est le décret et l'assertion du grand concile de Francfort (Ca-

par les écoles qu'il établit, par les arts qu'il introduisit dans ses États, par les ouvrages qui parurent sous son nom, et par ses relations familières avec ceux de ses sujets et des étrangers qu'il appela à sa cour, afin de travailler à son éducation et à celle de son peuple. Ses études furent tardives, laborieuses et imparfaites; s'il parlait le latin et s'il entendait le grec, il avait appris dans la conversation plutôt que dans les livres ce qu'il savait de ces deux langues, et ce ne fut qu'à un âge mûr que le souverain de l'empire d'Occident s'efforça de se familiariser avec l'art de l'écriture, que tous les paysans connaissent aujourd'hui dès leur enfance (1). On ne cultivait alors la grammaire et la logique, l'astronomie et la musique, que pour les faire servir à la superstition; mais la curiosité de l'esprit humain doit à la fin le perfectionner, et les encouragemens accordés aux sciences composent les rayons les plus purs et les plus doux de la gloire dont s'est environné le carac-

---

non xxv, t. ix, p. 105). Selden (*Hist. of Tithes; Works*, v. III, part. 2, p. 1146) et Montesquieu (*Esprit des Lois*, l. xxxi, c. 12) représentent Charlemagne comme le premier auteur *légal* de la dîme. Les propriétaires lui ont une grande obligation!

(1.) Éginhard (c. 25, p. 119) affirme clairement: *tentabat et scribere.... sed parum prosperè successit labor præposterus et serò inchoatus*. Les modernes ont perverti et corrigé le sens naturel de ces paroles, et le titre seul de la dissertation de M. Gaillard (t. III, p. 247-260) laisse apercevoir sa partialité.

tère de Charlemagne (1). Sa figure majestueuse (2), la longueur de son règne, la prospérité de ses armes, la vigueur de son administration, et les hommages que lui rendirent les nations éloignées, le distinguent de la foule des rois; et le renouvellement de l'empire d'Occident rétabli par lui, a commencé pour l'Europe une nouvelle époque.

<small>Étendue de son empire en France.</small>

Cet empire était digne de son titre ; et le prince qui, par droit d'héritage ou de conquête (3), régnait à la fois sur la France, sur l'Espagne, sur l'Italie, l'Allemagne et la Hongrie, pouvait se regarder

---

(1) *Voy.* Gaillard, t. III, p. 138-176, et Schmidt, t. II, p. 121-129.

(2) M. Gaillard (t. III, p. 372) fixe la taille de Charlemagne (*voyez* une dissertation de Marquard Freher, *ad calcem* Eginhard, p. 220, etc.) à cinq pieds neuf pouces de France, c'est-à-dire à environ six pieds un pouce et un quart, mesure d'Angleterre. Les romanciers lui ont donné huit pieds; ils attribuent à ce géant une force et un appétit extraordinaires : d'un seul coup de sa bonne épée, la *joyeuse*, il partageait en deux un cavalier et son cheval; il mangeait dans un seul repas une oie, deux volailles, un quartier de mouton, etc.

(3) *Voyez* un ouvrage concis, mais exact et original, de M. d'Anville (*États formés en Europe après la chute de l'Empire romain en Occident*, Paris, 1771, in-4°), dont la carte renferme tout l'empire de Charlemagne. Les différentes parties sont éclaircies, relativement à la France, par Valois (*Notitia Galliarum*), relativement à l'Italie, par Beretti (*Dissertatio chorographica*), et relativement à l'Espagne, par Marca (*Marca Hispanica*). J'avoue que j'ai peu de matériaux sur la géographie du moyen âge de l'Allemagne.

comme possesseur de la plupart des plus beaux royaumes de l'Europe (1). 1° La province romaine de la Gaule était devenue la monarchie de FRANCE ; mais, dans le déclin de la ligne des Mérovingiens, ses limites furent resserrées par l'indépendance des *Bretons* et la révolte de l'Aquitaine. Charlemagne poursuivit les Bretons jusqu'au bord de l'Océan, resserra sur les côtes cette tribu féroce, dont l'origine et la langue sont si éloignées de celles des Français, et pour punition lui imposa des tributs, en exigea des ôtages, et la contraignit à la paix. Après une longue querelle, la province d'Aquitaine fut confisquée, et ses ducs perdirent la liberté et la vie. C'eût été punir bien rigoureusement des gouverneurs ambitieux, coupables seulement d'avoir voulu trop fidèlement imiter les maires du palais ; mais une chartre découverte depuis peu (2), prouve qu'ils

---

(1) Éginhard, après avoir raconté brièvement les guerres et les conquêtes de Charlemagne (*Vit. Carol.*, c. 5-14), récapitule en peu de mots (chap. 15) les diverses contrées soumises à son empire. Struve (*Hist. german.*, p. 118-149) a inséré dans ses notes les textes des anciennes chroniques.

(2) Une chartre accordée au monastère d'Alaon (A. D. 845) par Charles le Chauve, donne cette généalogie. Je ne sais si dans cette chaîne tous les anneaux des neuvième et dixième siècles sont aussi solides que le reste. Cependant la généalogie est approuvée et défendue en entier par M. Gaillard (t. II, p. 60-81, 203-206), qui assure que la famille de Montesquiou (non pas celle du président de Montesquieu), descend, par les femmes, de Clotaire et de Clovis : prétention innocente.

étaient les derniers descendans de Clovis et les héritiers légitimés de sa couronne par une branche cadette descendue d'un frère de Dagobert. Leur ancien royaume se trouvait réduit au duché de Gascogne, aux comtés de Fésenzac et d'Armagnac, situés au pied des Pyrénées; leur race se propagea jusqu'au commencement du sixième siècle, et ils survécurent à leurs oppresseurs les Carlovingiens, pour éprouver l'injustice ou les faveurs d'une troisième dynastie. Par la réunion de l'Aquitaine, la France acquit l'étendue qu'elle conserve aujourd'hui, en y ajoutant les Pays-Bas jusqu'au Rhin. 2° Les Sarrasins avaient été chassés de la France par le père et le grand-père de Charlemagne; mais ils demeuraient les maîtres de la plus grande partie de l'Espagne, depuis le rocher de Gibraltar jusqu'aux Pyrénées. Dans leurs dissensions civiles, un Arabe, l'émir de Saragosse, se rendit à la diète de Paderborn pour y implorer la protection de l'empereur. Charlemagne passa en Espagne; il rétablit l'émir, et, sans distinguer les croyances, il écrasa les chrétiens qui voulurent résister, et récompensa l'obéissance et les services des musulmans. Il établit ensuite, en s'éloignant, la *Marche espagnole* (1), qui s'étendait depuis les Pyrénées jusqu'à

<small>Espagne.</small>

---

(1) Les gouverneurs ou les comtes de la Marche espagnole levèrent, environ vers l'an 900, l'étendard de la révolte contre Charles le Simple; et les rois de France n'en ont recouvré qu'une faible partie (le Roussillon) en 1642. (Longuerue, *Description de la France*, t. 1, p. 220-222.) Au reste, le Roussillon contient cent quatre-vingt-huit mille neuf

la rivière de l'Ebre : le gouverneur français résidait à Barcelone ; il donnait des lois aux comtés de *Roussillon* et de *Catalogne*, et les petits royaumes d'*Aragon* et de *Navarre* étaient soumis à sa juridiction. 3° En qualité de roi des Lombards et de patrice de Rome, Charlemagne gouvernait la plus grande partie de l'Italie (1), formant, depuis les Alpes jusqu'aux frontières de la Calabre, une étendue de mille milles. Le duché de *Bénévent*, fief lombard, s'était agrandi aux dépens des Grecs sur tout le pays qui compose le royaume actuel de Naples. Mais le duc alors régnant, Arrechis, ne voulut point partager la servitude de son pays ; il se qualifia de prince indépendant, et il opposa son épée à la monarchie carlovingienne. Il se défendit avec fermeté ; sa soumission ne fut pas sans gloire, et l'empereur se contenta d'exiger de lui un tribut modique, la démolition de ses forteresses, et l'engagement de reconnaître sur ses monnaies la supériorité d'un suzerain. Grimoald, fils d'Arrechis, tout en flattant Charlemagne et lui donnant adroitement le nom de père, n'en soutint pas moins sa dignité avec prudence, et Bénévent s'affranchit peu à peu du joug

Italie.

---

cents habitans, et il paie deux millions six cent mille livres d'impôt (M. Necker, *Administration des Finances*, t. 1, p. 278, 279) ; c'est-à-dire qu'il renferme peut-être plus d'habitans et rapporte sûrement plus d'impôts que toute la Marche de Charlemagne.

(1) Schmidt, *Hist. des Allemands*, t. 11, p. 200, etc.

Allemagne. des Français (1). 4° Charlemagne est le premier qui ait réuni la Germanie sous le même sceptre. Le nom de *France orientale* s'est conservé dans le cercle de *Franconie*, et la conformité de la religion et du gouvernement avait récemment incorporé les habitans de la *Hesse* et de la *Thuringe* à la nation des vainqueurs. Les *Allemands*, si formidables aux Romains, étaient les fidèles vassaux et les confédérés des Francs; et leur pays comprenait le territoire de l'*Alsace*, de la *Souabe* et de la *Suisse*. Les *Bavarois*, à qui on laissait aussi leurs lois et leurs mœurs, souffraient un maître avec plus d'impatience : les trahisons multipliées de leur duc Tasille légitimèrent l'abolition de la souveraineté héréditaire, et le pouvoir des ducs fut partagé entre les comtes chargés à la fois de garder cette importante frontière et d'y exercer les fonctions de juges. Mais la partie du nord de l'Allemagne, qui s'étend du Rhin au-delà de l'Elbe, était toujours ennemie et païenne : ce ne fut qu'après une guerre de trente-trois ans que les Saxons embrassèrent le christianisme et furent soumis à Charlemagne. On détruisit les idoles et leurs adorateurs : la fondation des évêchés de Munster, d'Osnabruck, de Paderborn, de Minden, de Brême, de Verden, de Hildesheim et d'Halberstadt, marque des deux côtés du Weser les bornes de l'ancienne Saxe : ces évêchés formè-

---

(1) *Voyez* Giannone, t. 1, p. 374, 375; et les *Annales* de Muratori.

rent les premières écoles et les premières villes de cette terre sauvage ; et la religion et l'humanité qu'on sut inspirer aux enfans, expièrent en quelque sorte le massacre des pères. Au-delà de l'Elbe, les *Slaves* ou Sclavons, peuple de mœurs uniformes, bien que sous différentes dénominations, occupaient le territoire qui forme aujourd'hui la Prusse, la Pologne et la Bohême ; et quelques marques passagères d'obéissance ont engagé les historiens français à prolonger l'empire de Charlemagne jusqu'à la Baltique et à la Vistule. La conquête ou la conversion de ces pays est plus récente ; mais on peut attribuer aux armes de ce prince la première réunion de la Bohême au corps germanique. 5° Il fit souffrir aux Avares ou Huns de la Pannonie les calamités dont ils avaient accablé les nations. Le triple effort d'une armée française qui entra dans leur pays par terre et par les fleuves, en traversant les monts Carpathes, situés le long de la plaine du Danube, renversa les fortifications de bois qui environnaient leurs districts et leurs villages. Après une sanglante lutte qui dura huit ans, le massacre des plus nobles d'entre les leurs vengea la mort de quelques généraux français ; les restes de la nation se soumirent. La résidence royale du chagan fut dévastée et totalement détruite ; et les trésors amassés pendant deux siècles et demi de rapines enrichirent les troupes victorieuses ou ornèrent les églises de l'Italie et de la Gaule (1).

Hongrie.

---

(1) *Quot prælia in eo gesta, quantùm sanguinis effusum*

Après la réduction de la Pannonie, l'empire de Charlemagne ne se trouva plus borné que par le confluent du Danube, de la Teyss et de la Save; il acquit sans peine et sans beaucoup d'avantages les provinces d'Istrie, de Liburnie et de Dalmatie; et ce fut par un effet de sa modération qu'il laissa les Grecs possesseurs réels ou titulaires des villes maritimes. Mais l'acquisition de ces pays éloignés ajouta plus à sa réputation qu'à sa puissance, et il n'osa point y risquer d'établissement ecclésiastique pour tirer les Barbares de leur vie errante et de leur idolâtrie. Il ne fit que de faibles efforts pour établir quelques canaux de communication entre la Saône et la Meuse, le Rhin et le Danube (1). L'exécution d'un semblable projet aurait vivifié l'empire, et Charlemagne prodigua souvent à la construction d'une cathédrale plus

---

sit, testatur vacua omni habitatione Pannonia, et locus in quo regia Cagani fuit ita desertus, ut ne vestigium quidem humanæ habitationis appareat. Tota in hoc bello Hunnorum nobilitas periit, tota gloria decidit, omnis pecunia et congesti ex longo tempore thesauri direpti sunt.

(1) Il n'entreprit la jonction du Rhin et du Danube que pour faciliter les opérations de la guerre de Pannonie. (Gaillard, *Vie de Charlemagne*, t. II, p. 312-315). Des pluies excessives, des travaux militaires et des frayeurs superstitieuses, interrompirent ce canal, qui n'aurait eu que deux lieues de longueur, et dont on voit encore quelques vestiges dans la Souabe. Schæpflin, *Hist. de l'Acad. des Inscript.*, t. XVIII, p. 256; *Molimina fluviorum*, etc., *jungendorum*, pag. 59-62.

d'argent et de travaux que n'en aurait coûté cette entreprise.

Si on rapproche les grands traits de ce tableau géographique, on verra que l'empire des Français se prolongeait, entre l'orient et l'occident, de l'Èbre à l'Elbe ou à la Vistule; entre le nord et le midi, du duché de Bénévent à la rivière d'Eyder ; qui a toujours séparé l'Allemagne et le Danemarck. L'état de misère et de division où se trouvait le reste de l'Europe augmentait l'importance personnelle et l'importance politique de Charlemagne. Une multitude de princes, d'origine saxonne ou écossaise, se disputaient les îles de la Grande-Bretagne et de l'Irlande ; et après la perte de l'Espagne, le royaume des Goths chrétiens, gouvernés par Alphonse le Chaste, se trouva borné à une chaîne étroite des montagnes des Asturies. Ces petits souverains révéraient la puissance ou la vertu du monarque carlovingien ; ils imploraient l'honneur et l'appui de son alliance : ils le nommaient leur père commun, seul et suprême empereur de l'Occident (1). Il traita plus également avec le calife Haroun-al-Raschid (2), dont les États

Ses voisins et ses ennemis.

___

(1) *Voyez* Éginhard (c. 16) et M. Gaillard (t. II, p. 361-385), qui rapporte, sans trop dire sur quelle autorité, la correspondance de Charlemagne et d'Egbert, le don que l'empereur fit de son épée au prince saxon, et la modeste réponse de celui-ci. Cette anecdote, si elle est véritable, aurait été un ornement de plus pour nos histoires d'Angleterre.

(2) Les Annales françaises parlent seules de cette corres-

se prolongeaient depuis l'Afrique jusqu'à l'Inde, et il reçut des ambassadeurs de ce prince une tente, une horloge d'eau, un éléphant, et les clefs du saint-sépulcre. Il n'est pas aisé de concevoir l'amitié personnelle d'un Français et d'un Arabe qui ne s'étaient jamais vus, et qui avaient une langue et une religion si différentes ; mais quant à leur correspondance publique, elle était fondée sur la vanité, et l'éloignement où ils étaient l'un de l'autre ne permettait pas que leurs intérêts pussent se trouver en concurrence. Les deux tiers de l'empire que Rome avait possédé en Occident se trouvèrent soumis à Charlemagne, et il était bien dédommagé de ce qui lui en manquait, par sa domination sur les nations inaccessibles ou invincibles de la Germanie ; mais, dans le choix de ses ennemis, il y a lieu de s'étonner qu'il ait préféré si souvent la pauvreté du Nord aux richesses du Midi. Les trente-trois campagnes qu'il fit d'une manière si laborieuse dans les bois et dans les marais de la Germanie, auraient suffi pour chasser les Grecs de l'Italie et les Sarrasins de l'Espagne, et lui donner ainsi tout l'empire de Rome. La faiblesse des Grecs lui assurait une victoire facile ; la gloire et la vengeance auraient excité ses sujets à une croisade contre les Sarrasins, la religion et la politique l'auraient

---

pondance de Charlemagne avec Haroun-al-Raschid ; et les Orientaux ont ignoré l'amitié du calife pour un *chien de chrétien*, expression polie qu'employait Haroun en parlant de l'empereur des Grecs.

justifiée. Peut-être, dans ses expéditions au-delà du Rhin et de l'Elbe, avait-il pour objet de soustraire sa monarchie à la destinée de l'empire romain, de désarmer les ennemis des nations civilisées, et d'anéantir les germes des migrations futures. Mais on a sagement observé que, pour être utiles, les conquêtes de précaution doivent être universelles, puisqu'en s'élargissant, le cercle des conquêtes ne fait qu'agrandir le cercle des ennemis dont on environne ses frontières (1). L'asservissement de la Germanie écarta le voile qui avait si long-temps caché à l'Europe le continent ou les îles de la Scandinavie. Il réveilla la valeur endormie de ses barbares habitans. Ceux des idolâtres de la Saxe qui avaient le plus d'énergie échappèrent au joug de l'oppresseur chrétien, et cherchèrent un asile dans le Nord; ils couvrirent de leurs corsaires l'Océan et la Méditerranée, et Charlemagne vit avec douleur les funestes progrès des Normands qui, moins de soixante-dix ans après, hâtèrent la chute de sa race et celle de sa monarchie.

Si le pape et les Romains avaient rétabli la constitution primitive, Charlemagne n'aurait joui que pendant sa vie des titres d'empereur et d'Auguste, et à chaque vacance, il aurait fallu qu'une élection for-

Ses successeurs. A. D. 814-887 en Italie, 911 en Germanie, 987 en France.

---

(1) M. Gaillard, tom. II, pag. 331-365, 471-476, 492. Je lui ai emprunté ses remarques judicieuses sur le plan de conquête de Charlemagne, et la distinction non moins judicieuse qu'il a faite de ses ennemis de la première et de la seconde *enceinte* (t. II, p. 184, 509, etc.).

melle ou tacite plaçât sur le trône chacun de ses successeurs; mais, en associant à l'empire son fils Louis le Débonnaire, il établit ses droits indépendans comme monarque et comme conquérant; et il paraît qu'en cette occasion il aperçut et prévint les prétentions secrètes du clergé. Il ordonna au jeune prince de prendre la couronne sur l'autel, de la placer lui-même sur sa tête comme un don qu'il tenait de Dieu, de son père et de la nation (1). Ensuite lorsque Lothaire et Louis II furent associés à l'empire, on répéta la même cérémonie, mais d'une manière moins marquée : le sceptre carlovingien se transmit de père en fils durant quatre générations, et l'ambition des papes fut réduite à l'infructueux honneur de donner la couronne et l'onction royale à ces princes héréditaires, déjà revêtus du pouvoir et en possession de leurs États. Louis le Débonnaire survécut à ses frères, et réunit sous son sceptre tout l'empire de Charlemagne; mais les peuples et les nobles, ses évêques et ses enfans, découvrirent bientôt que la même âme n'inspirait plus ce grand corps, et que les fondemens étaient minés au centre, tandis que la

---

(1) Thegan, le biographe de Louis, raconte ce couronnement; et Baronius a eu la bonne foi de le transcrire (A. D. 813, n° 13, etc.; *voyez* Gaillard, tom. II, pag. 506, 507, 508), quoiqu'il soit bien contraire aux prétentions des papes. *Voyez*, sur la suite des princes carlovingiens, les historiens de France, d'Italie et d'Allemagne, Pfeffel, Schmidt, Velly, Muratori, et même Voltaire, dont les tableaux sont quelquefois exacts et toujours agréables.

surface extérieure paraissait encore intacte et brillante. Après une guerre ou une bataille où périrent cent mille Français, un traité de partage divisa l'empire entre ses trois fils, qui avaient violé tous leurs devoirs de fils et de frères. Les royaumes de la Germanie et de la France furent séparés pour jamais; Lothaire, à qui on donna le titre d'empereur, obtint les provinces de la Gaule situées entre le Rhône et les Alpes, la Meuse et le Rhin. Lorsque sa portion se partagea ensuite entre ses enfans, la Lorraine et Arles, deux petits royaumes établis depuis peu et dont l'existence fut de peu de durée, devinrent le partage de ses deux plus jeunes fils. Louis II, l'aîné, se contenta du royaume d'Italie, patrimoine naturel et suffisant d'un empereur de Rome. Il mourut sans laisser d'enfans mâles : alors ses oncles et ses cousins se disputèrent le trône ; et les papes saisirent habilement cette occasion de juger les prétentions ou le mérite des candidats, et de donner au plus soumis ou au plus libéral la dignité impériale d'avocat de l'Église de Rome. On ne retrouve plus dans les misérables restes de la race carlovingienne aucune apparence de vertus ni de pouvoir, et c'est par les ridicules surnoms de *Chauve*, de *Bègue*, de *Gros* et de *Simple*, que se distinguent les traits ignobles et uniformes de cette foule de rois, tous également dignes de l'oubli. L'extinction des branches maternelles fit passer l'héritage entier à Charles le Gros, dernier empereur de sa famille : la faiblesse de son esprit autorisa la défection de la Germanie, de

Lothaire
Ier.
A. D.
840-856.

l'Italie et de la France : il fut déposé dans une diète, et réduit à mendier sa subsistance journalière auprès des rebelles dont le dédain lui avait laissé la liberté et la vie. Les gouverneurs, les évêques et les seigneurs s'emparèrent, chacun selon sa force, de quelque fragment de l'empire tombant en ruines ; il y eut quelques préférences pour ceux qui descendaient de Charlemagne par les femmes ou par les bâtards. Le titre et la possession de la plus grande partie de ces compétiteurs étaient également douteux, et leur mérite se trouvait analogue au peu d'étendue de leurs domaines. Ceux qui purent se montrer aux portes de Rome avec une armée, furent couronnés empereurs dans le Vatican ; mais leur modestie se contenta le plus souvent du titre de roi d'Italie : l'on peut regarder comme un interrègne l'espace de soixante-quatorze ans qui s'écoula depuis l'abdication de Charles le Gros jusqu'à l'installation d'Othon 1er.

Division de l'empire. A. D. 888.

Othon, roi de Germanie, rétablit et s'approprie l'empire d'Occident. A. D. 962.

Othon (1) était de la noble maison des ducs de Saxe, et s'il descendait réellement de Witikind, ennemi et ensuite prosélyte de Charlemagne, la posté-

---

(1) Il était fils d'Othon, fils de Ludolph, en faveur duquel avait été institué le duché de Saxe, A. D. 858. Ruotgerus, le biographe de saint Bruno (*Bibl. Bunavianæ Catalog.*, t. III, vol. 2, p 679), peint la famille de ce prince sous les traits les plus brillans : *Atavorum atavi usque ad hominum memoriam omnes nobilissimi; nullus in eorum stirpe ignotus, nullus degener facile reperitur.* (*Apud* Struvium, *Corp. Hist. german.*, p. 216.) Cependant Gundling (*in* Henr. Aucupe) n'est pas persuadé qu'il descendît de Witikind.

rité du peuple vaincu régna enfin sur les conquérans. Henri l'Oiseleur, son père, choisi par le suffrage de sa nation, avait sauvé et fondé sur des bases solides le royaume de la Germanie. Le fils de Henri, le premier et le plus grand des Othons, recula de tous côtés les bornes de ce royaume (1). On réunit à la Germanie cette portion de la Gaule qui s'étend, à l'ouest du Rhin, le long des bords de la Meuse et de la Moselle, et dont les peuples, dès le temps de César et de Tacite, avaient avec les Germains de grands rapports de langage et de complexion. Les successeurs d'Othon acquirent entre le Rhin, le Rhône et les Alpes, une vaine suprématie sur les royaumes de Paris, de Bourgogne et d'Arles. Du côté du nord, le christianisme fut propagé par les armes d'Othon, vainqueur et apôtre des nations esclavonnes de l'Elbe et de l'Oder : il fortifia, par des colonies d'Allemands, les marches de Brandebourg et de Schleswig ; le roi de Danemarck et les ducs de Pologne et de Bohême se reconnurent ses vassaux et ses tributaires. Il passa les Alpes à la tête d'une armée victorieuse, subjugua le royaume d'Italie, délivra le pape, et attacha pour jamais la couronne impériale au nom et à la nation des Germains. Ce fut à compter de cette époque mé-

---

(1) *Voyez* le traité de Conring (*de Finibus imperii germanici*, Francfort, 1680, in-4°). Il rejette les idées extravagantes qu'on a voulu nous donner sur l'étendue des empires de Rome et des Carlovingiens; il discute avec modération les droits de la Germanie, ceux de ses vassaux et de ses voisins.

morable, que s'établirent deux maximes de jurisprudence publique, introduites par la force et ratifiées par le temps : 1° que le prince élu dans une diète d'Allemagne acquérait au même instant les royaumes subordonnés de l'Italie et de Rome ; 2° mais qu'il ne pouvait pas légalement se qualifier d'empereur et d'Auguste, avant d'avoir reçu la couronne des mains du pontife de Rome (1).

<small>Transactions de l'empire d'Orient et de celui d'Occident.</small>

Le nouveau titre de Charlemagne fut annoncé en Orient par le changement de son style ; le titre de père, qu'il accordait aux empereurs grecs, fit place au nom de frère, symbole d'égalité et de familiarité (2). Peut-être, dans ses rapports avec Irène, aspirait-il au titre d'époux : ses ambassadeurs à Constantinople parlèrent le langage de la paix et de l'amitié ; et peut-être le but secret de leur mission fut-il de négocier un mariage avec cette princesse ambitieuse, qui avait abjuré tous ses devoirs de mère. Il est impossible de conjecturer quelles eussent été la

---

(1) La force de l'usage m'oblige à placer Conrad 1er et Henri 1er l'Oiseleur, au nombre des empereurs, titre que ne prirent jamais ces rois de la Germanie. Les Italiens, Muratori, par exemple, sont plus scrupuleux et plus exacts, et ils ne comptent que les princes qui furent couronnés à Rome.

(2) *Invidiam tamen suscepti nominis C. P. imperatoribus super hoc indignantibus magnâ tulit patientiâ, vicitque eorum contumaciam.... Mittendo ad eos crebras legationes ; et in epistolis fratres eos appellando.* (Éginhard, c. 28, p. 128.) Ce fut peut-être à cause d'eux qu'à l'exemple d'Auguste il affecta quelque répugnance à recevoir l'empire.

nature, la durée et les suites d'une pareille union entre deux empires si éloignés et si étrangers l'un à l'autre; mais le silence unanime des Latins doit faire penser que le bruit de cette négociation de mariage fut inventé par les ennemis d'Irène, afin de la charger du crime d'avoir voulu livrer l'Église et l'État aux peuples de l'Occident (1). Les ambassadeurs de France furent témoins de la conspiration de Nicéphore et de la haine nationale, et ils manquèrent d'en être les victimes. Constantinople fut indignée de la trahison et du sacrilége de l'ancienne Rome; chacun répétait ce proverbe, « que les Français étaient de bons amis et de mauvais voisins; » mais il était dangereux de provoquer un voisin qui pouvait avoir la tentation de renouveler, dans l'église de Sainte-Sophie, la cérémonie de son couronnement. Les ambassadeurs de Nicéphore, après un pénible voyage, de longs détours et de longs délais, trouvèrent Charlemagne dans son camp, sur les bords de la Saal; et, pour confondre leur vanité, ce prince déploya dans un village de la Franconie toute la pompe, ou du moins toute la morgue du palais de Byzance (2). Les Grecs

---

(1) Théophane parle du couronnement et de l'onction de Charles, Καρουλλος (*Chronograph.*, p. 399), et de son traité de mariage avec Irène (p. 402), qui est inconnu aux Latins. M. Gaillard rapporte les négociations de ce prince avec l'empire grec (t. II, p. 446-468).

(2) M. Gaillard observe très-bien que tout cet appareil n'était qu'une sorte de farce convenable seulement à des enfans, mais que c'était devant et pour de grands enfans qu'avait lieu cette représentation.

traversèrent quatre salles d'audience : dès la première, ils allaient se prosterner devant un personnage magnifiquement vêtu, et assis sur un siége élevé, lorsqu'il leur apprit qu'il n'était que le connétable ou le maître des chevaux, c'est-à-dire un des serviteurs du prince. Ils firent la même méprise et reçurent la même réponse dans les trois pièces où se trouvait le comte du palais, l'intendant et le grand-chambellan. Leur impatience s'étant ainsi accrue peu à peu, on ouvrit enfin la porte de la chambre où était Charlemagne ; et ils aperçurent le monarque, environné de tout l'étalage de ce luxe étranger qu'il méprisait, et de l'amour et du respect de ses chefs victorieux. Les deux empires conclurent un traité de paix et d'alliance, et il fut décidé que chacun garderait les domaines dont il se trouvait en possession ; mais les Grecs (1) oublièrent bientôt cette humiliante égalité, ou ils ne s'en souvinrent que pour détester les Barbares qui les avaient forcés à la reconnaître. Tant que le pouvoir et les vertus se trouvèrent réunis, ils saluèrent avec respect l'*auguste* Charlemagne, en lui donnant les titres de *basileus* et

---

(1) Comparez, dans les textes originaux recueillis par Pagi (t. III, A. D. 812, n° 7; A. D. 824, n° 10, etc.), le contraste de Charlemagne et de son fils. Lorsque les ambassadeurs de Michel (lesquels, il est vrai, furent désavoués) s'adressèrent au premier, *more suo, id est, linguâ græcâ laudes dixerunt, imperatorem eum et* βασιλεα *appellantes*, et ils appliquèrent au dernier ces expressions : *Vocato imperatori Francorum*, etc.

d'empereur des Romains. Du moment où l'élévation de Louis le Pieux eut séparé ces deux attributs, on lut sur la suscription des lettres de la cour de Byzance, « au roi, ou, comme il se qualifie lui-même, à l'empereur des Français et des Lombards. » Lorsqu'ils n'aperçurent plus ni pouvoir ni vertus, ils dépouillèrent Louis II de son titre héréditaire; et, en lui appliquant la dénomination barbare de *rex* ou *rega*, ils le reléguèrent dans la foule des princes latins. Sa réponse (1) annonce sa faiblesse : il prouve avec assez d'érudition que, dans l'histoire sacrée et l'histoire profane, le nom de roi est synonyme du mot grec *basileus* : il ajoute que si, à Constantinople, on lui donne une acception plus exclusive et plus auguste, il tient de ses ancêtres et du pape le juste droit de participer aux honneurs de la pourpre romaine. La même dispute recommença sous le règne des Othon, et leur ambassadeur peint sous de vives couleurs l'insolence de la cour de Constantinople. (2).

---

(1) *Voyez* cette lettre dans les *Paralipomena* de l'auteur anonyme de Salerne (*Script. Ital.*, t. II, p. 243-254, c. 93-107), que Baronius (A. D. 871, n°ˢ 51-71) a pris par erreur pour Erchempert, lorsqu'il l'a copié dans les Annales.

(2) *Ipse enim vos, non* IMPERATOREM, *id est,* βασιλεα SUA LINGUA, SED OB INDIGNATIONEM ρηγα, *id est, regem nostrâ vocabat.* (Luitprand, *in Legat. in Script. Ital.*, t. II, part. 1, p. 479.) Le pape avait exhorté Nicéphore, empereur des Grecs, à faire la paix avec Othon, auguste empereur des Romains. QUÆ INSCRIPTIO *secundùm Græcos peccatoria et temeraria.... Imperatorem inquiunt,* UNIVERSALEM, ROMANORUM, AUGUSTUM, MAGNUM, SOLUM, NICEPHORUM (p. 486).

Les Grecs affectaient de mépriser la pauvreté et l'ignorance des Français et des Saxons; et, réduits au dernier degré de l'abaissement, ils refusaient encore de prostituer aux rois de la Germanie le titre d'empereurs romains.

<small>Autorité des empereurs dans l'élection des papes.</small>

<small>A. D. 800-1060.</small>

Les empereurs d'Occident continuaient à exercer sur l'élection des papes l'influence que s'étaient arrogée les princes goths et les empereurs grecs; et l'importance de cette prérogative augmenta avec les domaines temporels et la juridiction spirituelle de l'Église romaine. Selon la constitution aristocratique du clergé, ses principaux membres formaient un sénat qui aidait l'administration de ses conseils, et qui nommait à l'évêché lorsqu'il devenait vacant. Il y avait dans Rome vingt-huit paroisses: chaque paroisse était gouvernée par un cardinal prêtre ou *presbyter*, titre qui, modeste à son origine, voulut ensuite égaler la pourpre des rois. Le nombre des membres de ce conseil fut augmenté par l'association des sept diacres des hôpitaux les plus considérables, des sept juges du palais de Latran, et de quelques dignitaires de l'Église. Il était sous la direction des sept cardinaux évêques de la province romaine, qui s'occupaient moins de leurs diocèses d'Ostie, de Porto, de Velitre, de Tusculum, de Préneste, de Tivoli et du pays des Sabins, situés, pour ainsi dire, dans les faubourgs de Rome, que de leur service hebdomadaire à la cour de l'évêque, et du soin d'obtenir une plus grande portion des honneurs et de l'autorité du siége apostolique. Lorsque le pape mourait, ces évêques désignaient au collége des cardinaux celui qu'ils devaient choisir pour son successeur (1), et les applaudissemens ou les clameurs du peuple romain approuvaient ou rejetaient leur choix: mais, après le suffrage du peuple, l'élection était encore imparfaite; et, pour sacrer légalement le pontife, il fallait que l'empereur, en qualité d'avocat de l'Église, eût déclaré son approbation et son consentement. Le commissaire impérial examinait, sur les lieux, la forme et la liberté de l'élection; et ce n'était qu'après avoir bien approfondi les qualifications des électeurs, qu'il recevait le serment de fidélité, et qu'il confirmait les donations qui avaient enrichi successivement le patrimoine de saint Pierre. S'il survenait un schisme (et il en arrivait souvent), on se soumettait au jugement de l'empereur, qui, au milieu d'un synode d'évêques, osait juger, condamner et punir un pontife criminel. Le sénat et le peuple s'engagèrent, dans un traité avec Othon 1er, de choisir le candidat le plus agréable à sa majesté (2) : ses successeurs an-

---

(1) On trouve l'origine et les progrès du titre de cardinal dans Thomassin (*Discipline de l'Église*, t. 1, p. 1261-1298); dans Muratori (*Antiquit. Ital. medii ævi*, t. vi, *Dissert.* 61, p. 159-182), et dans Mosheim (*Instit. Hist. eccles.*, p. 345-347), qui remarque avec exactitude les formes de l'élection et les changemens qu'elle a subis. Les cardinaux évêques, si fort relevés par Pierre Damien, sont tombés au niveau des autres membres du sacré collége.

(2) *Firmiter jurantes, numquam se papam electuros aut ordinaturos, præter consensum et electionem Othonis et filii sui.* (Luitprand, l. vi, c. 6; p. 472.) Cette importante con-

ticipèrent ou prévinrent leurs suffrages ; ils donnèrent à leur chancelier l'évêché de Rome, ainsi que les évêchés de Cologne et de Bamberg; et quel que fût le mérite d'un Français ou d'un Saxon, son nom prouve assez l'intervention d'une puissance étrangère. Les inconvéniens d'une élection populaire excusaient, d'une manière spécieuse, ces actes d'autorité. Le compétiteur exclu par les cardinaux en appelait aux passions ou à l'avarice de la multitude : des meurtres souillèrent le Vatican et le palais de Latran; et les sénateurs les plus puissans, les marquis de Toscane et les comtes de Tuscule, tinrent le siége apostolique dans une longue servitude. Les papes des neuvième et dixième siècles furent insultés, emprisonnés et assassinés par leurs tyrans; et lorsqu'on les dépouillait des domaines qui dépendaient de leur Église, telle était leur indigence, que non-seulement ils ne pouvaient pas soutenir l'état d'un prince, mais qu'ils ne pouvaient pas même exercer la charité d'un prêtre. (1). Le crédit qu'eurent alors

<small>Désordres.</small>

---

cession peut suppléer ou confirmer le décret du clergé et du peuple de Rome, rejeté avec tant de hauteur par Baronius, Pagi et Muratori (A. D. 964), si bien défendu et si bien expliqué par Saint-Marc (*Abrégé*, t. II, p. 808-816; t. IV, p. 1167-1185). Cet historien critique doit être consulté, ainsi que les Annales de Muratori, sur l'élection et la confirmation de chaque pape.

(1) L'Histoire et la Légation de Luitprand (*voy.* p. 440-450, 471-476, 479, etc.) peignent avec force l'oppression et les vices du clergé de Rome au dixième siècle. Il est assez

deux sœurs prostituées, Marozia et Théodora, était fondé sur leurs richesses et sur leur beauté, sur leurs intrigues amoureuses ou politiques : la mitre romaine était la récompense des plus infatigables de leurs amans, et leur règne (1) a pu faire naître (2), dans

bizarre de voir Muratori adoucissant les invectives de Baronius contre les papes; mais il faut observer que ces papes avaient été choisis non par des cardinaux, mais par des laïques.

(1) L'époque où l'on place la papesse Jeanne (*papissa Johanna*) est un peu antérieure à celle de Théodora et de Marozia, et les deux années de son règne imaginaire sont insérées entre Léon iv et Benoît iii; mais Anastase, leur contemporain, établit d'une manière indubitable que l'élévation de Benoît suivit immédiatement la mort de Léon (*illico, mox*, p. 247). L'exacte chronologie de Pagi, de Muratori et de Leibnitz, fixe ces deux événemens à l'année 857.

(2) Les auteurs qui soutiennent qu'il y a eu une papesse Jeanne, produisent cent cinquante témoins, ou plutôt cent cinquante échos du quatorzième, du quinzième et du seizième siècle. En multipliant ainsi les témoignages, ils fournissent une preuve contre eux et contre la Légende, puisqu'ils prouvent à quel point il eût été impossible que cette histoire si curieuse n'eût pas été répétée par les écrivains de tous les genres, à qui elle aurait dû être parfaitement connue. Un fait si récent aurait fait une double impression sur ceux du neuvième et du dixième siècle. Photius aurait-il négligé une pareille accusation? Luitprand aurait-il oublié un pareil scandale? Ce n'est pas la peine de discuter les diverses leçons de Martinus Polonus, de Sigebert de Gemblours, ou même de Marianus Scotus; mais le passage de la papesse Jeanne, inséré par surprise dans quelques manuscrits et éditions du Romain Anastase, est d'une fausseté palpable.

les siècles d'ignorance, la fable (1) d'une papesse (2). Un bâtard de Marozia, un de ses petits-fils et un de ses arrière-petits-fils, descendant du bâtard (singulière généalogie), montèrent sur le trône de saint Pierre; et ce fut à l'âge de dix-neuf ans que le second d'entre eux devint le chef de l'Église latine. La maturité de son âge répondit à ce qu'on avait dû attendre de sa jeunesse; et la foule des pèlerins qui venaient visiter Rome, pouvait attester la vérité des accusations qu'on forma contre lui dans un synode romain et en présence d'Othon le Grand. Après avoir renoncé à l'habit et aux bienséances de son état, le pape Jean XI, en sa qualité de *soldat*, pouvait n'être pas déshonoré par ses excès de boisson, ses meurtres,

---

(1) Cette histoire doit être regardée comme fausse, mais non pas comme incroyable. Supposons que le fameux chevalier français (mademoiselle d'Éon), qui de nos jours a fait tant de bruit, fût né en Italie, et qu'il eût été élevé dans l'Église; le mérite ou la fortune aurait pu l'élever sur le trône de saint Pierre, il aurait pu se livrer à l'amour, et il aurait été malheureux, mais non pas impossible, qu'il accouchât au milieu de la rue.

(2) Jusqu'à la réformation on répéta et on crut ce conte, sans que personne en fût révolté; et la statue de la papesse Jeanne se trouva long-temps parmi celles des papes dans la cathédrale de Sienne (Pagi, *Critica*, t. III, p. 624-626). Ce roman a été bien anéanti par deux protestans très-éclairés, Blondel et Bayle (*Dictionnaire critique*, article Papesse, Polonus, Blondel); mais leur parti fut scandalisé de cette critique équitable et généreuse. Spanheim et Lenfant essaient de maintenir ce misérable objet de controverse, et Mosheim lui-même veut bien encore conserver des doutes (p. 289).

ses incendies, son goût effréné pour le jeu et pour la chasse : ses actes publics de simonie pouvaient être la suite de sa détresse ; et supposé qu'il ait, comme on le dit, invoqué Jupiter et Vénus, ce put n'être qu'en plaisantant ; mais nous voyons avec quelque surprise ce digne petit-fils de Marozia vivre publiquement en adultère avec les matrones de Rome, le palais de Latran changé en une école de prostitution, et les attentats du pape, contre la pudeur des vierges et des veuves, empêchant les femmes de se rendre en pélerinage au tombeau de saint Pierre, où elles auraient bien pu, dans cet acte de dévotion, être violées par son successeur (1). Les protestans ont insisté, avec un plaisir malin, sur ces traits de ressemblance avec l'antechrist ; mais, aux yeux d'un philosophe, les vices du clergé sont beaucoup moins dangereux que ses vertus. Après de longs scandales, le siége apostolique fut purifié et relevé par l'austérité et le zèle de Grégoire VII. Ce moine ambitieux s'occupa toute sa vie de l'exécution de deux projets, dont le premier était de fixer dans le collége des cardinaux la liberté et l'indépendance de l'élection du pape, et de l'affranchir à jamais de l'influence, soit légitime,

Réforme et prétentions de l'Église.
A. D. 1073, etc.

---

(1) *Lateranense palatium..... prostibulum meretricum..... Testis omnium gentium, præter quam Romanorum, absentia mulierum, quæ sanctorum apostolorum limina orandi gratiâ timent visere, cùm nonnullas ante dies paucos, hunc audierint conjugatas, viduas, virgines vi oppressisse.* Luitprand, *Hist.*, l. VI, c. 6, p. 471. *Voyez* aussi ce qui a rapport à la conduite et au libertinage de Jean XII, p. 471-476.

soit usurpée, des empereurs et du peuple romain; le second objet de toute sa conduite fut de parvenir à donner et à reprendre l'empire d'Occident comme un fief ou bénéfice (1) de l'Église, et à étendre sa domination temporelle sur les rois et les royaumes de la terre. Après cinquante années de combats, la première de ces opérations se trouva achevée par le secours de l'ordre ecclésiastique, dont la liberté était liée à celle de son chef; mais la seconde, malgré quelques succès apparens ou partiels, trouva dans la puissance civile une vigoureuse opposition, et s'est vue totalement arrêtée par les progrès de la raison humaine.

Autorité dont les empereurs jouissaient à Rome.

Lors de la renaissance de l'empire de Rome, l'évêque ni le peuple ne pouvaient donner à Charlemagne ou à Othon des provinces perdues, comme on les avait acquises, par le sort des armes; mais les Romains étaient libres de se choisir un maître, et le pouvoir délégué au patrice fut accordé d'une manière irrévocable aux empereurs français et saxons. Les annales incomplètes de ces temps-là (2) nous

---

(1) On peut citer comme un nouvel exemple des maux qu'a produits l'équivoque, le *beneficium* (Ducange, tom. 1, p. 617, etc.) que le pape accorda à l'empereur Frédéric 1er, puisque le terme latin pouvait signifier un fief légal ou une simple faveur, un bienfait. *Voyez* Schmidt, *Histoire des Allemands*, t. III, p. 393-408; Pfeffel, *Abrégé chronologiq.*, t. 1, p. 229, 296, 317, 324, 420, 430, 500, 505, 509, etc.

(2) *Voyez* sur l'histoire des empereurs relativement à Rome et à l'Italie, Sigonius (*de Regno Italiæ, Opp.*, t. II,

ont conservé quelques souvenirs du palais, de la monnaie, du tribunal, des édits de ces princes, et de la justice exécutive que, jusqu'au treizième siècle, le préfet de la ville exerça en vertu des pouvoirs qu'il recevait des Césars (1); mais enfin cette souveraineté des empereurs fut détruite par les artifices des papes et la violence du peuple. Les successeurs de Charlemagne, contens des titres d'empereur et d'Auguste, négligèrent de maintenir cette juridiction locale ; dans les temps de prospérité, des objets plus séduisans occupaient leur ambition ; et, lors de la décadence et de la division de l'empire, leur attention fut entièrement absorbée par le soin de défendre leurs provinces héréditaires. Au milieu des désordres de l'Italie, la fameuse Marozia détermina un des usurpateurs à devenir son troisième mari, et sa faction introduisit Hugues, roi de Bourgogne, dans le môle d'Adrien, ou château Saint-Ange, qui domine le pont principal et l'une des entrées de Rome. Son fils Albéric, qu'elle avait eu d'un de ses premiers maris, fut contraint de servir au banquet nuptial : irrité de la répugnance visible avec laquelle il s'acquittait de ses fonctions, son beau-père le frappa. Ce coup produisit une révolution. « Romains, s'écria

Révolte d'Albéric. A. D. 992.

---

avec des notes de Saxius), et les *Annales* de Muratori, qui aurait pu faire des renvois plus précis aux auteurs contenus dans sa grande collection.

(1) *Voy.* la dissertation de Le Blanc à la fin de son Traité des *Monnaies de France*, où il fait connaître quelques monnaies romaines des empereurs français.

le jeune homme, vous étiez jadis les maîtres du monde, et ces Bourguignons étaient alors les plus abjects de vos esclaves. Ils règnent maintenant, ces sauvages voraces et brutaux, et l'outrage que je viens de recevoir est le commencement de votre servitude (1). » On sonna le tocsin ; tous les quartiers de la ville coururent aux armes : les Bourguignons se retirèrent honteusement et à pas précipités : Albéric vainqueur emprisonna sa mère Marozia, et réduisit son frère, le pape Jean XI, à l'exercice de ses fonctions spirituelles. Il gouverna Rome plus de vingt ans avec le titre de prince; on dit que, pour flatter les préjugés du peuple, il rétablit l'office ou du moins le nom des consuls et des tribuns. Octavien, son fils et son héritier, prit avec le pontificat le nom de Jean XII : harcelé par les princes lombards, ainsi que son prédécesseur, il chercha un défenseur capable de délivrer l'Église et la république, et la dignité impériale devint la récompense des services d'Othon; mais le Saxon était impérieux, et les Romains étaient impatiens. La fête du couronnement fut troublée par les débats secrets qu'excitaient d'un côté la jalousie du pouvoir, et de l'autre les inquié-

---

(1) *Romanorum aliquando servi, scilicet Burgundiones, Romanis imperent ?.... Romanæ urbis dignitas ad tantam est stultitiam ducta, ut meretricum etiam imperio pareat ?* (Luitprand, l. III, c. 12, p. 450.) Sigonius (l. VI, p. 400) assure, d'une manière positive, qu'on rétablit le consulat; mais, dans les vieux auteurs, Albéric est appelé plus souvent *princeps Romanorum*.

tudes de la liberté. Othon, craignant d'être attaqué et massacré au pied de l'autel, ordonna à son porte-glaive de ne pas s'éloigner de sa personne (1). Avant de repasser les Alpes, l'empereur punit la révolte du peuple et l'ingratitude de Jean XII. Le pape fut déposé dans un synode; le préfet, placé sur un âne et fustigé dans tous les quartiers de la ville, fut ensuite jeté au fond d'un cachot : treize des citoyens les plus coupables expirèrent sur un gibet, d'autres furent mutilés ou bannis, et les anciennes lois de Théodose et de Justinien servirent à justifier la sévérité de ces châtimens. Othon II a été accusé par la voix publique d'avoir fait massacrer avec autant de cruauté que de perfidie des sénateurs qu'il avait invités à sa table sous l'apparence de l'hospitalité et de l'amitié (2). Durant la minorité d'Othon III, son fils, Rome fit une tentative vigoureuse pour secouer le joug des Saxons, et le consul Crescence fut le Brutus de la république. De la condition de sujet et d'exilé, il parvint deux fois au commandement de la ville; il opprima, chassa, créa des papes, et forma une conspiration pour rétablir l'autorité des empereurs grecs. Il soutint un siége opiniâtre dans le château

<small>Du pape Jean XII. A. D. 967.</small>

<small>Du consul Crescentius. A. D. 998.</small>

---

(1) Ditmar, p. 354; *apud* Schmidt, t. III, p. 439.
(2) Ce sanglant festin se trouve décrit en vers léonins, dans le Panthéon de Godefroy de Viterbe (*Scriptor. Ital.*, t. VII, p. 436, 437), qui vécut sur la fin du douzième siècle (Fabricius, *Bibl. lat. med. et infimi ævi*, t. III, p. 69, édit. Manfi); mais Muratori (*Annali*, t. VIII, p. 177) se méfie avec raison de son témoignage, qui a imposé à Sigonius.

Saint-Ange ; mais s'étant laissé séduire par une promesse de sûreté, il fut pendu, et on exposa sa tête sur les créneaux de la forteresse. Par un revers de fortune, Othon, ayant séparé ses troupes, fut assiégé durant trois jours dans son palais, où il manquait de vivres; et ce ne fut que par une honteuse évasion qu'il vint à bout de se soustraire à la justice ou à la fureur des Romains. Le sénateur Ptolémée dirigeait le peuple, et la veuve du consul Crescence eut le plaisir de venger son mari en empoisonnant l'empereur devenu son amant; du moins lui en fit-on l'honneur. Le projet d'Othon III était d'abandonner les âpres contrées du Nord pour élever son trône en Italie, et faire revivre les institutions de la monarchie romaine ; mais ses successeurs ne se montrèrent jamais qu'une fois en leur vie sur les bords du Tibre, pour recevoir la couronne dans le Vatican (1): Leur absence les exposait au mépris, et leur présence était odieuse et formidable. Ils descendaient des Alpes à la tête de leurs Barbares, étrangers à l'Italie où ils arrivaient en ennemis, et leurs passagères apparitions n'offraient que des scènes de tumulte et de car-

---

(1) On trouve des détails sur le couronnement de l'empereur et sur quelques cérémonies du dixième siècle, dans le Panégyrique de Bérenger (*Script. Ital.*, t. II, part. 1, p. 405-414), éclairci par les notes d'Adrien de Valois et de Leibnitz. Sigonius a raconté en bon latin, mais avec quelques fautes de dates et quelques erreurs de fait (l. VII, p. 441-446), tout ce qui a rapport aux voyages de ces empereurs à Rome.

nage (1). Les Romains, toujours tourmentés par un faible souvenir de leurs ancêtres, voyaient avec une pieuse indignation cette suite de Saxons, de Français, de princes de Souabe et de Bohême, usurper la pourpre et les prérogatives des Césars.

Il n'y a peut-être rien de plus contraire à la nature et à la raison que de tenir sous le joug, contre leur gré et contre leur intérêt, des pays éloignés et des nations étrangères. Un torrent de Barbares peut passer sur la terre ; mais, pour maintenir un empire étendu, il faut un système approfondi de politique et d'oppression. Il doit y avoir au centre un pouvoir absolu prompt à l'action et riche en ressources ; il faut pouvoir communiquer facilement et rapidement d'une extrémité à l'autre ; il faut avoir des fortifications pour réprimer les premiers mouvemens des rebelles, une administration régulière capable de protéger et de punir, et une armée bien disciplinée qui puisse inspirer la crainte sans exciter le mécontentement et le désespoir. Les Césars de l'Allemagne, dans leur projet d'asservir le royaume d'Italie, se trouvaient dans une position bien différente. Leurs domaines patrimoniaux s'étendaient le long du Rhin ou étaient dispersés dans leurs diverses provinces ; mais l'imprudence ou la détresse de plusieurs princes

Le royaume d'Italie.
A. D.
774-1250.

---

(1) A l'occasion d'une querelle qui survint au couronnement de Conrad II, Muratori prend la liberté d'observer que *doveano ben essere allora indisciplinati i Barbari, e bestiali i Tedeschi. Annali,* t. VIII, p. 368.

avait aliéné ce riche héritage, et le revenu qu'ils tiraient d'un exercice minutieux et vexatoire de leurs prérogatives, suffisait à peine à l'entretien de leur maison. Leurs armées n'étaient fondées que sur le service, soit légal, soit volontaire, de leurs différens feudataires, qui ne passaient les Alpes qu'avec répugnance, se permettaient toute espèce de rapines et de désordres, et désertaient souvent avant la fin de la campagne. Le climat de l'Italie en détruisait des armées entières ; ceux qui échappaient à sa meurtrière influence reportaient dans leur patrie les ossemens de leurs princes et de leurs nobles (1); ils imputaient quelquefois l'effet de leur intempérance à la perfidie et à la méchanceté des Italiens, qui du moins se réjouissaient des maux des Barbares. Cette tyrannie irrégulière combattait à armes égales contre la puissance des petits tyrans du pays ; l'issue de la querelle n'intéressait pas beaucoup le peuple, et doit aujourd'hui peu intéresser le lecteur. Mais, aux onzième et douzième siècles, les Lombards ranimèrent le flambeau de l'industrie et de la liberté, et les républiques de la Toscane imitèrent enfin ce généreux exemple. Les villes d'Italie avaient toujours conservé

---

(1) Après les avoir fait bouillir. Les vases destinés à cet objet étaient au nombre des ustensiles indispensables au voyage ; et un Germain qui faisait bouillir les os de son frère dans un de ces vases, le promettait à son ami, lorsqu'il s'en serait servi. (Schmidt, t. III, p. 423, 424.) Le même auteur observe que toute la lignée saxonne s'éteignit en Italie (t. II, p. 440).

une sorte de gouvernement municipal; et leurs premiers priviléges furent un don de la politique des empereurs, qui voulaient faire servir les plébéiens à contenir l'indépendance de la noblesse. Mais le rapide progrès de ces communautés, et les extensions qu'elles donnaient chaque jour à leur pouvoir, n'eurent d'autre cause que le nombre et l'énergie de leurs membres (1). La juridiction de chaque ville embrassait toute l'étendue d'un diocèse ou d'un district : celle des évêques, des marquis et des comtes, fut anéantie, et les plus orgueilleux d'entre les nobles se laissèrent persuader ou furent contraints d'abandonner leurs châteaux solitaires, et de prendre la qualité plus honorable de citoyens et de magistrats. L'autorité législative appartenait à l'assemblée générale; mais le pouvoir exécutif était entre les mains de trois consuls qu'on tirait annuellement des trois ordres dont se composait la république, savoir : les *capitaines*, les *valvasseurs* (2) et les *communes*, sous la protection d'une législation égale pour tous.

---

(1) **Othon**, évêque de Freysingen, nous a laissé un passage important sur les villes d'Italie (l. 1, c. 13, *in Script. Ital.*, t. vi, p. 707-710), et Muratori (*Antiquit. Ital. medii ævi*, t. iv; *Dissert.* 45-52, p. 1-675; *Annal.*, t. viii, ix, x) explique parfaitement la naissance, le progrès et le gouvernement de ces républiques.

(2) *Voy.* sur ces titres; Selden (*Titles of Honour*, vol. iii, part. 1, p. 488), Ducange (*Glossar. latin.*, t. ii, p. 140; t. vi, p. 776), et Saint-Marc (*Abrégé chronologique*, t. ii, page 719).

L'agriculture et le commerce se ranimèrent peu à peu ; la présence du danger entretenait le caractère guerrier des Lombards ; et dès qu'on sonnait le tocsin ou qu'on arborait le drapeau (1), les portes de la ville répandaient au dehors une troupe nombreuse et intrépide, dont le zèle patriotique se laissa bientôt diriger par la science de la guerre et les règles de la discipline. L'orgueil des Césars se brisa contre ces remparts populaires, et l'invincible génie de la liberté triompha des deux Frédéric, les deux plus grands princes du moyen âge : le premier plus grand peut-être par ses exploits militaires, mais le second doué certainement à un degré bien supérieur des lumières et des vertus qui conviennent à la paix.

Frédéric Ier.
A. D.
1152-1190.

Frédéric 1er, ambitieux de rétablir la pourpre dans tout son éclat, envahit les républiques de la Lombardie avec l'adresse d'un homme d'État, la valeur d'un soldat et la cruauté d'un tyran. La découverte des Pandectes, retrouvées depuis peu, avait renouvelé une science très-favorable au despotisme, et des jurisconsultes vendus déclarèrent l'empereur maître absolu de la vie et de la propriété de ses sujets. La diète de Roncaglia reconnut ses prérogatives royales dans un sens moins odieux ; le revenu de l'Italie

---

(1) Les Lombards inventèrent le *carocium*, étendard placé sur un chariot attelé de bœufs. Ducange, tom. II, p. 194, 195 ; Muratori, *Antiquit.*, tom. II, *Dissertat.* 26, p. 489-493.

fut fixé à soixante mille marcs d'argent (1), mais les extorsions des officiers du fisc donnèrent à ces impôts une étendue indéfinie. Les villes les plus obstinées furent réduites par la terreur ou la force de ses armes : il livra les captifs au bourreau ou les fit périr sous les traits lancés par ses machines de guerre. Après le siége et la reddition de Milan, il fit raser les édifices de cette magnifique capitale ; il en tira trois cents ôtages qu'il envoya en Allemagne, et les habitans, assujettis au joug de l'inflexible vainqueur, furent dispersés dans quatre villages (2). Milan ne tarda pas à sortir de ses cendres ; le malheur cimenta la ligue de Lombardie ; Venise, le pape Alexandre III et l'empereur grec, en défendirent les intérêts : l'édifice du despotisme fut renversé en un jour, et dans le traité de Constance, Frédéric signa, avec quelques réserves, la liberté de vingt-quatre villes. Ces villes avaient acquis toute leur vigueur et toute leur maturité lorsqu'elles luttèrent contre son petit-fils ; mais des avantages personnels et particuliers distinguaient Frédéric II (3). Sa naissance et son éducation le re-

Frédéric II.
A. D.
1198-1250.

---

(1) Gunther Ligurinus, l. VIII, p. 584 et suiv.; *apud* Schmidt, t. III, p. 399.

(2) *Solus imperator faciem suam firmavit ut petram.* (Burcard., *de Excidio Mediolani, Script. Ital.*, t. VI, p. 917.) Ce volume de Muratori renferme les monumens originaux de l'histoire de Frédéric 1er, qu'il faut comparer entre eux, en n'oubliant pas la position et les préjugés de chacun de ces écrivains, soit germains, soit lombards.

(3) *Voyez* sur l'histoire de Frédéric II et de la maison de Souabe à Naples, Giannone, *Istoria civile*, t. II, l. 14-19.

commandaient aux Italiens; et durant l'implacable discorde de la faction des Gibelins et de celle des Guelfes, les premiers s'attachèrent à l'empereur, tandis que les seconds arborèrent la bannière de la liberté et de l'Église. La cour de Rome, dans un moment de sommeil, avait permis à Henri VI de réunir à l'empire les royaumes de Naples et de Sicile; et Frédéric II, son fils, tira de ces États héréditaires de grandes ressources en soldats et en argent. Cependant il fut enfin accablé par les armes des Lombards et les foudres du Vatican; son royaume fut donné à un étranger, et le dernier de sa race fut publiquement décapité sur un échafaud dans la ville de Naples. Il y eut un intervalle de soixante ans, durant lequel on ne vit point d'empereur en Italie, et on ne se souvint de ce nom que par la vente ignominieuse des derniers restes de la souveraineté.

Indépendance des princes d'Allemagne.
A. D. 184-1250, etc.

Les barbares vainqueurs de l'Occident se plaisaient à donner à leur chef le titre d'empereur; mais ils n'avaient nullement le projet de le revêtir du despotisme de Constantin et de Justinien. La personne des Germains était libre, leurs conquêtes leur appartenaient, et l'énergie qui formait leur caractère national méprisait la servile jurisprudence de l'ancienne et de la nouvelle Rome. C'eût été une entreprise dangereuse et inutile que de vouloir imposer le joug d'un monarque à des citoyens armés qui ne pouvaient souffrir un magistrat, à des hommes audacieux qui refusaient d'obéir, et à des hommes puissans qui voulaient commander. Les ducs des nations ou des provinces, les comtes des petits districts et les margraves des marches ou frontières, se partagèrent l'empire de Charlemagne et d'Othon, et réunirent l'autorité civile et militaire telle qu'elle avait été déléguée aux lieutenans des premiers Césars. Les gouverneurs romains, soldats de fortune pour la plupart, séduisirent leurs mercenaires légions ; ils prirent la pourpre impériale, et échouèrent ou réussirent dans leur révolte sans porter atteinte au pouvoir et à l'unité du gouvernement. Si les ducs, les margraves et les comtes de l'Allemagne, furent moins audacieux dans leurs prétentions, les résultats de leurs succès furent plus durables et plus funestes à l'État. Au lieu d'aspirer au rang suprême, ils travaillèrent en secret à établir leur indépendance sur le territoire qu'ils occupaient. Leurs projets ambitieux furent favorisés par le nombre de leurs domaines et de leurs vassaux, l'exemple et l'appui qu'ils se donnaient mutuellement, l'intérêt commun de la noblesse subordonnée, le changement des princes et des familles, la minorité d'Othon III et celle de Henri IV, l'ambition des papes, et la vaine persévérance des empereurs à poursuivre les couronnes fugitives de l'Italie et de Rome. Les commandans des provinces usurpèrent peu à peu tous les attributs de la juridiction royale et territoriale, les droits de paix et de guerre, de vie et de mort, celui de battre monnaie et de mettre des impôts, de contracter des alliances au dehors, et d'administrer l'intérieur. Toutes les usurpations de la violence furent ratifiées par l'empereur, soit de bonne volonté, soit par une suite de la nécessité où il se trouvait, et cette confirmation devint le prix d'une voix douteuse ou d'un service volontaire : ce qu'il avait accordé à l'un, il ne pouvait sans injustice le refuser au successeur ou à l'égal de celui-ci ; de ces différens actes de domination passagère ou locale s'est formée insensiblement la constitution du corps germanique. Le duc ou le comte de chaque province était le chef visible placé entre le trône et la noblesse ; les sujets de la loi devenaient les vassaux d'un chef particulier, qui souvent arborait contre son souverain l'étendard qu'il avait reçu de lui. La puissance temporelle du clergé fut favorisée et augmentée par la superstition ou les vues politiques des dynasties carlovingienne et saxonne, qui comptaient aveuglément sur sa modération et sa fidélité : les évêchés d'Allemagne acquirent l'étendue et les priviléges des plus vastes domaines de l'ordre militaire, et les surpassèrent même en richesses et en population. Aussi long-temps que les empereurs conservèrent la prérogative de nommer à ces bénéfices ecclésiastiques et laïques, la reconnaissance ou l'ambition de leurs amis et de leurs favoris soutint le parti de la cour ; mais, lors de la querelle des investitures, ils furent privés de leur influence sur les chapitres épiscopaux ; les élections redevinrent libres, et, par une sorte de dérision solennelle, le souverain se trouva réduit à ses *premières prières*, c'est-à-dire au droit de recommander une fois durant son règne à une prébende de chaque église. Les gouverneurs séculiers, loin d'être soumis à la volonté d'un supérieur, ne purent plus être déposés que par une sentence de leurs pairs. Durant le premier âge de la monarchie, la nomination d'un fils au duché ou au comté de son père était sollicitée comme une faveur; peu à peu elle devint un usage, et enfin on l'exigea comme un droit. La succession linéale s'étendit souvent aux branches collatérales ou féminines; les États de l'empire, dénomination qui fut d'abord populaire et qui finit par être légale, furent divisés et aliénés par des testamens et des contrats de vente; et toute idée d'un dépôt public se perdit dans celle d'un héritage particulier et transmissible à perpétuité. L'empereur ne pouvait même s'enrichir par les confiscations et les extinctions; il n'avait qu'une année pour disposer du fief vacant, et, dans le choix du candidat, il devait consulter la diète générale ou celle de la province.

Après la mort de Frédéric II, l'Allemagne n'était plus qu'un monstre à cent têtes. Une foule de princes et de prélats se disputaient les débris de l'empire: d'innombrables châteaux avaient pour maîtres des hommes plus disposés à imiter leurs supérieurs qu'à leur obéir, et, selon la mesure des forces de chacun d'eux, leurs continuelles hostilités recevaient le nom de conquête ou celui de brigandage. Une pareille anarchie était l'inévitable suite des lois et des mœurs de l'Europe, et le même orage avait mis en pièces les royaumes de la France et de l'Italie; mais les villes de l'Italie et les vassaux français, divisés entre

La constitution germanique. A. D. 1250.

eux, se laissèrent détruire, tandis que l'union des Allemands a produit, sous le nom d'empire, un grand système de confédération. Les diètes d'abord fréquentes, et enfin perpétuelles, ont entretenu l'esprit national, et la législation générale de l'État est demeurée entre les mains des trois branches ou colléges des électeurs, des princes, des villes libres et impériales. 1° On permit à sept des plus puissans feudataires d'exercer, avec un nom et un rang particuliers, le privilége exclusif de choisir un empereur romain, et ces électeurs furent le roi de Bohême, le duc de Saxe, le margrave de Brandebourg, le comte palatin du Rhin, et les trois archevêques de Mayence, de Trèves et de Cologne. 2° Le collége des princes et des prélats se débarrassa d'une multitude confusément assemblée ; ils réduisirent à quatre voix représentatives la longue suite des nobles indépendans, et ils exclurent les nobles et les membres de l'ordre équestre qu'on avait vus, ainsi qu'en Pologne, au nombre de soixante mille à cheval, dans le champ de l'élection. 3° Malgré l'orgueil de la naissance ou du pouvoir, malgré celui que donnent le glaive et la mitre, on eut la sagesse de faire des communes la troisième branche du pouvoir législatif, et les progrès de la civilisation les introduisirent, à peu près à la même époque, dans les assemblées nationales de la France, de l'Angleterre et de l'Allemagne. La ligue anséatique maîtrisait le commerce et la navigation du Nord ; les confédérés du Rhin assuraient la paix et la communication de l'intérieur de l'Allemagne : les villes ont conservé une influence proportionnée à leurs richesses et à leur politique, et leur négative annulle encore les résolutions des deux colléges supérieurs, c'est-à-dire de celui des électeurs et de celui des princes (1).

C'est au quatorzième siècle qu'on est surtout frappé du contraste qui existe entre le nom et la situation de l'empire romain d'Allemagne, lequel, excepté sur les bords du Rhin et du Danube, ne possédait pas une seule des provinces de Trajan et de Constantin. Ces princes avaient pour indignes successeurs les comtes de Habsbourg, de Nassau, de

<small>Faiblesse et pauvreté de l'empereur Charles IV. A. D. 1347-1378.</small>

---

(1) Dans l'immense labyrinthe du droit public d'Allemagne, je dois citer un seul auteur ou en citer mille ; et j'aime mieux adopter un seul guide fidèle, que de transcrire sur parole une multitude de noms et de passages. Ce guide est M. Pfeffel, auteur du *Nouvel Abrégé chronologique de l'Histoire et du Droit public d'Allemagne*, Paris, 1776, 2 vol. *in-4°*. C'est, à mon avis, la meilleure histoire légale et constitutionnelle qu'on ait publiée dans aucune contrée. Il a saisi les faits les plus intéressans avec beaucoup de justesse et de savoir ; simple et concis, il les resserre dans un petit espace : l'ordre chronologique qu'il a adopté place chacun d'eux sous sa véritable date, et un index fait avec soin les rassemble sous des points de vue généraux. Cet ouvrage, quoique moins parfait lorsqu'il parut d'abord, a servi beaucoup au docteur Robertson, pour cette esquisse de main de maître, où il trace jusqu'aux changemens qu'a subis le corps germanique dans les temps modernes. J'ai aussi consulté le *Corpus Historiæ germanicæ* de Struve, et avec d'autant plus de fruit, que cette volumineuse compilation rapporte à chaque page les textes originaux.

Luxembourg et de Schwartzembourg : l'empereur Henri vii obtint pour son fils la couronne de Bohême, et Charles iv, son petit-fils, reçut le jour chez un peuple que les Allemands eux-mêmes traitaient d'étranger, de barbare (1). Après l'excommunication de Louis de Bavière, les papes, qui, malgré leur exil ou leur captivité dans le comtat d'Avignon, affectaient de disposer des royaumes de la terre, lui donnèrent ou lui promirent l'empire, alors vacant. La mort de ses compétiteurs lui procura les voix du collége électoral, et il fut unanimement reconnu roi des Romains et futur empereur, titre qu'on prostituait aux Césars de la Germanie et à ceux de la Grèce. L'empereur d'Allemagne n'était que le magistrat électif et sans pouvoir d'une aristocratie de princes qui ne lui avaient pas laissé un village dont il pût se dire le maître. Sa plus belle prérogative était le droit de présider le sénat de la nation, assemblé d'après ses lettres de convocation, et d'y proposer les sujets de délibération ; et son royaume de Bohême, moins opulent que la ville de Nuremberg, située aux environs, formait la base la plus solide de son pouvoir et la source la plus riche de son revenu.

---

(1) Cependant Charles iv personnellement ne doit pas être regardé comme un Barbare. Après avoir été élevé à Paris, il reprit l'usage du bohémien, sa langue naturelle, et il parlait et écrivait avec la même facilité le français, le latin, l'italien et l'allemand. (Struve, pages 615, 616.) Pétrarque en parle toujours comme d'un prince poli et éclairé.

L'armée avec laquelle il passa les Alpes n'était composée que de trois cents cavaliers. Il fut couronné dans la cathédrale de Saint - Ambroise, avec la couronne de fer que la tradition attribuait à la monarchie des Lombards; mais on ne lui permit qu'une suite peu nombreuse : les portes de la ville se fermèrent sur lui, et les armes des Visconti retinrent en captivité le roi d'Italie, qui fut obligé de les confirmer dans la possession de Milan. Il fut couronné une seconde fois au Vatican, avec la couronne d'or de l'empire; mais, pour se conformer à un article d'un traité secret, l'empereur romain se retira sans passer une seule nuit dans l'enceinte de Rome. L'éloquent Pétrarque (1), qui, entraîné par son imagination, voyait déjà recommencer la gloire du Capitole, déplore et accuse la fuite ignominieuse du prince bohémien; et les auteurs contemporains observent que la vente lucrative des priviléges et des titres fut le seul acte d'autorité que fit l'empereur dans son passage. L'or de l'Italie assura l'élection de son fils; mais telle était la honteuse pauvreté de cet empereur romain, qu'un boucher l'arrêta dans les rues

---

(1) Outre les détails que donnent sur l'expédition de Charles IV les historiens d'Allemagne et d'Italie, elle se trouve peinte d'une manière très-animée et très-exacte dans les *Mémoires sur la vie de Pétrarque*, t. v, p. 376-430, par l'abbé de Sade; ouvrage curieux, et dont aucun lecteur réunissant le goût et l'esprit de recherches, ne songera à blâmer la prolixité.

de Worms, et qu'on retint sa personne dans une hôtellerie pour caution ou pour ôtage de ce qu'il avait dépensé.

<small>Son faste.
A. D. 1356.</small> De cette scène d'humiliation portons nos regards sur l'apparente majesté que déploya Charles IV dans les diètes de l'empire. La bulle d'or, qui fixa la constitution germanique, est écrite du ton d'un souverain et d'un législateur. Cent princes se courbaient devant son trône, et relevaient leur propre dignité par les hommages volontaires qu'ils accordaient à leur chef ou à leur ministre. Les sept électeurs, ses grands officiers héréditaires, qui par leur rang et leurs titres égalaient les rois, servaient au banquet impérial. Les archevêques de Mayence, de Trèves et de Cologne, archichanceliers perpétuels de l'Allemagne, de l'Italie et de la contrée d'Arles, portaient en grand appareil les sceaux du triple royaume. Le grand maréchal, à cheval pour marque de ses fonctions, tenait entre ses mains un boisseau d'argent rempli de grains d'avoine qu'il versait par terre, et aussitôt après il descendait de cheval pour régler l'ordre des convives. Le grand-intendant, le comte palatin du Rhin, apportait les plats sur la table. Après le repas, le grand-chambellan, le margrave de Brandebourg, se présentait avec l'aiguière et un bassin d'or, et donnait à laver. Le roi de Bohême était représenté, en qualité de grand-échanson, par le frère de l'empereur, le duc de Luxembourg et de Brabant; et la cérémonie était terminée par les grands-officiers de la

chasse qui, avec un grand bruit de cors et de chiens, introduisaient un cerf et un sanglier (1). La suprématie de l'empereur ne se bornait pas à l'Allemagne ; les monarques héréditaires des autres contrées de l'Europe avouaient la prééminence de son rang et de sa dignité : il était le premier des princes chrétiens et le chef temporel de la grande république d'Occident (2) : il prenait dès long-temps le titre de majesté, et il disputait au pape le droit éminent de créer des rois et d'assembler des conciles. L'oracle de la loi civile, le savant Barthole, recevait une pension de Charles IV, et son école retentissait de cette maxime que l'empereur romain était le légitime souverain de la terre, depuis les lieux où se lève le soleil jusqu'aux lieux où il se couche. L'opinion opposée fut condamnée, non pas comme une erreur, mais comme une hérésie, d'après ces paroles de l'Évangile : « Et un décret de César Auguste déclara que *tout le monde* devait payer l'impôt (3). »

Contraste du pouvoir et de la modestie d'Auguste.

Si, à travers l'espace des temps et des lieux, nous rapprochons Auguste de Charles, les deux Césars

---

(1) *Voyez* la description de cette cérémonie dans Struve, page 629.

(2) La république de l'Europe ayant le pape et l'empereur pour chefs, n'a jamais été représentée avec plus de dignité que dans le concile de Constance. *Voyez* l'histoire de cette assemblée par Lenfant.

(3) Gravina, *Origines juris civilis*, p. 108.

nous offriront un contraste bien frappant. Le dernier cachait sa faiblesse sous le masque de l'ostentation, et le premier déguisait sa force sous l'apparence de la modestie. Auguste, à la tête de ses légions victorieuses, donnant des lois sur la terre et sur la mer ; depuis le Nil et l'Euphrate jusqu'à l'Océan Atlantique, se disait le serviteur de l'État et l'égal de ses concitoyens. Le vainqueur de Rome et des provinces se soumettait aux formes attachées aux fonctions légales et populaires de censeur, de consul et de tribun. Sa volonté faisait la loi du monde ; mais pour publier cette loi, il empruntait la voix du sénat et du peuple : c'était d'eux que leur maître recevait le renouvellement des pouvoirs temporaires qu'il en avait reçus pour administrer la république. Dans ses vêtemens, dans l'intérieur de sa maison domestique (1), dans ses titres, dans toutes les fonctions

---

(1) On a retrouvé six mille urnes servant aux esclaves et aux affranchis d'Auguste et de Livie. La division des emplois était si multipliée, que tel esclave n'avait d'autre fonction que celle de peser la laine que filaient les servantes de Livie, qu'un autre était chargé du soin de son chien, etc. (*Camere sepolcrali*, etc., par Bianchini. *Voyez* aussi l'extrait de son ouvrage dans la *Bibl. italique*, t. IV, p. 175, et son Éloge par Fontenelle, tom. VI, p. 356.) Mais ces serviteurs avaient tous le même rang, et peut-être n'étaient-ils pas plus nombreux que ceux de Pollion ou de Lentulus. Ils prouvent seulement la richesse générale de la ville de Rome.

de la vie sociale, Auguste conserva les manières d'un simple particulier, et ses adroits flatteurs respectèrent le secret de sa monarchie absolue et perpétuelle.

FIN DU TOME NEUVIÈME.

TABLE DES CHAPITRES

CONTENUS DANS LE NEUVIÈME VOLUME.

Pages

CHAPITRE XLVII. Histoire théologique de la doctrine de l'Incarnation. La nature humaine et divine de Jésus-Christ. Inimitié des patriarches d'Alexandrie et de Constantinople, saint Cyrille et Nestorius. Troisième concile général tenu à Éphèse. Hérésie d'Eutychès. Quatrième concile général tenu à Chalcédoine. Discorde civile et ecclésiastique. Intolérance de Justinien. Les trois chapitres. Controverse des monothélites. État des sectes de l'Orient : 1° les nestoriens; 2° les jacobites; 3° les maronites; 4° les Arméniens; 5° Les cophtes et les Abyssins. 1

CHAP. XLVIII. Plan de l'ouvrage. Succession et caractère des empereurs grecs de Constantinople, depuis le temps d'Héraclius jusqu'à la conquête des Latins. 140

CHAP. XLIX. Introduction, culte et persécution des images. Révolte de l'Italie et de Rome. Domaine temporel des papes. Conquête de l'Italie par les Francs. Rétablissement des images. Caractère et couronnement de Charlemagne. Rétablissement et décadence de l'empire romain en Occident. Indépendance de l'Italie. Constitution du corps germanique. 261

FIN DE LA TABLE DES CHAPITRES.

TABLE DES MATIÈRES
CONTENUES DANS CE VOLUME.

	Pages		Pages
Incarnation de Jésus-Christ.	1	Second concile d'Éphèse. A. D. 419.	51
Jésus-Christ seulement né homme selon les ébionites.	3	Concile de Chalcédoine. A. D. 451.	53
Sa naissance et ses succès.	5	Décrets du concile de Chalcédoine.	58
Jésus-Christ un Dieu dans toute sa pureté, selon les docètes.	9	Discorde de l'Orient. A. D. 451-482.	61
Son corps incorruptible.	11	L'Hénoticon de Zénon. A. D. 482.	64
La double nature de Cérinthe.	14	Le Trisagion et la guerre de religion, jusqu'à la mort d'Anastase. A. D. 508-518.	67
La divine Incarnation d'Apollinaire.	16	Première guerre religieuse. A. D. 514.	71
Acquiescement des orthodoxes au décret de l'Église catholique, et dispute sur les mots par lesquels on exprimerait ce dogme.	20	Caractère théologique de Justinien : détails sur son administration dans les matières de l'Église. A. D. 519-565.	Ibid.
Saint Cyrille, patriarche d'Alexandrie. A. D. 412-444.	22	Ses persécutions.	74
		Contre les hérétiques.	75
Son despotisme tyrannique. A. D. 413-415, etc.	24	Les païens.	76
		Les Juifs.	77
Nestorius, patriarche de Constantinople. A. D. 428.	28	Son orthodoxie.	79
		Les trois chapitres. A. D. 532-698.	80
Son hérésie. A. D. 429-431.	31	Cinquième concile général, ou le deuxième de Constantinople. A. D. 553.	82
Premier concile d'Éphèse. A. D. 431.	36		
Condamnation de Nestorius.	39		
Opposition des évêques d'Orient.	40	Hérésie de Justinien. A. D. 564.	84
Victoire de saint Cyrille. A. D. 431-435.	42	La controverse monothélite. A. D. 629.	85
Exil de Nestorius. A. D. 435.	46	L'Ecthèse d'Héraclius. A. D. 639.	87
Hérésie d'Eutychès. A. D. 448.	50	Le Type de Constans. A. D. 648.	Ibid.

Sixième concile général, le second de Constantinople. A. D. 680-681.	89
Union des Églises grecque et latine.	91
Séparation perpétuelle des sectes de l'Orient.	93
Les nestoriens.	96
Seuls maîtres de la Perse. A. D. 500, etc.	99
Leurs missions en Tartarie, dans l'Inde et à la Chine. A. D. 500-1200.	101
Les chrétiens de saint Thomas établis dans l'Inde. A. D. 883.	105
Les jacobites. A. D. 518.	109
Les maronites.	115
Les Arméniens.	119
Les cophtes ou les Égyptiens.	122
Le patriarche Théodose. A. D. 537-568.	Ibid.
Paul. A. D. 538.	123
Apollinaire. A. D. 551.	124
Eulogius. A. D. 580.	Ibid.
Jean. A. D. 606.	125
Séparation et décadence des Égyptiens.	126
Benjamin, patriarche jacobite. A. D. 625-661.	128
Les Abyssins et les Nubiens.	129
Église d'Abyssinie. A. D. 530, etc.	132
Les Portugais en Abyssinie. A. D. 1525-1550, etc.	133
Mission des jésuites. A. D. 1557.	135
Conversion de l'empereur. A. D. 1626.	137
Expulsion finale des jésuites. A. D. 1632.	138
Défauts de l'histoire de Byzance.	140
Sa liaison avec les révolutions du monde politique.	144
Plan du reste de l'ouvrage.	145
Second mariage et mort d'Héraclius. A. D. 638-641.	148
Constantin III. A. D. 641.	150
Héracléonas. A. D. 641.	151
Châtiment de Martina et d'Héracléonas. A. D. 641.	152
Constans II. A. D. 641.	Ibid.
Constantin IV, surnommé Pogonat. A. D. 668.	154
Justinien II. A. D. 685.	157
Son exil. A. D. 695-705.	159
Son rétablissement sur le trône et sa mort. A. D. 705-711.	160
Philippicus. A. D. 711.	163
Anastase II. A. D. 713.	164
Théodose III. A. D. 716.	165
Léon III, l'Isaurien. A. D. 718.	Ibid.
Constantin V, Copronyme. A. D. 741.	167
Léon IV. A. D. 775.	170
Constantin VI et Irène. A. D. 708.	172
Irène. A. D. 792.	175
Nicéphore Ier. A. D. 802.	176
Stauracius. A. D. 811.	177
Michel II, Rhangabe. A. D. 811.	Ibid.
Léon V, l'Arménien. A. D. 813.	178
Michel II, surnommé le Bègue. A. D. 820.	181
Théophile. A. D. 829.	183
Michel III. A. D. 842.	187
Basile Ier, ou le Macédonien. A. D. 867.	190
Léon VI, le Philosophe. A. D. 886.	198
Alexandre, Constantin VII, Porphyrogénète. A. D. 911.	200
Romain Ier, Lecapenus. A. D. 919.	201
Christophe, Étienne, Constantin VIII.	Ibid.
Constantin VII. A. D. 945.	202
Romain II, le Jeune. A. D. 959.	204
Nicéphore II, Phocas. A. D. 963.	205
Jean Zimiscès, Basile II, Constantin IX. A. D. 969.	208

TABLE DES MATIÈRES.

	Pages
Basile II et Constantin IX. A. D. 976.	210
Constantin IX. A. D. 1025.	213
Romain III, Argyrus. A. D. 1028.	Ibid.
Michel IV, le Paphlagonien. A. D. 1034.	215
Michel V, ou Calaphate. A. D. 1041.	216
Zoé et Théodora. A. D. 1042.	Ibid.
Constantin X, ou Monomaque. A. D. 1042.	217
Théodora. A. D. 1054.	Ibid.
Michel VI, ou Stratioticus. A. D. 1056.	Ibid.
Isaac Iᵉʳ, Comnène. A. D. 1057.	218
Constantin XI, Ducas. A. D. 1059.	221
Eudoxie. A. D. 1067.	222
Romain III, Diogène. A. D. 1067.	223
Michel VII, Parapinace, Andronic Iᵉʳ, Constantin XII. A. D. 1071.	Ibid.
Nicéphore III, Botaniate. A. D. 1078.	225
Alexis Iᵉʳ, Comnène. A. D. 1081.	228
Jean, ou Calo-Jean. A. D. 1118.	231
Manuel. A. D. 1143.	234
Alexis II. A. D. 1180.	239
Caractère et premières aventures d'Andronic.	Ibid.
Andronic Iᵉʳ, Comnène. A. D. 1183.	251
Isaac II, surnommé l'Ange. A. D. 1185.	256
Introduction des images dans l'Eglise chrétienne.	261
Leur culte.	264
L'image d'Edesse.	266
Copies de l'image d'Edesse.	270
Opposition au culte des images.	272
Léon l'Iconoclaste et ses successeurs. A. D. 726-840.	275
Le concile de Constantinople. A. D. 754.	277
Leur profession de foi.	279
Persécution des images et des moines. A. D. 726-775.	280
État de l'Italie.	284
Epîtres de Grégoire II à l'empereur. A. D. 727.	288
Révolte de l'Italie. A. D. 728, etc.	292
République de Rome.	297
Rome attaquée par les Lombards. A. D. 730-752.	301
Sa délivrance par Pepin. A. D. 754.	304
Conquête de la Lombardie par Charlemagne. A. D. 774.	308
Pepin et Charlemagne, rois de France. A. D. 751-753-768.	Ibid.
Patriciens de Rome.	311
Donations de Pepin et de Charlemagne aux papes.	315
Fabrication de la donation de Constantin.	319
Rétablissement des images en Orient par l'impératrice Irène. A. D. 780, etc.	323
Septième concile général, ou le second de Nicée. A. D. 787.	325
Établissement définitif des images par l'impératrice Théodora. A. D. 841.	327
Répugnance des Francs et de Charlemagne. A. D. 794.	329
Les papes se séparent enfin de l'empire d'Orient. A. D. 774-800.	330
Couronnement de Charlemagne, en qualité d'empereur de Rome et de l'Occident. A. D. 800.	333
Règne et caractère de Charlemagne. A. D. 768-814.	338
Étendue de son empire en France.	344
Espagne.	346
Italie.	347

TABLE DES MATIÈRES.

	Pages		Pages
Allemagne.	348	Autorité dont les empereurs jouissaient à Rome.	368
Hongrie.	349		
Ses voisins et ses ennemis.	351	Révolte d'Albéric. A. D. 992.	369
Ses successeurs. A. D. 814-887 en Italie, 911 en Germanie, 987 en France.	353	Du pape Jean xii. A. D. 967.	371
Louis le Pieux. A. D. 814-840.	354	Du consul Crescentius. A. D. 998.	Ibid.
Lothaire 1er. A. D. 840-856.	355	Le royaume d'Italie. A. D. 774-1250.	373
Division de l'empire. A. D. 888.	356	Frédéric 1er. A. D. 1152-1190.	376
Othon, roi de Germanie, rétablit et s'approprie l'empire d'Occident. A. D. 962.	Ibid.	Frédéric ii. A. D. 1198-1250.	377
Transactions de l'empire d'Orient et de celui d'Occident.	358	Indépendance des princes d'Allemagne. A. D. 814-1250, etc.	378
Autorité des empereurs dans l'élection des papes. A. D. 800-1060.	362	La constitution germanique. A. D. 1250.	381
Désordres.	364	Faiblesse et pauvreté de l'empereur Charles iv. A. D. 1347-1378.	383
Réforme et prétentions de l'Église. A. D. 1073, etc.	367	Son faste. A. D. 1356.	386
		Contraste du pouvoir et de la modestie d'Auguste.	387

FIN DE LA TABLE DES MATIÈRES.

ON TROUVE CHEZ LE MÊME LIBRAIRE :

ÉCOLIER (le nouvel) VERTUEUX, ou Vie d'un jeune écolier, proposé pour modèle à tous les jeunes gens de son âge, ouvrage propre à former le cœur de la jeunesse, à l'empêcher de contracter, pendant ses études, des défauts essentiels, et dans lequel on a fait, à dessein, entrer des fragmens moraux tirés des meilleurs auteurs ; par H. Lemaire, deuxième édition ; 1 vol. in-18, orné d'une jolie fig. 1 fr. 50 c.

ENFANS (les) INSTRUITS ET CORRIGÉS PAR LEURS PROPRES EXEMPLES, dans une suite de petites histoires, par Caillot ; 1 volume in-18, orné de 11 fig. 2 fr.

ENTRETIENS SUR LA PLURALITÉ DES MONDES, suivis des Dialogues des Morts ; par Fontenelle ; 1 vol. in-18, orné d'une gravure et d'une couvert. impr. 2 f. 50 c.

LE MÊME ouvrage ; in-12. 3 fr.

EXEMPLES (les) CÉLÈBRES, ou Nouveau choix de faits historiques et d'anecdotes propres à orner la mémoire de la Jeunesse, et à lui inspirer l'amour de toutes les vertus qui peuvent faire le bonheur et la gloire de l'homme en société, rédigé par M. Lemaire, quatrième édition ; 1 vol. in-12, orné de 6 jolies fig. 3 fr.

FABLES DE LA FONTAINE, précédées de la vie d'Ésope, suivies de Philémon et Baucis, et des Filles de Minée, nouvelle édition, dans laquelle on aperçoit d'un coup d'œil la moralité de la fable ; 1 fort volume in-18, orné de 12 gr. Paris, 1826. 2 fr.

FABLES DE LA FONTAINE, ornées d'un portrait, de deux titres gravés et de 66 jolies figures, grav. par Delignon ; 2 v. in-18. 6 f.

LES MÊMES ; 2 v. in-12, avec les mêmes figures. 8 fr.

FABLES DE FÉNELON ; nouvelle édition, ornée de 12 nouvelles jolies gravures, 1 vol. in-18, avec couverture impr. 1825. 1 fr. 80 c.

FABLES DE LA FONTAINE, avec les notes de Costes, 1 vol. in-12, gros caractère, orné de 12 figures. 3 fr. 75 c.

FABLES D'ÉSOPE, en vaudevilles ; 1 vol. in-18, orné de beaucoup de figures. 1 fr. 25 c.

FLEUR (la) DU VAUDEVILLE, ou Recueil des plus jolis Couplets chantés sur ce théâtre pendant les années 1816 et 1817 ; 1 vol. in-18, orné d'une jolie gravure. 2 fr.

HENRIADE (la), poëme avec les notes et les variantes, suivi de l'Essai sur la Poésie épique, par Voltaire ; nouvelle édition ; 1 fort vol. in-12, orné de 12 fig. 3 fr.

HISTOIRE AMOUREUSE DE NAPOLÉON BONAPARTE, extrait des Mémoires particuliers composés par lui-même pendant son séjour à l'île d'Elbe, et continuée jusqu'au 14 juillet 1815, deuxième édition ; 2 vol. in-18, ornés de 2 figures. 2 fr. 50 c.

HISTOIRE DE L'EMPIRE DE TURQUIE, depuis son origine jusqu'au 19 octobre 1821, ouvrage contenant des détails intéressans sur la formation de cet Empire, sur son gouvernement, sur ses guerres étrangères et intestines, ses révolutions ; terminé par le récit des principaux événemens de la guerre actuelle des Grecs contre les Turcs, par Lemaire ; 1 fort vol. de 23 feuilles, in-12, orné de 2 figures. 4 fr.

www.ingramcontent.com/pod-product-compliance
Lightning Source LLC
Chambersburg PA
CBHW052042230426
43671CB00011B/1759